贵州省教育厅人文社会科学研究项目（2022ZD001）系列成果之一、贵州省高校人文社会科学研究基地项目（23GXRWJD273、23GXRWJD272）。

喀斯特山区耕地资源绿色利用研究

王 海 著

光明日报出版社

图书在版编目（CIP）数据

喀斯特山区耕地资源绿色利用研究 / 王海著.

北京：光明日报出版社，2025.1. -- ISBN 978 - 7 - 5194 -

8464 - 4

Ⅰ. F323. 211

中国国家版本馆 CIP 数据核字第 2025181PG6 号

喀斯特山区耕地资源绿色利用研究

KASITE SHANQU GENGDI ZIYUAN LÜSE LIYONG YANJIU

著　　者：王　海

责任编辑：杜春荣　　　　　　　责任校对：房　蓉　李海慧

封面设计：中联华文　　　　　　责任印制：曹　净

出版发行：光明日报出版社

地　　址：北京市西城区永安路 106 号，100050

电　　话：010-63169890（咨询），010-63131930（邮购）

传　　真：010-63131930

网　　址：http://book.gmw.cn

E - mail：gmrbcbs@ gmw.cn

法律顾问：北京市兰台律师事务所龚柳方律师

印　　刷：三河市华东印刷有限公司

装　　订：三河市华东印刷有限公司

本书如有破损、缺页、装订错误，请与本社联系调换，电话：010-63131930

开　　本：170mm×240mm

字　　数：279 千字　　　　　　印　　张：16.5

版　　次：2025 年 1 月第 1 版　　印　　次：2025 年 1 月第 1 次印刷

书　　号：ISBN 978 - 7 - 5194 - 8464 - 4

定　　价：95.00 元

总　序

　　乡村振兴战略是党中央针对我国农业农村发展面临的新形势、新问题，着眼于实现全体人民共同富裕、全面建成小康社会做出的重大战略决策。实施乡村振兴战略是解决新时代我国社会主要矛盾、实现"两个一百年"奋斗目标和中华民族伟大复兴的中国梦的必然要求，具有重大现实意义和深远历史意义。

　　推出本套"乡村振兴"丛书，旨在主动承担助力当代乡村发展的高校责任。面对世界百年未有之大变局，休戚与共的人类命运共同体需要中国方案，中国需要高校担当。通过本套丛书，我们将深入探讨乡村振兴的内涵、外延和实施路径，梳理国内外乡村振兴的典型案例和实践经验，分析乡村振兴中面临的困难和挑战，提出针对性的政策建议和发展路径。

　　研究乡村产业，比较小国农业与大国农业、内陆国家与海洋国家、传统发达国家与发展中国家农业产业发展路径差异，研究城乡产业发展趋势与再布局、城乡一体化与县域综合发展、乡村旅游与康养产业，开展乡村产业发展调查，探索推广生态种养殖创新模式，从全产业链视角研究乡村产业发展的路径，助力农业良性发展、农民产业增收与农村产业升级，夯实乡村振兴基础。

　　研究乡村生态，面向国家乡村振兴战略实施过程中的乡村生态环境保护等重大战略需求，开展乡村生态、环境与健康、乡村环境治理等方面的理论研究、技术研发、系统集成和工程示范。研究喀斯特地貌生态与石漠化治理，研究土壤污染防治，研究西南高原山地生态修复，践行"绿水青山就是金山银山"的发展理念，将生态建设置于优先位置，使生态保护成为乡村振兴的共同价值与行为准则。

　　研究乡风文明，关注乡村精神面貌与文化生活、民风民俗传承、新"乡贤"与优良家风家训家教，我们必须抓住中国城市特有的乡村根脉——乡愁。"无乡愁，不中国。"鉴于当代中国城市的乡村根脉，传统国人的"彼处"羁绊与家国皈依，我们希望建立一种"在城有家""在乡有族"的城乡联系，在优秀传统文化融入现代文明的过程中实现城市"狂想曲"与乡村"田园诗"的二重奏。

研究乡村治理，聚焦乡村自治、乡村法治、乡村德治，通过研究基层党建与基层政权建设、传统乡村自治的地方经验、当代乡村聚落的现实困境、"城市病"语境下的农村问题、乡村生态治理与污染防治、农村"空心化"与"留守"现象等，丰富新时代乡村治理理论，服务乡村善治理想的实现。

中国现代化脱胎于传统农业社会，当代中国及世界城市化发展之路为我们反思现代性，反省城乡关系，重新认知乡村价值，推动城乡和谐发展提供了契机。实现中国协调发展，必须厚植乡村发展根基，在城乡关系中重塑中国人的生活秩序与精神状态。要实现中国式现代化，必须正视中国自身的历史与国情，厚植乡村发展根基，重塑城乡关系，建构新时代城乡共同发展秩序、价值与伦理，将现代性反思与传统中国的人文根脉相结合并融入国民日常的生活秩序与精神状态。

总之，本丛书将围绕乡村产业、乡村生态、乡村文化与乡村治理等诸方面展开深入研究和探讨。不仅注重理论探讨，还将结合实践案例，将理论与实践紧密结合。我们希望通过本丛书，能够为广大读者提供一种新的视角和思路，推动乡村振兴战略的实施和发展。

陈宏帅

2023 年 9 月 15 日

前　言

　　耕地资源绿色利用是粮食"数量、质量、生态"三位一体安全的重要保障。我国自改革开放以来，工业化、城镇化迅速发展，经济发展规模增大，经济总量快速增加。与此同时，出现大量农村劳动力转移从事非农生产，化肥农药施用量逐年增加，耕地面源污染越来越严重，耕地碳排放总量大量增加等资源环境问题越来越突出。据统计，2001 年全国第一产业从业人数 36399 万人，化肥施用量 4253.76 万吨，农药使用量 127.48 万吨，耕地面源污染排放量 636.58 万吨，耕地碳排放量 32657.47 万吨；到 2017 年，全国第一产业从业人数 20295 万人，化肥施用量 5859.41 万吨，农药使用量 165.51 万吨，耕地面源污染排放量 660.39 万吨，耕地碳排放量 44078.14 万吨。

　　尤其在生态脆弱的喀斯特地区，耕地资源环境问题更为突出。喀斯特地区由于自然因素的制约、耕地资源禀赋差、经济欠发达，农村主要劳动力转移到经济比较发达的城市去从事非农生产，化肥代替农家肥、农药代替人工除草等，使耕地面源污染物和碳排放量逐年增加。据统计，2001 年四川、重庆、贵州、云南、广西五个省（区、市）第一产业从业人数 8120.56 万人，农用化肥施用量 642.70 万吨，农药使用量 15.38 万吨，耕地碳排放总量 3299.09 万吨；到 2020 年第一产业从业人数 4647.16 万人，农用化肥施用量 823.88 万吨，农药使用量为 17.76 万吨，耕地碳排放总量为 3715.42 万吨。但是喀斯特地区耕地资源是区域粮食安全的重要保障，对全国粮食安全也起到重要作用。据统计，2001 年四川、重庆、贵州、云南、广西五个省（区、市）的耕地资源之和是 1543.50 万公顷，粮食总产量 9874.20 万吨，2020 年耕地资源之和是 1921.55 万公顷，粮食总产量为 11402.10 万吨。因此，在社会各界越来越关注粮食生态安全问题，寻求降低农业面源污染和农业温室气体减排的环境下，研究喀斯特山区耕地资源绿色利用，对于中国粮食生态安全和喀斯特地区耕地资源可持续利用具有一定的理论和现实意义。

　　本书共七章，各章主要内容如下。第一章梳理了耕地资源绿色利用的相关概念，探索界定喀斯特山区耕地资源绿色利用概念，并从生态环境、土地科学、经济学、系统科学四个方面阐释了喀斯特山区耕地资源绿色利用的内涵；在此基础上阐述了喀斯特山区耕地资源绿色利用的研究目的、研究意义、研究对象和研究方法。第二章评析了国内外已有耕地资源利用研究、耕地资源绿色利用研究，探讨了耕地资源绿色利用研究趋势。第三章阐释了耕地资源绿色利用理论基础，具体包括：可持续发展理论、生态经济理论、土地资源配置理论、土地报酬递减理论、外部性理论，然后探寻农业生产经营者的主观愿望与客观条件驱动耕地资源利用、耕地资源的投入与产出影响。生产经营者对耕地资源利用决策、农业资源绿色生产与耕地资源绿色利用交互影响来构建耕地资源绿色利用的理论分析框架。第四章探析喀斯特地区省域尺度下耕地资源绿色利用与粮食全要素耦合。首先，选择我国喀斯特地貌比较集中的四川、重庆、贵州、云南、广西五个省（区、市）为研究区域；其次，探析喀斯特山区耕地资源利用效率及影响因素、喀斯特山区耕地资源绿色利用效率及影响因素、喀斯特山区耕地资源利用效率与粮食全要素耦合；最后深入分析喀斯特山区耕地资源绿色利用效率与粮食全要素耦合。第五章主要开展微观尺度下对农户的研究，选择贵州省为研究区域，深入实地对农户耕地资源绿色利用情况进行问卷调查，探析农户耕地资源绿色利用行为响应机理、决策影响因素以及区域差异性，并在此基础上揭示时空差异性的影响因素，进而提出有针对性的政策建议。第六章重点开展微观尺度下对新型农业经营主体的研究，选择贵州省为研究区域，深入实地对农业合作社和农业企业耕地资源绿色利用情况进行问卷调查，分析农业企业和农业合作社耕地资源绿色利用行为响应、影响因素，进而提出促进喀斯特地区耕地资源绿色利用效率、实现耕地资源可持续利用的有效措施。第七章基于不同视角理论和实证分析基础，从科学性、合理性、政策、管控机制等方面，提出差别化喀斯特山区耕地资源绿色利用的有效措施。

　　本书基于多学科交叉系统探析了喀斯特地区耕地资源绿色利用的理论分析，并运用实证进一步深入分析。而喀斯特山区的自然地理特征和耕地资源禀赋问题及喀斯特山区耕地资源绿色利用是一项复杂的系统工程，因此，对于喀斯特山区耕地资源绿色利用还需要更多专家贡献智慧。由于作者水平有限，书中存在的不妥之处，恳请读者不吝批评指正。

　　书中内容是由贵州省教育厅人文社会科学研究项目（2022ZD001）和贵州省高校人文社会科学研究基地项目（23GXRWJD273、23GXRWJD272）资助的前期成果整理而成，是贵州省教育厅人文社会科学研究重点项目（2022ZD001）主要系列成果之一。本书可供土地资源管理、农业资源与环境、地理学及相关学科的研究人员、高校教师，以及政府有关部门的决策人员参考使用。

目　录
CONTENTS

第一章

绪 论

我国喀斯特地貌主要集中分布在贵州省、云南省、广西壮族自治区以及四川省和重庆市的部分地区。喀斯特地区由于自然因素的制约、耕地资源禀赋不足、经济欠发达，导致农村主要劳动力转移到经济比较发达的城市去从事非农生产，从而使耕地撂荒、非农非粮化、化肥代替农家肥、农药代替人工除草等现象出现，耕地面源污染物和碳排放逐年增加。

但是喀斯特地区耕地资源是区域粮食安全的重要保障，对全国粮食安全也起到重要作用。据统计，2001年四川、重庆、贵州、云南、广西五个省（区、市）的耕地资源之和是1543.50万公顷，粮食总产量9874.20万吨，2020年耕地资源之和是1921.55万公顷，粮食总产量为11402.10万吨。因此，在社会各界越来越关注粮食生态安全问题，寻求降低农业面源污染和农业温室气体减排的环境下，研究喀斯特山区耕地资源绿色利用，对于中国粮食生态安全（李国凤，2012）和喀斯特地区耕地资源可持续利用具有一定的理论和现实意义。本章主要内容是喀斯特山区耕地资源绿色利用概念、内涵，喀斯特山区耕地资源绿色利用的研究目的与意义，喀斯特山区耕地资源绿色利用的研究对象与方法。

第一节 喀斯特山区耕地资源绿色利用概念、内涵

一、相关概念引入

（一）耕地资源绿色利用效率

根据《土地利用现状分类》（GB/T21010-2017）规定：耕地是指种植农作物的土地，包括熟地，新开发、复垦、整理地，休闲地（含轮歇地、轮作地）；以种植农作物（含蔬菜）为主，间有零星果树、桑树或其他树木的土地；平均每年能保证收获一季的已垦滩地和海涂。耕地中包括南方宽度小于

1.0米、北方宽度小于2.0米固定的沟、渠、路和地坎（埂）；二级分类为水田、水浇地、旱地（崔蓉，2014；王爱国，2014；姜麟昱，2021；徐辉，2012；任旭峰，2012）。从全要素生产和农业全要素生产率的定义来看，耕地资源利用效率是指在耕地利用过程中耕地的总产量与耕地面积（徐辉，2012）、劳动力、资金、技术等全部要素的总投入之比。在对耕地资源利用效率测度中，投入指标通常包括经营耕地面积、劳动力、化肥、机械、农药、农膜和灌溉等投入，产出指标通常包括农业总产值和粮食总产量两个指标，耕地资源绿色利用效率是衡量耕地利用方式的综合反映指标，是耕地资源集约节约利用的具体体现。相对于耕地资源利用效率而言，耕地资源绿色利用效率是指在耕地利用过程中耕地的总产量（或总产值）扣除产生的碳排放量和农业面源污染排放量后与耕地面积、劳动力、资金、技术等全部要素的总投入之比。在测度耕地资源绿色利用效率时，投入指标通常包括经营耕地面积、劳动力、化肥、机械、农药、农膜和灌溉等投入，而产出指标分为期望产出和非期望产出，其中期望产出通常包括经济效益的农业总产值、社会效益的粮食总产量和生态效益的耕地碳吸收三个指标；非期望产出指标一般包括碳排放量、农业面源污染排放量。耕地资源绿色利用效率是耕地资源集约节约和可持续利用的综合反映。

（二）农户耕地资源绿色利用

农户概念是指户口在农村且参加乡村集体经济组织的常住户，享有明确权利、义务的家庭户数。在中国小农户占全国农业经营主体98%以上，经营全国70%的耕地面积。小农户相对大农户（种植大户或家庭农场）而言，是以最微观农业经营主体的家庭为单元，其劳动力主要是农户家庭成员提供的自主经营、自负盈亏的经济组织。

土地利用概念是指人类为了生产和生活而对土地投入劳动力、资金、技术等要素的经济活动。联合国粮食及农业组织（以下简称"联合国粮农组织"）对土地利用的定义是：土地利用是指自然条件和人为干预所决定的土地功能。

在综合农户和土地利用概念的基础上，农户耕地资源利用是指农户家庭为了获得生产、生活物资而投入劳动、资金、技术等要素对耕地进行改造的经济活动。耕地资源利用受自然、社会、经济和技术等条件的影响。耕地资源利用过程中，农业经营主体通过对耕地资源进行管理，在充分发挥耕地资源功能作用的同时，寻求较好的环境质量是耕地资源利用的核心问题。农户耕地资源利用行为直接关系到耕地资源生产潜力，进而关系到耕地资源利用的经济效益、社会效益和生态效益（李国凤，2012；任旭峰，2012）。因此，农户耕地资源绿色利用是指农户家庭为了获得生产、生活物资而投入劳动、资金、技术等要素对耕地资源进行改造时，以秸秆还田、种植绿肥、轮作休耕等保护性耕作为主提升农业固碳能力，以农药、农机、化肥等生产投入品高效利用和能源替代来减少农业面源污染和温室气体排放。

（三）新型农业经营主体耕地资源绿色利用

耕地资源是一个"自然—社会—经济"耦合而成的耕地社会生态经济系统，在耕地利用或生产过程中，人类为了生存和发展，从耕地社会生态经济系统中取走和注入物质和能量，从而产生一定的经济效益、社会效益和生态效益。新型农业经营主体通常是指家庭农场、种植大户、农业合作社、农业企业。相对小农户而言，新型农业经营主体对耕地资源利用的目的，是在耕地经营权期限内追求经济效益最大化和利润最大化。因此，新型农业经营主体耕地资源绿色利用是指家庭农场、种植大户、农业合作社、农业企业为了获取经济效益最大化和利润最大化，而投入劳动、资金、技术对耕地资源进行改造时，以化肥、农药、农机、技术等生产投入品高效利用和能源替代来减少农业面源污染和温室气体排放。

二、喀斯特山区耕地资源绿色利用概念

喀斯特区域是典型的生态脆弱区，具有水土流失和荒漠化严重、耕地质量差、土层薄、缺水、耕地生产潜力低等特征。有研究表明复种指数和单位耕地面积农机总动力呈正相关，单位耕地面积化肥的使用量与之呈负相关（黄英，2006；黄英，2012）。因此喀斯特山区耕地资源绿色利用是指农业经营主体投入劳动力、资金、技术对耕地资源改造利用时，以化肥、农药、农机、技术等生产投入品高效利用和能源替代来减少农业面源污染和温室气体排放，采用秸秆还田、轮作休耕、保水、保土、保肥等保护性耕作对耕地资源进行合理利用、开发、治理与保护，从而获得生产和生活物资。

三、喀斯特山区耕地资源绿色利用的内涵

从生态环境来看，喀斯特山区耕地资源绿色利用是耕地资源利用引起的耕地功能和生态系统结构的变化，是减少耕地资源氮、磷、钾和土壤有机质在生物圈、水圈、土壤圈及大气圈之间能量流和物质流动的流失，也是环境

化学、物理和生物的综合效应。

从土地科学来看，喀斯特山区耕地资源绿色利用是农业经营主体对耕地资源实施经营或改造的后果，以化肥、农药、农机、技术等生产投入品高效利用和能源替代来减少农业面源污染和温室气体排放，采用秸秆还田、轮作休耕、保水、保土、保肥等保护性耕作对耕地资源进行合理利用、开发、治理与保护，并通过一系列的合理利用、组织、协调人与资源、环境及人地关系（李国权，2012）。

从经济学来看，喀斯特山区耕地资源绿色利用是农业经营主体将耕地资源作为生产要素时，对耕地资源进行了相应的改造和经营，而导致了耕地资源氮、磷、钾和土壤有机质减少，水土流失，农业面源污染和碳排放等这些副产品，也就是说农业经营主体对耕地资源利用行为产生了外部不经济性，并尽可能地将对耕地资源利用产生的外部不经济性进行内部化。

从系统科学来看，喀斯特山区耕地资源绿色利用是对喀斯特山区耕地资源进行了相应的改造和经营，导致喀斯特山区生物圈、水圈、土壤圈及大气圈构成的系统层圈相互作用与环境变化，是喀斯特山区生物多样性与生态系统健康保护和生态系统健康以及水资源和粮食安全保障。

第二节　喀斯特山区耕地资源绿色利用的研究目的与意义

一、喀斯特山区耕地资源绿色利用研究目的

我国喀斯特地貌主要集中在贵州省、云南省、广西壮族自治区、四川省、重庆市五个省（区、市），喀斯特地区是典型的生态脆弱区，具有耕地质量差、土壤耕作层薄、耕地荒漠化、水土流失严重等特点（杨丹丽，2021）。国家实施西部大开发战略，加快推进西部区域社会经济发展目标与制度改革催生了喀斯特地区城镇化进程加快、科技迅速发展，促使耕地非农非粮化现象更加严重，水资源的污染和大量使用化肥、农药，导致耕地资源面临着数量急剧减少、质量逐年下降、非农化现象日益严重等问题。因此，本书基于借鉴已有耕地资源利用研究，结合贵州省、云南省、广西壮族自治区、四川省、重庆市五个省（区、市）喀斯特山区耕地资源禀赋特征，对喀斯特山区开展了耕地资源绿色利用的理论与实证相结合的研究方法，探析喀斯特山区耕地

资源全要素生产率影响因素、耕地资源全要素生产率与粮食全要素耦合、耕地资源绿色全要素生产率影响因素、耕地资源绿色全要素生产率与粮食全要素耦合、农户耕地绿色利用的行为响应及决策影响因素、新型农业经营主体耕地绿色利用的行为响应及其影响因素等研究内容，探索喀斯特山区耕地资源绿色利用情况。以期为喀斯特山区耕地资源绿色永续利用提供参考依据；同时也为政府及相关部门践行党的十九大要求耕地保护更严格更扎实，构建"数量—质量—生态"三位一体的耕地保护新格局制定相关政策措施提供借鉴。

二、喀斯特山区耕地资源绿色利用的研究意义

习近平总书记在党的十八届五中全会第二次全体会议上提出了创新、协调、绿色、开放、共享的新发展理念。绿色发展注重的是解决人与自然和谐问题。2017 年《中共中央国务院关于加强耕地保护和改进占补平衡的意见》中提出，要"着力加强耕地数量、质量、生态'三位一体'保护"。党的十九大再次提出立足确保国家粮食安全，要求耕地保护更严格更扎实，构建"数量—质量—生态"三位一体的耕地保护新格局（周艳寒，2012；姜麟昱，2021；文可可，2021）。因此，本研究对探索构建喀斯特山区耕地资源绿色利用理论框架，系统揭示喀斯特山区耕地资源绿色利用驱动因素，诊断喀斯特山区耕地绿色利用与粮食全要素耦合协调，解析喀斯特山区耕地资源绿色利用演化机理，提出喀斯特山区耕地资源绿色利用的政策建议，具有一定的理论意义和现实意义。

（一）理论意义

理论层面上，通过运用经济学、人地关系理论、新制度经济学、地理学、社会学、政策学和计量经济学等理论与方法相结合，针对耕地资源绿色全要素率影响因素、耕地资源绿色全要素生产率与粮食全要素耦合、农户耕地绿色利用的行为响应决策、新型农业经营主体耕地绿色利用行为响应决策及适应性行为选择对耕地资源绿色利用进行较为系统地多视角对比，多种方法创新集成的综合研究，丰富喀斯特山区耕地资源绿色利用和粮食安全关系研究的内容和方法。

（二）实践意义

实践层面上，通过从喀斯特山区耕地资源绿色全要素（生产率、影响因

素、时空分异）、喀斯特山区耕地资源绿色全要素与粮食全要素耦合、微观主体（农户）耕地绿色利用的行为响应机理与行为响应决策和微观主体（新型农业经营主体）耕地绿色利用行为响应机理与行为响应决策及适应性行为选择对喀斯特地区耕地资源绿色利用的影响。以期制订有利于喀斯特山区耕地资源优化配置与耕地资源绿色利用关系的科学性方案，提高耕地资源绿色利用与粮食安全政策制度实施效果作为借鉴，为相关部门制定合理的喀斯特山区农业耕地资源绿色可持续利用与管理和农业高质量发展政策提供参考依据。

第三节　喀斯特山区耕地资源绿色利用的研究对象与方法

一、喀斯特山区耕地资源绿色利用的研究对象

贵州省、云南省、广西壮族自治区、四川省、重庆市五个省（区、市）是中国典型的喀斯特地貌，是全国石漠化面积最大、程度最深、等级最齐、危害最严重的省份。喀斯特地区是典型的生态脆弱区，耕地质量差、土壤耕作层薄、耕地荒漠化现象普遍存在，水土流失严重。西部大开发战略实施促使耕地非农非粮化现象更加严重，水资源的污染和大量使用化肥、农药，从而导致耕地资源面临着数量急剧减少、质量逐年下降、非农化现象日益严重等耕地问题。因此，以贵州省、云南省、广西壮族自治区、四川省、重庆市五个省（区、市）2001—2020 年耕地资源绿色全要素（生产率、影响因素、时空分异）、耕地资源绿色全要素与粮食全要素耦合以及农户耕地绿色利用响应的行为决策和新型农业经营主体耕地绿色利用响应的行为决策及适应性选择行为等为主要内容，以耕地资源绿色利用机理、影响因素、时空分异性及与粮食全要素耦合为研究对象。在揭示耕地资源绿色利用与粮食全要素耦合机制及其关联性、农户和新型农业经营主体耕地绿色利用行为响应决策及适应性行为选择的基础上，探寻喀斯特山区耕地资源绿色利用的内在机理，从而提出喀斯特山区耕地资源绿色利用与农业高质量发展战略。

二、喀斯特山区耕地资源绿色利用的研究方法

（一）系统分析方法

探讨喀斯特山区耕地资源绿色利用的内在机理时，不仅要考虑耕地资源

利用，还要将考虑到经济社会发展背景和喀斯特山区资源环境条件下耕地资源绿色利用效率及其与粮食全要素耦合、农户和新型农业经营主体耕地绿色利用行为决策，对喀斯特山区耕地资源绿色利用与农业高质量发展政策效应的相关影响。

（二）比较分析方法

开展比较研究，对贵州省、云南省、广西壮族自治区、四川省、重庆市五个省（区、市）2001—2020 年耕地资源绿色全要素（生产率、影响因素、时空分异）、耕地资源绿色全要素与粮食全要素耦合以及农户耕地绿色利用响应的行为决策和新型农业经营主体耕地绿色利用响应的行为决策及适应性选择行为等进行时空比较分析。

（三）实地调查、遥感分析与统计数据相结合

选择贵州省、云南省、广西壮族自治区、四川省、重庆市五个省（区、市）进行政府相关部门调查收集数据资料，同时对贵州省内农户、村庄进行实地调查，以获取耕地资源绿色利用资料数据、社会经济活动数据、农业生产要素投入数据、社会经济统计数据、相关的遥感数据、耕地资源绿色利用政策实施影响下的农户行为特征及响应的决策变化情况。

（四）统计分析与计量经济模型方法

一方面是通过统计分析方法对相关统计数据和调查数据进行描述性统计和统计检验分析等；另一方面是通过构建计量经济模型，在理论分析的基础上定量研究和模拟农户与新型农业经营主体耕地利用行为响应决策及适应性选择影响。

（五）GIS 空间分析法

运用 GIS 空间模型对喀斯特山区耕地资源绿色全要素生产率、食物全要素生产率、粮食全要素生进行时空演化及分异性分析，以及耕地资源绿色全要素生产率与粮食全要素等两系统间的耦合度时空演化特征。

（六）制度分析的方法

将用以研究政策制度对经济发展有何影响的分析方法拓展到耕地资源绿色利用与粮食安全保障管理政策对农户行为的影响及其交互影响的研究上来，基于制度分析与发展框架进行耕地资源绿色利用与区域粮食安全保障政策制度的分析，并建立理论模型。

第二章

国内外研究进展

当前耕地资源绿色利用研究是国内外耕地资源利用研究的热点之一，而喀斯特山区耕地资源绿色利用则是耕地资源绿色利用的难点。本章通过归纳耕地资源利用、耕地资源绿色利用等方面的文献并进行评述，总结耕地资源绿色利用的研究方向。

第一节　耕地资源利用的研究进展

一、耕地利用转型

土地利用转型是在社会经济变化和革新的驱动下，某一区域在一段时期内由一种土地利用形态转变为另一种土地利用形态的过程（龙花楼，2012；秦彦杰，2022；李全峰，2017）。土地利用形态包括数量、空间结构等显性形态和质量、固有投入、产出能力、经营规模等隐性形态（秦彦杰等，2022）。耕地作为土地利用重要地类，是人类赖以生存的自然资源，为人类生产和生活提供物质资料（张越，2022）。耕地生态系统是"自然—经济—社会"复合构成的综合系统（文高辉，2021），具有复杂的自然、经济、社会和资产属性。随着经济社会发展的驱动，耕地利用功能、方式和形态等也随之变化，因此国内学术界在对土地利用转型研究的基础上界定了耕地利用转型的概念，并揭示耕地利用转型的实质是在经济社会变革驱动下，耕地在不同利用形态间转变的过程，这种转变通常与区域经济发展阶段具有对应关系（唐莹，2022）。而耕地利用转型的形态分为耕地利用转型的隐性形态和耕地利用转型的显性形态（宋小青，2014）。把耕地数量、规模以及空间分布的变化称之为耕地的显性形态。耕地产权关系演变、利用强度增加、经营主体更替和种植农作物结构的改变称为耕地的隐性形态（龙花楼，2012）。

然而耕地利用系统是农业生产经营者在一定数量和质量的耕地上投入适

量生产要素种植农作物，进而获得农产品及相应效益的"自然—人工"复合系统，由耕地子系统、经济子系统及社会子系统构成，具有显性和隐性双重结构；同时耕地利用系统运行及演化是自然生态过程、经济发展过程、社会演化过程耦合行进的结果，并涌现出经济、社会、生态功能具有复合性、开放性、韧性和多等级性等特征（杜国明，2022）。当前，耕地利用限制存在粮食生产、农业结构调整与耕地非农化，尤其是其过度性损失及生态保护间的竞争的耕地需求无序竞争和在社会、经济、政治及环境因素的驱动下，特定区域内的耕地停止其当前利用活动过程的耕地边际化以及耕地生态系统退化等问题（郭娜，2017）。随着经济社会从初级发展阶段经历中高级再到高级阶段，在诱致性生产替代作用下，耕地利用类型结构、投入结构和种植结构的演变将决定耕地利用功能从社会生态型向经济社会型、生态经济型转型（宋小青，2019）。

耕地利用功能转型一般是从经济社会型转向社会生态型或者从社会生态型向经济社会型转变。但是无论耕地利用功能转为任何一种耕地形态，都存在一定的驱动因子。通常情况下，耕地利用功能驱动机制表现为城镇化进程加速、耕地市场价值显化，加之农业效益下降，诱导农业生产结构发生替代，引致耕地利用结构变化，驱动耕地利用功能形态转变，且城镇化发展是持续驱动力，农业收益是重要因素。综上，提出立足耕地资源本底以加大耕地规划管制力度、协调主体利益矛盾以建构耕地多功能协调机制、深化农业产业体系以保障耕地高质高效利用、强化耕地生态建设以促进耕地可持续性利用的对策建议（陈磊，2022）。但从已掌握的文献来看，无论是耕地利用形态转型还是耕地利用功能转型，以及耕地利用转型演变机理及其影响因素、耕地利用转型路径以及耕地利用转型对经济和生态的影响。归结起来，从土地利用转型本质上认识，土地利用变化驱动因素主要包括自然和人文驱动力两大类（刘桂芳，2009）。

二、耕地利用效率

耕地是人类生存和发展不可或缺的自然资源，在确保粮食安全、维持社会稳定以及实现农业可持续发展等方面发挥着重要作用（高延雷，2020；李全峰，2017）。而耕地利用效率是衡量耕地利用程度的指标之一。耕地利用效率的主要内涵是耕地在生产过程中，在一段时间内不同的投入与产出要素的比值，所得到的投入与产出的比值越高，说明耕地资源的利用越合理，资源分配中就不存在过度的浪费，投入与产出的比值低，资源分配就存在浪费的现象，耕地资源的利用就不合理（李啸，2019）；而具体来说，耕地利用效率指的是耕地资源的投入要素在农业生产过程中转化为农业产出的能力，以及各种资源的配置是否合理；反映了在一定的农业产出条件下，投入最少的农业资源，或者在投入一定的农业资源条件下，农业生产获得最大的产出（李逮，2019；李啸，2019）。

国内对耕地利用效率的研究起步比较晚。国外真正对耕地利用效率进行研究是在 1987 年可持续发展概念被大家所认同后开始的，然后土地可持续性利用在可持续发展的基础上被提了出来（邱枫，2019）。随后 1991 年联合国粮农组织提出了农业可持续发展的目标，从此以后关于农业农村土地可持续利用的问题开始被人们注意到，有关耕地利用效率相关方面的研究开始逐渐增多（Matthews，2006）。研究成果主要集中于耕地的可持续发展利用，且相关研究成果中耕地利用效率这个直接的理论概念并不多见（翟伟萍，2016）。如在土地利用效率和影响因素方面，Agegneju（2006）以埃塞俄比亚为研究领域，研究重点是不同时间的农作物种植特性是否对土地利用效率有所影响，分析了影响土地利用效率的影响因素（李啸，2019）。Keith Wiebe（2006）指出，土壤肥力、技术培训等是主要影响因素，为了减轻人口增长带来的粮食压力，可以通过提高土壤肥力和改进技术的方法来解决（李啸，2019）。Alemdar（2006）等人通过选择农用化学品的使用量，农业总工作时间，以及农民的教育水平、年龄等指标构建 DEA 模型，分析了土耳其小麦的生产效率等情况，结果表明年龄与耕地利用效率呈正相关，教育水平与耕地资源利用效率呈负相关（李啸，2019）。目前，国外的研究多集中在耕地资源可持续利用、耕地集约利用、耕地资源动态演变及耕地生态安全方面。

与国外相比，近年来，耕地利用效率成为国内土地资源管理和经济学领域研究的热点，基于耕地利用效率指标构建、耕地利用效率测度以及从不同尺度不同视角对耕地资源利用效率及其影响因素的研究取得了丰硕的成果。

（一）耕地利用效率指标

在选取耕地利用效率的投入指标时，大部分学者都是从土地、劳动力、资本、技术的角度来考虑，选取产出指标时，大部分学者都从经济效益与社会效益的角度出发；近年来，学者们开始将碳排放、农业面源污染等非期望产出纳入到衡量指标中去（邱枫，2019）。王良健等基于面板数据，以农业从业人员数量、化肥、农业机械总动力等要素作为自变量，农业产值为因变量，分析了 2001 年到 2011 年中国耕地利用效率情况（王良健，2014）。梁流涛等以劳动力、播种面积、机械动力和化肥等作为投入指标，以粮食总产量、农业总产值、农业增加值作为产出指标，评估了中国耕地利用效率的整体情况（梁流涛，2008）。经阳等分别从土地、劳动力、资本等方面建立了对江西省耕地利用效率的评价体系（经阳，2015）。李在军等人分别选取耕地面积、化肥、农药、农业机械总动力、农机柴油用量和农业从业人数等要素作为投入指标，选取农业增加值与总产值作为产出指标，对山东省耕地利用效率进行测算（李在军，2013）。

（二）耕地利用效率测算方法

目前出现的测算方法主要有主成分分析法、C-D 生产函数、GIS 技术、概率优势模型和数据包络分析（DEA）等（郭荣芳，2018）。俞勇军（2002）等采用了主成分分析法对江阴市耕地利用效率进行估算测算，标志着主成分分析法开始正式成为我国耕地利用效率测算的方法。随后龙开胜（2008）运用概率优势模型和 C-D 生产函数两种方法，对江苏省耕地和工业用地进行效率评价。2012 年李鑫等先使用 C-D 生产函数，再运用多元线性回归方法分析了耕地细碎化对耕地生产效益的影响（李鑫，2012）。张荣天（2015）等采用 ESDA 关联模型与 R/S 分形模型等方法深入分析了中国各省耕地利用效率的分异特征。事实上，1988 年魏权龄首次引入数据包络分析（DEA）法进行效率测算（魏权龄，1988），此后，国内学者开始频繁运用此方法研究耕地利用的效率问题。数据包络分析方法有很多种模型，从 CCR 模型到 BCC 模型（赵晨，2013）及 DEA 模型都已运用于各类的课题研究（Andersen P，1993）。

（三）耕地利用效率的影响因素

政策、资源禀赋、自然条件、科技、经济发展水平和农业生产条件等是影响耕地利用效率的主要因素。因此，不同区域，耕地利用效率的影响因素存在一定差异性。中国耕地效率最大的影响因素是资源禀赋、自然条件、经济发展水平和农业生产条件（周晓林，2009）。有效灌溉面积和耕地抗灾能力也是影响陕西省耕地利用效率的主要因素，增强耕地的抗灾能力及扩大耕地有效灌溉面积可以有效提高陕西省的耕地利用效率（杨朔，2013）。也有研究发现省内的劳动力转移能够促进耕地利用效率的提升，而省际的劳动力转移会对转入地的耕地利用效率产生负向影响（邹秀清，2019）。随着农户劳动力年龄的增加对耕地利用效率呈"倒 U 形"影响，并且以老年劳动力为主的农户耕地利用效率要高于以青壮年为主的农户耕地利用效率（杨俊，2011）。

除此之外，也有研究表明人均耕种面积、夏秋种比、复种指数等影响耕地利用效率。高佳（2014）等在分析农民土地退出意愿的过程中强调户主年龄、户主性别、复种指数、人均耕地面积、农业收入比重和人均收入等因素影响了耕地利用的效率。张霞（2012）等通过对高家镇各村的研究指出劳均耕种面积、夏秋种比、复种指数、人均种植业收入和有效灌溉比率等是造成耕地利用效率差异的决定性因素。同时耕地细碎化也影响着耕地利用效率。许玉光（2017）发现耕地细碎化对耕地的利用效率有显著的影响，但是在不同经营规模农户之间效果不同，相比于小农户，细碎化对大农户的影响更大。

三、耕地资源利用与粮食安全

耕地资源在国计民生中起战略作用的首要功能为粮食生产（谢高地，2017）。随着工业化、城镇化的持续推进，建设用地规模呈现不断扩张之势并占用大量耕地（郭杰，2016），同时，又受到生态退耕、化肥农药污染、农业结构调整等因素影响（陈先鹏，2019）和耕地的"非农化、非粮化"，导致耕地数量锐减、质量加速下降。近年来，耕地资源利用与粮食安全为政府高度重视，学术界从不同视角对耕地资源利用与粮食安全方面的研究也取得了丰硕的成果，多集中为耕地资源节约集约利用与粮食安全、耕地资源数量和质量与粮食安全表征、耕地生态安全与粮食安全三个方面。

在耕地节约集约利用与粮食安全方面。国外学者从不同层面就对耕地资源的集约利用以及粮食安全展开了研究。Brown（2000）研究了尼泊尔境内耕地资源集约利用水平的变化趋势，并探究了耕地集约利用的驱动因素（吕明，2015）。Staal（2002）综合利用 GIS 以及对农户调查数据，研究了耕地集约利用程度的变化（吕明，2015）。Drechsel（2001）研究发现非洲农户在耕地利用过程中由于物质资料投入的缺乏制约着当地粮食产量的增长。然而国内较多学者提出应重点提高耕地集约利用程度从而直接提升粮食产量水平（吕明，2015）。宋戈（2011）等均提出研究区域的粮食产量随耕地集约度的升高而增加。还有部分学者认为耕地集约利用直接关系到粮食安全生产战略。吴郁玲（2011）重点分析了湖北省耕地资源集约利用影响因素的长期均衡关系与短期波动效应（吕明，2015）。

在耕地资源数量、质量与粮食安全关系方面。耕地资源是农业生产最基本的物质条件，它在数量和质量上的变化必将影响到粮食生产的波动，从而影响到粮食有效供给及粮食安全水平（傅泽强，2001；郑拥军，2010；郎福宽，2005；杨玲，2005；范成勇，2010）。为反映耕地与粮食之间的关系，蔡运龙等（2002）提出了耕地压力指数概念。耕地压力指数可以衡量某一区域耕地资源的紧张程度（朱红波，2007；向雁，2020）。此后，耕地压力指数拓展为集数量和质量为一体的综合性压力阈值，通过耕地质量标准系数校正耕地数量压力指数（罗翔，2016；向雁，2020）。因此耕地压力指数成为衡量耕地资源与粮食安全的重要指标之一。但张慧等学者（2017）和张星星等学者（2014）研究发现粮食生产成本、粮食价格、气候变化、耕地生产力、自然灾害等自然因素和经济发展、劳动力结构变化和产业结构演变等粮食生产因素影响着耕地压力指数。

在耕地生态安全与粮食安全方面。随着城镇化、工业化和农业技术发展，耕地资源受到农药、农业面源污染、化肥等污染，使耕地生态系统遭到破坏，严重影响耕地生态安全，从而影响粮食安全。如 Zhen（2005）从土地生态环境角度揭示了耕地利用方式改进及集约化水平变化对土壤养分、肥力及粮食产量水平变化的影响（吕明，2015）。因此在保障粮食综合生产能力的同时，还要修复和提升耕地的生态服务功能（吴宇哲，2019；向雁，2020）。

第二节　耕地资源绿色利用的研究进展

一、耕地资源利用绿色转型

耕地资源利用绿色转型的内涵是指在宏观政策和市场需求诱导下，实现劳动力、资本、技术、自然资源等投入品的技术替代，达到资源节约、环境友好、空间集约、产出效益、生态效益的目标，使耕地利用模式、空间结构、耕地功能等发生根本性转变，因此，耕地利用绿色转型包含空间转型、功能转型和模式转型三个子系统，其中空间转型是直接表现，功能转型和模式转型是其本质要求（柯善淦等，2021）。与传统的耕地利用转型相比，耕地利用绿色转型强调"数量、质量、生态"三位一体（刘彦随，2013；牛善栋等，2020），追求耕地利用生态效率的提升（刘蒙罢等，2021），是实现耕地利用与环境协调发展的有效措施（于法稳，2018）。

从耕地利用绿色转型的概念内涵来看，耕地利用绿色转型从属于耕地利用转型范畴。与此同时耕地利用转型，具有显性形态和隐性形态两种形式。

显性形态，即耕地利用结构和空间特征，包括数量、结构和形态三重属性。隐性形态，即依附于显性形态的、不易察觉的，需通过分析、化验、检测和调查才能获得的耕地利用形态（龙花楼，2012），分为耕地功能和经营模式两个层面。其中耕地功能包括生产、生活、生态三种（FOLEY J et al，2005）；而经营模式指的是利用耕地的行为特征，刻画耕地利用污染、资源利用、空间利用、生产效益及科技应用等状态（柯善淦等，2021）。目前从已掌握的文献来看，耕地利用绿色转型的理论研究并不多见，但已有学者对耕地利用绿色转型时空格局及其驱动机制（柯善淦等，2021）、区域耕地绿色利用转型与粮食全要素生产率耦合协调（卢新海等，2022）、耕地利用绿色转型效率的时空分异特征及其影响因素（匡兵等，2021）展开研究。

二、耕地资源绿色利用效率

目前，耕地资源利用效率通常是从耕地系统的投入与产出两个维度来测算，其中投入指标主要从土地、资本和劳动力三个方面选取，产出指标多选择粮食总产量、农业总产值等（谢阳光，2019）。如戴劲等（2017）选取农作物播种面积、农机使用、化肥使用、农药、种子和地租作为投入指标，谷物、土豆和甜菜的总收益作为产出指标，测算东北黑土区嫩江县的耕地利用效率。王良健等（2014）选取第一产业劳动力数量、化肥使用量、农业机械总动力作为投入指标，选取农业产值作为产出指标，测算中国耕地利用效率并分析其影响因素。王刚等（2019）选取户均耕地面积作为土地投入，农药、化肥和种子作为资本投入，测算重庆市石柱自治县耕地利用效率。从国内已有研究成果来看，国内在耕地利用效率指标选择研究方面，主要是从耕地系统中，选择投入与产出指标对耕地利用效率进行测算。而国外主要是从单一指标测算耕地利用效率，起初运用单位面积产出来衡量耕地利用效率，如 Kendall（1939）首先提出一种基于单位面积产出衡量耕地利用效率的方法；Reddy（1985）采用单位面积产出测量安得拉邦的耕地利用效率；随着研究的进一步深入，有学者开始对农作物中的粮食农作物或经济农作物的产出指标进行效率测算，以耕地系统作为研究对象进行效率测算并不多见；Mulwa R（2009）将种子、农户家庭劳动力与肥料作为投入指标，玉米作为产出指标测算肯尼亚种植玉米的效率；Mailena L（2014）将水稻产量作为产出要素测算马来西亚水稻种植场效率；Raheli H（2017）将西红柿这一经济农作物作为产出要素进行效率测算。

城镇化、工业化迅速发展，科学技术不断进步，化肥、农药施用量不断增加，导致农业面源污染和水污染，从而污染耕地资源，导致耕地质量下降。现阶段，政府和学术界对耕地污染高度重视，学术界开展把环境因素纳入到耕地利用效率研究中：Xie H（2018）提出耕地绿色利用效率，并将耕地利用的最佳绿色效率定义为在耕地利用过程中以最低成本产生的最大经济和生态效益。换言之，耕地利用绿色效率不仅要考虑经济产出，同时也要考虑正、负外部性效应（谢阳光，2019）。诸多学者从不同视角对不同尺度的耕地资源绿色可持续利用展开探索，并形成一批颇有价值的成果，多数成果集中在对耕地绿色利用概念的界定及其理论分析基础上，把农业面源污染和农业碳排放作为非期望产出指标纳入到耕地利用效率研究指标系统中，构建耕地绿色利用效率指标体系，并运用各种计量方法测算耕地绿色利用效率及其时空格局演变。如杨斌（2022）将农业面源污染和农业碳排放纳入到耕地利用效率指标体系，作为非期望指标探析长江经济带耕地绿色低碳利用的时空格局；苏原原（2022）在耕地系统利用现状分析的基础上，把农业面源污染和农业碳排放作为非期望产出指标，构建测算耕地绿色利用效率的指标体系，分析黄河下游耕地绿色利用效率。土地绿色利用是生态文明建设的时代要求，土地绿色利用的科学内涵体现为理念的革新、方式的转变以及利用效果的统一，是实现土地永续利用的必然要求（魏钰邦，2021）。

三、耕地资源生态价值

耕地生态系统作为连接自然生态系统和人类社会粮食安全的重要纽带，具有供给、调节、支持和耕地生态系统文化等 4 个方面的服务功能，功能决定价值（欧名豪，2019）。目前，耕地资源生态价值方面的研究主要集中在耕地生态补偿和耕地生态服务价值。

（一）耕地生态服务价值的研究

耕地为人类提供丰富的食物和原材料，具有重要的生态效益和强烈的外部性。耕地及耕地上的生物构成的生态系统具有调节气候、净化与美化环境、维持生物多样性等功能（李翠珍，2008）。耕地生态价值就是耕地功能的具体体现，其主体主要是城市居民和国家。近年来，随着全球城市化加快，国内外耕地生态系统的多功能性得到了高度的重视，国外有关耕地生态价值的研究成为热点（Christopher D，2013；Sutton N J，2016；Johanna Choumert，2015）。但是中国耕地所产生的生态效益未被纳入到耕地利用的收益之中，致使保护和收益脱节现象突出（唐秀美，2016），目前耕地生态价值评估中，耕地生态价值本身的影响因素复杂多样且多难以定量，学者采用各种方法试图对其进行合理核算，评估方法多样（唐秀美，2018），采用的方法主要包括价值当量修正法、替代市场法和条件价值评估法等（唐秀美，2016）。已有研究中，耕地生态功能多以耕地面积为基础，类型多样，且测算方法丰富，空间差异大，未有公认的分类体系，区域内部空间之间的差异分析研究较少。因此，耕地生态价值的核算应该结合区位和经济发展状况等来确定类型及估算方法（唐秀美，2018）。

（二）耕地生态补偿研究

耕地是重要的人工生态系统，具有净化空气、涵养水源、调节气候、防止水土流失、维护生物多样性、提供开敞空间及休闲娱乐等诸多生态系统服务功能（马爱慧，2011）。保障耕地生态功能的稳定持续供给，是解决耕地保护外部性内部化的重要途径（欧名豪，2019）。耕地生态补偿以外部性理论、生态服务功能、可持续发展理论和公共物品理论等相关理论为基础（陈会广，2009）。从已有的研究成果来看，耕地保护生态补偿机制研究成为近年来生态学、经济学、管理学关注的热点，研究成果主要集中在耕地补偿机制（陈会广，2009；吴萍，2017）、耕地生态补偿及空间效益转移（马爱慧，2011）、耕地生态补偿相关利益者（马爱慧，2012）。但党的十八大报告明确指出："建立耕地保护生态补偿机制是实现社会经济与环境协调发展的一项重要举措"后，关于耕地生态补偿研究开始出现基于理论研究，借鉴国外补偿经验来探索全国和省域尺度的耕地生态补偿实践（刘利花，2019），并且从单一理论研究转向理论与实践相结合研究，从而使耕地资源生态价值更加得到了重视。同时也有从高标准基本农田建设（唐秀美，2015）、土地优化配置（马爱慧，2010）、虚拟耕地流动（樊鹏飞，2018）和粮食安全（赵青，2017）等不同视角运用实验法、调查法和数理模型等方法来探究全国、省和地方尺度耕地生态价值的研究，并基于理论耕地生态价值的相关理论和全国、省和地方尺度的耕地生态机制探索，估算全国、省和地方尺度的耕地生态价值估计及其生态补偿研究。

第三节 耕地资源绿色利用的研究展望

"十四五"规划强调推动绿色发展，促进经济社会发展全面绿色转型，建设人与自然和谐共生的现代化。党的二十大报告指出，推动绿色发展，促进人与自然和谐共生。耕地资源绿色利用与管理是土地绿色利用的重点，是推动绿色发展，促进人与自然和谐共生应有之义。近年来，学术界提出的关于"绿色"发展、"绿色"利用等主题得到了更多关注，耕地资源绿色利用也受到重视，但从已掌握的关于耕地绿色利用研究成果来看，耕地绿色利用效率测度及其影响因素的研究较为丰富，而耕地资源绿色利用理论、耕地资源绿色利用价值、耕地资源绿色利用研究方法等需进一步深入研究。

一、耕地资源绿色利用理论

耕地自然属性、耕地永续利用、生态文明建设和实现耕地正义是耕地绿色利用的体现，耕地自然属性是大自然赋予人类生产利用的前提，是耕地绿色利用研究的基础。耕地的本质属性是生产资料和粮食安全保障，既是资源、资产和财产，又是"生态—经济—社会"耦合形成的复合系统。因此，耕地绿色利用是涉及地理学、生态学、自然科学、社会科学、经济学、管理学等的多学科交叉综合，其相关理论也应涉及多学科交叉综合，而从已掌握的文献来看，耕地资源绿色利用理论基本是运用生态学、地理学、经济学等某单一学科理论去研究，缺乏多学科交叉复合系统的理论研究。从喀斯特耕地资源绿色利用内涵出发，对喀斯特耕地资源绿色利用进行研究，应该基于喀斯特耕地资源绿色利用内涵，运用多学科交叉理论形成的系统理论去深入探究，最后形成较为系统的耕地资源绿色利用理论体系。

二、耕地资源绿色利用价值

耕地资源绿色利用的主要目的是人类在利用耕地时，保护好耕地生态功能，维护好耕地资源永续利用。耕地生态功能包括气候调节功能、净化环境功能、涵养水源功能、固土保肥功能和营养物质循环功能（唐秀美，2018）。耕地绿色利用是基于耕地的自然属性，但其本质是利用耕地的社会现象（魏钰邦，2021）。目前，从已掌握的文献来看，耕地资源绿色利用价值研究主要集中在耕地生态服务价值评估、耕地生态补偿机制两个方面取得丰硕的成果。耕地生态服务价值和保护生态补偿机制研究主要存在有耕地生态服务价值和耕地保护生态补偿理论基础体系尚未完善，未从系统论的视角去研究，区域补偿协调度较低等问题。从未来研究趋势来看，耕地绿色利用价值不仅体现在耕地生态服务价值评估和耕地生态补偿方面，而且更应注重基于耕地生态系统功能的内部性和外部性去考虑耕地生态系统内部价值和外部价值而构成的耕地绿色利用价值，构建"功能识别—供需分析—区域调剂—区内补偿—长效政策"理论分析框架；加强构建"大—中—小"三种尺度、三个层级的耕地资源绿色利用价值区域协调机制等几个方面。

三、耕地资源绿色利用的研究方法

目前耕地资源绿色利用的研究方法主要有文献分析法、静态分析法、动态分析法、静态与动态相结合的方法、归纳分析与综合抽象的定性分析法以及定量与定性分析相结合的方法，通常通过构建指标体系进行评价。在测度方法上，广泛应用 SBM 模型和 DEA 模型进行评价；在时空差异演化上，变异系数、泰尔指数和探索性空间数据分析等；在时空演化特征上，运用空间 Markov 和核密度估计链的方法组合能够全面揭示其动态演化过程（柯楠，2021）；在驱动因子分析上，运用回归分析、地理探测器和地理时空加权等方法。从现有研究方法来看，对于耕地资源绿色利用的研究方法从单一静态的方法，到动态多种分析方法相组合，因此社会学研究方法、数理统计分析方法、地理学时空分析方法等多种学科的研究方法相互组合应用将成为未来耕地资源绿色利用的主要研究方法。

第三章

理论基础与构建耕地资源绿色利用的理论分析框架

耕地是人类赖以生存与发展的基础资源，其利用状态直接影响国家粮食安全、生态可持续发展以及社会和谐稳定（LU H，2019；柯楠，2021）。传统的高投入、高产出、高消耗、高污染生产方式产生的负外部性使耕地出现质量下降、环境污染等问题。工业文明时代，生产技术的进步极大地提高了土地利用效率和强度，但利用产生的负外部性不容忽视；生态文明时代，绿色已成为永续发展的必要条件和人民对美好生活追求的重要体现（中共中央文献研究室，2016）。本章基于耕地资源绿色利用的理论基础，构建耕地资源绿色利用的理论分析框架。

第一节　耕地资源绿色利用的理论基础

一、可持续利用理论

1987 年在《我们共同的未来》报告中，正式提出可持续发展的概念和模式，即"可持续发展"被定义为"既满足当代人的需求又不危害后代人满足其需求的发展"（许伟，2004；汪鹏，2005；魏钰邦，2021），是一个涉及经济、社会、文化、技术和自然环境的综合的动态的概念（于长发，2011）。该概念从理论上明确了发展经济同保护环境和资源是相互联系、互为因果的观点（吕秀，2011）。因此，可持续发展理论（Sustainable Development Theory）的内涵是既满足当代人的需要，又不对后代人满足其需要的能力构成危害的发展，以公平性、持续性、共同性为三大基本原则（刘阳，2023）。随着时间的推移、社会的发展和科技进步，研究不断深入，可持续发展理论也在不断丰富。从可持续发展的概念、内涵、定义及特征综合来看，可持续发展是以为人类创造福祉为目的和根本要义，以保护生态环境为前提，实现社会、经济、文化和科技等综合全面发展，同时要尊重自然和环境、顺应自然和不损害后代人的利益、保持人与自然和谐共生。耕地资源作为最重要的生产资料之一，是人类赖以生存和发展的重要基础，为人类生活所需要的物质资料提供基本保障。耕地具有资源、资产和财产属性，为人类社会进步和经济发展服务；但由于耕地具有位置不可移动性、面积有限性、提供粮食生产潜力有限性、耕地生态系统净化能力有限性等性质，决定了耕地资源利用（柯楠，2021）受到阳光、水、地形地貌等自然因素和城镇化、工业化、科技进步、经济社会发展以及人类对耕地利用方式等社会因素的共同影响。城镇化、工业化产生的废弃物排放对耕地生态环境的污染，使耕地质量下降。人们对耕地的利用强度和方式不当，引发水土流失、土壤盐渍化、耕地石漠化等现象，导致土壤养分流失、耕地肥力减少、生产潜力下降，造成耕地数量减少和丧失生产能力。这就要求人类在社会发展进程中，坚守生态环境底线，保障耕地资源的可再生产能力。因此在可持续利用理论基础上，坚持耕地资源可持续利用，提高耕地的利用效率。一方面，要坚持科技创新，降低耕地资源利用产生的污染物排放，促进耕地利用绿色转型，提高耕地资源可持续利用能力，确保耕地永续利用；另一方面，要在避免耕地生态系统遭受破坏和不以牺牲后代利用为代价的前提下，提高耕地利用强度和生产能力，实现代际公平。

二、生态经济理论

生态经济理论是解决当今社会经济发展中生态环境问题和经济问题的理论工具，是人与自然共生息，生态与经济共繁荣的理论依据。美国著名生态经济学家莱斯特·R·布朗认为："生态经济是有利于地球的经济构想，是一种能够维系环境永续不衰的经济，是能够满足我们的需求又不会危及子孙后代满足其自身需求前景的经济。"许新桥（2014）认为生态经济是在资源、环境承载力基础上，依据可持续发展原理，人们合理利用自然、开发自然，人们的经济社会活动不是以破坏环境为代价，而是以环境友好为前提，通过发展模式选择和技术创新，实现经济社会发展与生态环境提升相协调、相融合的高级经济形态。耕地资源是重要的生产资料，人类通过劳动对耕地进行改造，生产所需的物品来满足生活需要，改善人们的生活水平，为人们提供物质财富。威廉·配第指出"劳动是财富之父，土地是财富之母。"而马克思对威廉·配第的思想进一步深入研究，指出承载着人类衣食消费的土地部分，改变了土地生态系统结构，从而破坏了土地的肥力。耕地资源是生产要素，为人们提供物质生产需求，同时耕地系统又是生态系统，人类在通过劳动、技术、资金等要素与耕地要素相结合进行生产时，要遵循自然生态规律，维持产量、耕地、生态三者之间平衡，保持经济系统、生态系统和耕地系统相互协调的稳定性，从而促进耕地资源绿色可持续利用。

土地资源是无法替代的重要自然环境资源，它既是环境的组分，又是其他自然环境资源和社会经济资源的载体。土地本身就是自然社会、经济、技术等要素组成的一个多重结构的生态经济系统。土地利用不仅是自然技术问题和社会经济问题，而且也是一个资源合理利用和环境保护的生态经济问题，同时承受着客观上存在的自然、经济和生态规律的制约（李小英，2020）。

土地生态经济系统是由土地生态系统与土地经济系统在特定的地域空间里耦合而成的生态经济复合系统。土地生态经济系统及其组分与周围生态环境共同组成一个有机整体，其中任何一种因素的变化都会引起其他因素的相应变化，影响系统的整体功能。毁掉了山上的森林，必然要引起径流的变化，造成水土流失，肥沃的土地沦为瘠薄的砾石坡，源源不断的溪流成为一道道干涸的河床，严重时甚至导致气候恶化（王万茂，2003；许伟，2004；汪鹏，2005）。因此，人类利用土地资源时，必须有一个整体观念，全局观念和系统观念，考虑到土地生态经济系统内部和外部的各种相互关系；不能只考虑对土地的利用，而忽视对土地的开发、整治和利用后对系统内其他要素和周围生态环境的不利影响；不能只考虑局部地区土地资源的充分利用，而忽视了整个地区和更大范围内对其的合理利用（王万茂，2003；许伟，2004；汪鹏，2005）。

三、土地资源配置理论

资源是社会经济发展的基本物质条件，耕地资源是农业生产活动的基本要素，耕地资源是固定的、不可替代的、稀缺的，随着人类需求的日益增长，耕地资源与人类的矛盾愈加明显，人地矛盾如何协调发展是亟待解决的难题（丘雯文，2016；康礼玉，2021）。资源配置指相对稀缺的资源在社会不同用途中通过比较做出的选择，资源的合理配置对国家经济发展有重要作用，我国人地矛盾主要表现为人均耕地面积小、人口基数大、城镇化和工业化推进造成耕地资源减少以及耕地污染加重，因此，高效合理地配置耕地资源投入要素，提升新疆耕地利用效率（闫岩，2014；康礼玉，2021）。

四、土地报酬递减理论

土地报酬递减理论是根据报酬递减理论演变而来的，报酬递减理论又称边际收益递减理论，指其他条件不变的情况下，一种投入要素持续增加，达到一定程度后，产品的增量就会降低，即边际报酬就会递减，称为边际报酬递减规律。报酬递减理论主要是可变要素的投入比例和固定要素之间的变化（康礼书，2021；苏原原，2022）。在固定要素不变的情况下，可变要素投入初期，所带来的产品增量是递增的，随着可变要素的增加，可变要素与固定要素的比例达到最佳时，则带来的产品增量是最大的，此时，如果继续增加可变要素的投入，就会造成产品增量递减。土地报酬递减理论是指在技术和其他要素不变的前提下，在同等土地面积上对某种投入要素持续增加，土地的产出增量会先递增再递减（康礼书，2021）。所以，在经济发展和科学技术与生产力协调发展的条件下，以耕地历年的投入产出要素和土地报酬递减规律为基础，通过参考、借鉴，合理确定耕地的可变要素和固定要素的比例关系（苏原原，2022；邢晓男，2022；杨斌，2022）。

五、外部性理论

耕地在利用过程中，会产生经济效益、社会效益和生态效益，而耕地资源作为一种典型的公共资源，带来的各项效益并不会直接全部归耕地种植的农户，而是仅有粮食产出是直接归种植农户所有，这就导致耕地在利用过程中，产生正负双向外部性。其中，正向外部性体现在农户利用耕地种植的农作物，在保障粮食数量与质量、保证农村居民基本生活需要的同时，起到固碳增汇、维护物种多样性、防止水土流失、美化环境等正向作用；负向外部性则体现在农户为了自身直接利益，不仅在现有耕地上种植农作物时，加大化肥、农膜等化学生产要素投入，以增加粮食产量，而且会实施毁林开荒、围湖造田等破坏环境资源的行为，以获取更多耕地，长此以往，就会使耕地资源承载力下降，面源污染持续加重，同时减少林地湖泊等自然资源（邵彦敏，2008）。

对此，有效解决耕地利用的外部效应内部化这一问题，对提高耕地利用效率显得尤为重要。如何促使农民自觉改变粗放的生产方式，注重生态保护，是解决问题的关键。最有效的办法就是通过生态经济补贴让农户直接体会到保护耕地带来的效益（陈源泉，2007），这样不仅能够增加农户收入渠道（种植收益与生态经济补贴），而且能够有效保护耕地与生态环境、减少资源浪费，实现耕地资源可持续利用。

第二节　构建耕地资源绿色利用的理论分析框架

习近平总书记在党的十八届五中全会第二次全体会议上提出了创新、协调、绿色、开放、共享的新发展理念；绿色发展注重的是解决人与自然和谐问题。2017 年中共中央国务院关于加强耕地保护和改进占补平衡的意见中提出，"要着力加强耕地数量、质量、生态'三位一体'保护"。因此，耕地资源绿色利用是粮食"数量和生态"安全的重要保障，也是实现"耕地数量、质量、生态'三位一体'保护"的重要举措。

耕地资源在国计民生中起战略作用的粮食生产为首要功能（谢高地，2017）。耕地利用系统是农业生产经营者在一定数量和质量的耕地上投入适量生产要素种植农作物，进而获得农产品及相应效益的"自然—人工"复合系统，由耕地子系统、经济子系统及社会子系统构成，因此农业生产经营者的主观愿望和区域自然地理条件、经济社会发展状况、相关政策（制度）等条件共同影响对耕地资源利用的投入与产出。习近平总书记在党的十八届五中全会第二次全体会议上提出了创新、协调、绿色、开放、共享的新发展理念；绿色发展注重的是解决人与自然和谐问题。2017 年中共中央国务院关于加强耕地保护和改进占补平衡的意见中提出，要"着力加强耕地数量、质量、生态'三位一体'保护"。因此，耕地资源绿色利用是粮食"数量和生态"安全的重要保障，也是实现耕地数量、质量、生态"三位一体"保护的重要举措。基于耕地绿色利用相关理论，探索农业生产经营者主观愿望与客观条件驱动耕地资源利用、耕地资源的投入与产出影响生产经营者对耕地资源利用决策、农业资源绿色生产与耕地资源绿色利用交互影响。

一、农业生产经营者主观愿望与客观条件驱动耕地资源利用

耕地资源是重要的生产资料，人类通过劳动、技术、资金等要素与耕地要素相结合对耕地进行改造，生产所需的物品来满足生活需要，改善人们的生活水平，为人们提供物质财富。"理性经济人"认为，人的行为是以成本和风险最小化和追求利用最大化为目的的。因此农业生产经营者在经营耕地的

时候，首先要从预期福利最大化、预期经济收入最大化、风险最小化和生产经营者追求的土地资源可持续性利用等主观愿望与喀斯特自然条件、耕地资源禀赋、化肥农药使用、水污染、碳排放、产业结构调整、城镇化发展、土地制度及相关惠农政策等客观条件共同综合选择和判断，从而驱动耕地资源的利用强度和方式。

同时，耕地具有位置不可移动性、面积有限性、提供粮食生产潜力有限性、耕地生态系统净化能力有限性等性质，决定了耕地资源利用（柯楠，2021）受到阳光、水、地形地貌等自然因素和城镇化、工业化、科技进步、经济社会发展以及人类对耕地利用方式等社会因素共同影响耕地资源利用。

二、耕地资源的投入与产出影响生产经营者对耕地资源利用决策

投入与产出通常是生产经营者用来衡量耕地利用效率的两个指标，也是农业生产者对耕地经营决策最重要的影响因素。威廉·配第指出"劳动是财富之父，土地是财富之母。"人类通过劳动、技术、资金等要素与耕地要素相结合生产。因此根据耕地资源产出投入的实际情况，以一般土地、劳动力、资本3个维度作为衡量耕地生产的投入指标；其中，土地投入，以耕地面积作为表征标量反映真实的耕地投入量；劳动力投入，选取农业从业人员表征；化肥投入，以耕地生产过程中的农用化肥的实际折纯量作为代理变量；机械投入，选用耕地利用过程中农业机械总动力作为机械投入量；农药投入，选取农药实际施用量作为代理变量；农膜投入，选取喀斯特山区农用塑料薄膜的使用总量表示；灌溉投入，采取有效灌溉面积作为投入指标。产出指标包括，选取农业总产值、粮食总产量作为期望产出指标因子。

但是土地报酬递减理论指在其他条件不变的情况下，一种投入要素持续增加，达到一定程度后，产品的增量就会降低，即边际报酬就会递减，称为边际报酬递减规律（康礼玉，2021）。因此农业生产经营者在投入生产决策时，通常要事先预估耕地全要素生产率、耕地全要素生产率与粮食全要素耦合等来综合选择与判断对耕地资源利用行为决策，以至于影响耕地资源利用强度和利用方式。

三、农业资源绿色生产与耕地资源绿色利用交互影响

可持续发展是以为人类创造福祉为目的和根本要义，以保护生态环境为前提，实现社会、经济、文化和科技等综合全面发展，同时要尊重自然和环

境、顺应自然和不损害后代人的利益、保持人与自然和谐共生。耕地具有资源、资产和财产属性，耕地资源具有面积有限性、提供粮食生产潜力有限性、耕地生态系统净化能力有限性等性质，决定了城镇化、工业化产生的废弃物排放对耕地生态环境的污染，使耕地质量下降。农业生产经营者对耕地的利用强度和方式不当，引发水土流失、土壤盐渍化、耕地石漠化等问题导致土壤养分流失、耕地肥力减少、生产潜力下降。因此坚持耕地资源可持续利用，降低耕地资源利用产生的污染物排放，促进耕地利用绿色转型，提高耕地资源可持续利用能力，确保耕地永续利用（柯楠，2021）。

在耕地上种植农作物时，农户加大化肥、农膜等化学生产要素投入，以增加粮食产量，且实施毁林开荒、围湖造田等破坏资源环境的行为，以获取更多耕地，长此以往，会使耕地资源承载力下降，面源污染持续加重，同时减少林地湖泊等自然资源（邵彦敏，2008）。

为了有效解决耕地利用的外部效应内部化这一问题，农业生产经营者要选择绿色生产方式，提高耕地绿色利用效率。但从经济学理论的角度来看，耕地资源经营者选择绿色生产是经济的、理性的行为。一方面，对耕地资源利用行为决策，通常要考虑耕地资源绿色全要素生产率、耕地资源绿色全要素生产率与粮食全要素耦合状况，来综合判断选择绿色生产方式，从而最终实现耕地资源绿色利用。另一方面，也可以通过生态经济补贴，让农业生产经营者直接体会到保护耕地带来的效益（陈源泉，2007），这样不仅能够增加农户收入渠道（种植收益与生态经济补贴），而且能够有效保护耕地与生态环境、减少资源浪费，实现耕地资源绿色利用。

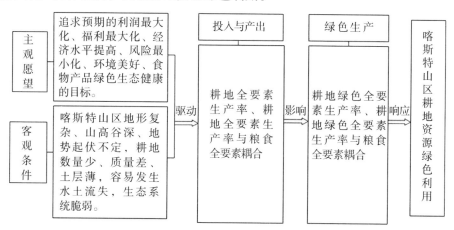

图 3-1 耕地资源绿色利用的理论分析框架

第四章

喀斯特山区耕地资源绿色利用与粮食全要素耦合

在喀斯特地貌比较集中的四川、重庆、贵州、云南、广西五个省（区、市），由于其地质背景特殊，岩溶作用强烈，地表崎岖破碎、山多坡陡、平地少的地表结构导致耕地景观细碎，区域气候条件特殊、人口增长过快、土地利用结构不合理等因素加剧对生态环境的干扰破坏，造成土、水环境要素缺损引起耕地生产潜力退化。石漠化分布广且极不均匀加剧粮食产量与耕地资源的空间错配，是导致耕地生产潜力下降的重要因素，对耕地生态系统造成了短期内不可逆的破坏，使区域经济发展受阻，当地粮食安全、生态安全困境凸显，严重制约了喀斯特地貌比较集中的四川、重庆、贵州、云南、广西五个省（区、市）耕地资源绿色的永续利用。而耕地资源绿色利用是解决新时代我国粮食安全问题、农业经济发展方式转变、发展绿色低碳经济、推动农业高质量发展和实现农业现代化的重要抓手，也是转变农业"高污染、高消耗"传统生产方式的重要途径，最终实现耕地资源绿色利用与粮食全要素耦合。

第一节　喀斯特山区耕地资源利用效率及影响因素

一、数据来源与研究方法

（一）数据来源

本书数据来源于 2001—2020 年《四川省统计年鉴》《贵州省统计年鉴》《云南省统计年鉴》《广西壮族自治区统计年鉴》《重庆市统计年鉴》《中国能源统计年鉴》《中国区域经济统计年鉴》以及上文提及的 5 个省（区、市）统计局官网、各地农业农村厅（委员会）提供的基础数据计算整理得来。石漠化面积数据源于喀斯特山区上文提及的 5 个省（区、市）林业部门、发展和改革部门和农业农村部门以及全国岩溶地区 3 次石漠化监测结果。

（二）研究方法

1. 指标体系

（1）投入指标

构建根据喀斯特山区及各省（区、市）耕地资源产出投入的实际情况，并结合 DEA 模型指标体系的数据可获取性及科学性，选取土地、劳动力、资本 3 个维度作为表征变量耕地生产的投入指标。其中①土地投入：以耕地面积作为表征标量反映真实的耕地投入量；②劳动力投入：选取农业从业人员表征；③化肥投入：以耕地生产过程中农用化肥的实际折纯量作为代理变量；④机械投入：选用耕地利用过程中农业机械总动力作为机械投入量；⑤农药投入：选取农药实际使用量作为代理变量；⑥农膜投入：选取喀斯特山区农用塑料薄膜的使用总量表示；⑦灌溉投入：采取有效灌溉面积作为投入指标。

（2）产出指标

产出指标包括：选取农业总产值、粮食总产量作为期望产出指标因子。

表 4-1-1　耕地资源利用效率测算指标体系

指标类别	指标名称	衡量指标	单位
投入指标	土地投入	农业耕种面积	公顷
	劳动力投入	农业从业人员	人
	化肥投入	农用化肥施用（折纯量）	吨
	机械投入	农用机械化总动力	千瓦
	农药投入	农药的使用量	吨
	农膜投入	农用塑料薄膜的使用量	吨
	灌溉投入	有效灌溉面积	公顷
产出指标	期望产出	农业总产值	元
		粮食总产量	吨

2. 构建模型

（1）数据包络分析（Data Envelopment Analysis，DEA）

数据包络分析是一种非参数技术效率分析方法，通过投入和产出来估计生产前沿面。采用数据包络分析中的规模收益不变（Constant Returns to Scale，

CRS）假设，对喀斯特山区 2001—2020 年耕地利用综合效率进行测算，该模型为投入导向型模型，由 Charnes（1978）等研究所得，模型规划式如下（王海力，2018）：

$$\text{CCR 模型为：}\begin{cases} \text{Min}\,[\,\theta - \varepsilon(\theta^T S^+ + \hat{e}^T s^-)\,] \\ s.t. \sum_{j=1}^{n} X_{jm}\,\lambda_j + s^- = \theta X_0(m = 1,\ 2,\ 3,\ \cdots,\ M) \\ \sum_{j=1}^{n} Y_{jr}\,\lambda_j + s^- = Y_0(r = 1,\ 2,\ 3,\ \cdots,\ R) \\ \lambda_j \geqslant 0,\ s^+ \geqslant 0,\ s^- \geqslant 0 \end{cases} \quad (1)$$

式中，j 为待评价单元数量，即研究区中有 $j(j = 1,\ 2,\ \cdots,\ n)$ 个省（区、市）行政单元（DMU），每个省（区、市）行政单元都有 m 种与耕地利用效率有关的投入变量和 r 种产出变量；X_{jm} 为 j 省（区、市）中第 m 种投入总量；Y_{jr} 为 c 省（区、市）的第 r 种产出变量。λ_j 是将各省（区、市）连接起来形成有效前沿面，用于判断区域空间耕地利用状况的权重变量。θ 为耕地投入产出的综合效率，值域为 $[0,\ 1]$，值越大，则耕地综合利用效率越大。s^+ 为剩余变量，s^- 为松弛变量；ε 为非阿基米德无穷小量；e^T 和 $\hat{e}^T$ 分别为隶属于 E^r 和 E^m 的单位空间向量。综合技术效率包含了规模效率的成分（王海力，2018）。

当在 CRS 模型的约束条件中加入前提假设条件 $\sum_{j=1}^{1} \lambda_j = 1$，模型（1）可转化为（规模报酬可变）（Variable Return to Scale，VRS）模型，得出的技术效率排除了规模的影响，即纯技术效率（BANKER R，1984；王海力，2018）。参考刘佳（2015）通过 VRS 模型可把综合效率（TE）分解成纯技术效率（PTE）和规模效率（SE），且 $TE = PET \times SE$。VRS 模型基于规模报酬可变，所得到的技术效率排除了规模的影响，从而得到纯技术效率指数 $\theta_b \in (0,\ 1])$。最后，基于综合效率和纯技术效率，可估算规模效率（王海力，2018），具体公式为：$SE = \theta / \theta_b (SE \in (0,\ 1])$。

（2）多元线性回归模型

多元线性回归分析是描述一个因变量 (Y) 与两个及两个以上自变量 (X) 之间的线性依存关系，由多个自变量来共同预测或估计因变量的变化趋势，通过确定模型参数来得到回归方程（孙嘉阳，2021；张惠中，2021），方程如下：

$$Y = \beta_0 + \beta_1 X_1 + \beta_2 X_2 + \cdots \beta_n X_n + e$$

式中，$\beta_j(j = 1,\ 2,\ \cdots n)$ 代表在其他自变量不变的情况下，自变量 X_j 增加或减少一个单位时因变量 Y 的平均变化率，e 表示去除 m 个自变量对因变量影响后的随机误差。

（3）地理探测器模型

地理探测器能客观地探测自变量的定量因子和定性因子对因变量驱动及其空间异质特征，解释其因变量的驱动和分异性程度（王劲峰，2017）。因此，运用地理探测器的因子探测来探究喀斯特山区耕地利用效率的分异特征，并探测各驱动因素对耕地利用效率分异格局的影响程度（宋永永，2021；Polykretis C2021），计算公式为：

$$q = 1 - \frac{1}{N\sigma^2} \sum_{h=1}^{L} N_h \sigma_h^2$$

式中，q 是喀斯特山区耕地利用效率时空格局分异的决定力指标，q 的值域为 [0，1]，q 值越大，即驱动因子对喀斯特山区耕地利用效率时空格局变化的影响程度越大，反之则弱；h 为驱动因子的分类数，N 为地州市单元数，σ^2 为各域单元耕地利用效率的方差。

二、结果分析

（一）喀斯特山区耕地利用效率现状与整体变化分析

通过 CCR 模型计算出 2001—2020 年喀斯特山区及各省（区、市）耕地利用综合效率值（TE）及决策单元的松弛变量（表 4-1-2）。

表 4-1-2　喀斯特山区及各省（区、市）CCR 运行结果

地区	耕地综合效率值	耕地面积	第一产业人数	农用化肥施用量（折纯）	塑料薄膜使用量	农药使用量	农用机械总动力	有效灌溉面积	农业总产值	粮食总产量
云南省	0.522	0.000	0.000	0.000	0.000	0.000	0.000	0.000	0.000	0.000
广西壮族自治区	0.708	0.000	0.000	0.000	-0.298	-0.001	0.000	0.000	0.000	0.000
贵州省	0.967	0.000	0.000	-0.001	-0.034	-0.004	0.000	0.000	0.000	0.000
重庆市	0.719	0.000	0.000	0.000	0.000	0.000	-0.001	0.000	0.001	0.000
四川省	0.748	0.000	0.000	0.000	0.000	0.000	0.000	0.000	0.000	0.000
喀斯特山区	0.635	0.000	0.000	0.000	-0.001	0.000	0.000	0.000	0.000	0.000

据此可知，2001—2020 年喀斯特山区综合效率为 0.635，处于较低效率水平，塑料薄膜使用量松弛变量为-0.001，说明投入过剩。云南省、四川省耕地利用效率达到最优，且投入产出的松弛变量为 0，表明投入、产出均达到最优，但云南省耕地综合效率在喀斯特山区中排名最后为 0.522。广西壮族自治区塑料薄膜使用量、农药使用量投入过剩，其余指标达到最优；贵州省农用化肥施用（折纯量）、塑料薄膜使用量和农药使用量投入过剩，其余指标达到最优；重庆市农用机械总动力、农业产值未达到最优，其余指标不存在投入冗余或产出不足的现象。综上可知，喀斯特山区部分地区农用化肥施用量（折纯量）、农药使用量及农用机械总动力整体上投入过剩。

对喀斯特山区进行 BCC 模型运算得到图 4-1-1。总体来看，随着时间的推移，喀斯特山区耕地利用效率呈现波段式上升趋势，这与近些年喀斯特山区"三农"方面体制机制的不断深化改革，加强农业供给侧改革，持续推进喀斯特山区石漠化和水土流失综合治理等国家重大生态修复工程，提高全域耕地利用效率有着密不可分的关系。这 20 年间喀斯特山区纯技术效率处于较高效率水平，综合效率和规模效率平均值为 0.635、0.651，处于较低效率水平，说明投入达到最优水平的 63.5%，在投入固定的情况下，产出增加36.5%才能达到耕地资源利用效率最优状态，喀斯特山区在耕地利用方面仍然存在提升的潜力。

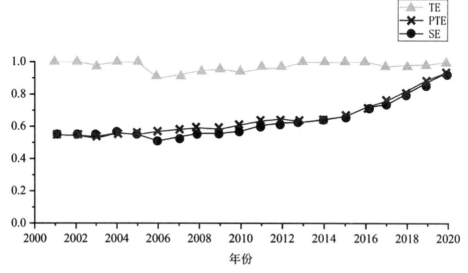

图 4-1-1 2001—2020 年喀斯特山区 BCC 模型求解结果

注：TE 为综合技术效率、PTE 为纯技术效率、SE 为规模效率

（二）喀斯特山区耕地利用效率时间差异影响因素分析

本书以 DEA 测算的 2005 年、2011 年及 2020 年喀斯特山区各省（区、市）耕地利用效率为因变量，选择复种指数（X1）、环境受灾程度（X2）、有效灌溉面积（X3）、单位耕地面积农业机械动力（X4）、农村居民家庭人均可支配收入（X5）及财政涉农支出水平（X6），以自然、经济、社会 3 个维度作为耕地利用效率的解释变量。

采用 SPSS 对对数化处理后的指标进行多元线性回归分析，由表 4-1-2 结果显示显著性为 0.000<0.05，该多元线性回归方程显著。通过表 4-1-3 回归系数可以看出，复种指数（X1）、农村居民家庭人均可支配收入（X5）、财政涉农支出水平（X6）每增加 1 个单位，耕地利用综合效率就会相应增加 2.058、1.095、0.129，说明区域耕地资源禀赋、农村经济发展水平、国家重视农业方面对喀斯特山区耕地利用综合效率产生正向影响，单位耕地面积农业机械动力（X4）每增加 1 个单位，综合效率减少 1.588，表明单位耕地面积农业机械动力对喀斯特山区耕地利用综合效率有着负向影响，这或许与喀斯特山区地形地貌复杂致使农业机械的无效作业增加有关。按照影响程度的强弱排序为：X5>X1>X4>X6>X3>X2。

表 4-1-2　方差检验结果

模　　型	平方和	自由度	均方	F
回归	0.283	6	0.047	544.308	0.000[b]
残差	0.001	13	0.000		
总计	0.284	19			

a 因变量：综合效率值；*b* 预测变量：（常量），X6，X2，X1，X4，X3，X5

表 4-1-3　回归系数表[a]

模型		未标准化系数		标准化系数	t	显著性
		B	标准错误	Beta		
1	（常量）	−5.044	1.329		−3.796	0.002
	X1	2.058	0.115	1.338	17.909	0.000
	X2	0.005	0.020	0.012	0.244	0.811
	X3	0.245	0.397	0.070	0.616	0.548

模型		未标准化系数		标准化系数	t	显著性
		B	标准错误	Beta		
	X4	−1.588	0.112	−1.085	−14.191	0.000
	X5	1.095	0.073	2.782	15.027	0.000
	X6	0.129	0.093	0.103	1.388	0.188

a 因变量：综合效率值

（三）喀斯特山区耕地利用效率空间差异分析

根据喀斯特山区五省（区、市）BCC 模型结果可知（表4-1-4），2005年、2011年、2020年贵州省综合技术效率达到最优效率水平；2005年云南省、四川省、广西壮族自治区、重庆市均未达到最优，处于低效率水平，但各省（区、市）效率增长有所差异。广西壮族自治区的纯技术效率较高，规模效率较低，表明规模不经济是导致其效率低的主要原因；四川省综合技术效率增高主要依靠规模效率，其规模效率较高的优势在于它的水热条件较好，地形平坦的盆地地形形成集聚经济和规模经济；2011年喀斯特山区各省（区、市）综合技术效率较2005年均有所增高，但仍仅有贵州省达到最佳效率。2020年喀斯特山区五省（区、市）仅有云南省未达到最优水平，处于较高水平，而其余省（区、市）在耕地利用生产上投入了较先进的生产方法、技术，进行了科学的管理。从宏观来看，空间格局上喀斯特山区耕地利用效率北部地区优于南部地区，东部高于西部。喀斯特山区西南地区农业自然地质灾害更频繁，环境受灾程度在所有省（区、市）中居高，人口和资源脆弱的矛盾加剧和掠夺式的经济活动扩展且土地石漠化面积排名靠前，造成土壤肥力下降，耕地质量不高，从而抑制耕地的期望产出数量，又由于农业经济比较效益，农业劳动力外流导致耕地抛荒，对耕地投入不足，农业发展较为缓慢，地区综合效率较为低下。四川省纯技术效率最优率呈上升态势，由2011年的23.5%上升至2020年的28.2%，规模效率增长幅度较小，由2011年的1.9%上升至2020年的0.6%。

表 4-1-4 2005 年、2011 年、2020 年 BCC 模型运行结果

年份	地区	TE	PTE	SE
2005	云南省	0.411	0.521	0.788
	广西壮族自治区	0.639	0.951	0.672
	贵州省	1.000	1.000	1.000
	重庆市	0.627	1.000	0.627
	四川省	0.620	0.635	0.975
2011	云南省	0.447	0.454	0.984
	广西壮族自治区	0.672	0.856	0.785
	贵州省	1.000	1.000	1.000
	重庆市	0.707	0.947	0.746
	四川省	0.780	0.785	0.994
2020	云南省	0.977	1.000	0.977
	广西壮族自治区	1.000	1.000	1.000
	贵州省	1.000	1.000	1.000
	重庆市	1.000	1.000	1.000
	四川省	1.000	1.000	1.000

（四）喀斯特山区耕地利用效率空间影响因素分析

耕地利用效率分异格局是受区域自然地理条件、耕地资源禀赋、区域经济发展、农业科技进步、农业政策调整等多方面自然社会经济因素的耦合作用。因此，本书将上述自然、经济、社会因素作为耕地利用效率的解释变量，以 DEA 测算的 2005 年、2011 年及 2020 年喀斯特山区各省（区、市）耕地利用效率为因变量，最终构建指标体系（表 4-1-5）。其中，将各省（区、市）复种指数（X1）作为表征耕地资源禀赋的指标，将农村居民人均可支配收入（X2）作为表征区域经济发展水平的指标，将单位耕地面积农业机械总动力（X3）作为表征农业科学技术发展的指标，将财政涉农支出水平（X4）作为表征政府重视程度的指标，将各省（区、市）石漠化面积（X5）、坡度（X6）、环境受灾程度（X7）作为表征自然状况的指标。利用 ArcGIS 10.7 软件将各省（区、市）连续性数据离散化，将因变量（耕地利用效率）与各自变量（X）代入地理探测器软件中得到因子探测结果（表 4-1-6），以此识别

喀斯特山区耕地利用效率分异格局的关键影响因子。

表 4-1-5 喀斯特山区耕地利用效率分异格局驱动因子指标体系

维度	指标
耕地资源禀赋	复种指数（X1）
区域经济发展水平	农村居民人均可支配收入（X2）
农业科学技术发展	单位耕地面积农业机械总动力（X3）
政府重视程度	财政涉农支出（X4）
自然状况	石漠化面积（X5）
	坡度（X6）
	环境受灾程度（X7）

表 4-1-6 耦合协调度时序演进驱动因子探测结果

时间	X1	X2	X3	X4	X5	X6	X7
2005 年	0.947***	0.990***	0.964***	0.007***	0.008***	0.005***	0.867***
2011 年	0.889***	0.901***	0.835***	0.757***	0.161***	0.003***	0.964***
2020 年	0.765***	0.986***	0.894***	0.487***	0.569***	0.009***	0.786***

注：***表示 0.001 水平上显著相关

通过地理探测器测算各年份各因子 q 值（表4-1-6）：2005 年自变量对喀斯特山区耕地利用综合效率解释力由大到小为：X2>X3>X1>X7>X5>X4>X6，其中农村居民人均可支配收入对耕地利用综合效率解释力最大，q 值为 0.990；2011 年为：X7>X2>X1>X3>X4>X5>X6，对耕地利用综合效率解释力最大的指标是环境受灾程度，q 值为 0.964；2020 年为 X2>X3>X7>X1>X5>X4>X6，对 2020 年耕地利用综合效率解释力最大的指标是农村居民人均可支配收入，q 值为 0.986。

从时间序列上来看，虽然不同时期自变量影响喀斯特山区耕地利用综合效率的空间差异程度不尽相同，但农村居民人均可支配收入在这 3 年具有较强的解释力，农村居民人均可支配收入代表农村经济发展水平。近年来，喀斯特山区大力推进全域土地综合整治工程，重点提升中低质量的耕地质量，地方财政的强弱，直接关系着这些工程的实施成效，工程执行力度强、耕地质量提升快、农村居民人均可支配收入高的区域，促进了耕地利用效率的提升；同时，农村居民人均可支配收入高的地区对科技投入和涉农资金投入力度大，促进了耕地利用效率的提高，这种空间分布差异影响喀斯特山区耕地利用效率的空间差异。

三、结论

本书研究喀斯特山区 2001 年至 2020 年耕地资源的利用效率，根据 CCR 和 BCC 模型研究分析综合效率、纯技术效率、规模效率，同时运用多元线性回归模型和地理探测器进行研究。得出以下结果：

（一）总体来看，随着时间的推移，喀斯特山区耕地利用效率呈现波动式逐步上升态势。这 20 年间喀斯特山区纯技术效率处于较高效率水平，但耕地规模狭小致使农业机械的无效作业增加和规模投入不经济是耕地利用效率改善的主要障碍，其综合效率和规模效率平均值分别为 0.635、0.651，处于较低效率水平，喀斯特山区在耕地利用方面仍然存在提升的潜力。

（二）区域耕地资源禀赋、农村经济发展水平、国家重视农业方面对喀斯特山区耕地利用综合效率产生正向影响，而单位耕地面积农业机械动力对喀斯特山区耕地利用综合效率有着负向影响，这或许与喀斯特山区地形地貌复杂致使农业机械的无效作业增加有关。

（三）在喀斯特山区空间尺度上通过 DEA 分析得出各省（区、市）纯技术效率、规模效率地区最优率整体呈上升趋势，但 2020 年在空间格局上云南省农业发展相对不足，其余各省（区、市）耕地利用效率相对高。

（四）根据地理探测器的因子探测，虽然不同时期自变量影响喀斯特山区耕地利用综合效率的空间差异程度不尽相同，但农村居民人均可支配收入在这 3 年具有较强的解释力，对耕地利用综合效率空间差异性影响较大。

第二节　喀斯特山区耕地资源绿色利用效率及影响因素

一、数据来源与研究方法

（一）数据来源

本书数据源于 2001—2020 年《四川省统计年鉴》《贵州省统计年鉴》

《云南省统计年鉴》《广西壮族自治区统计年鉴》《重庆市统计年鉴》《中国能源统计年鉴》《中国区域经济统计年鉴》以及各省（区、市）统计局官网。石漠化面积数据源于喀斯特山区各省（区、市）林业部门、发展和改革部门和农业农村部门以及全国岩溶地区3次石漠化监测结果。

（二）研究方法

1. 指标体系

借鉴 Zhang C Z（2020）和姜晗（2020）相关研究，本书基于喀斯特山区农业发展的实际状况（喀斯特山区耕地资源禀赋、区域经济发展水平、生态环境）构建耕地绿色利用效率测算指标体系，见表4-2-1。

表4-2-1 喀斯特山区耕地绿色利用效率测算指标体系

标准层	要素层	指标层	单位
投入	土地	耕地面积	公顷
	劳动力	农业产业人数	人
	资本	农用化肥施用（折纯量）	吨
		农用机械化总动力	千瓦
		农药使用量	吨
		农用塑料薄膜使用量	吨
		有效灌溉面积	公顷
期望产出	经济效益	农业总产值	亿元
	社会效益	粮食总产量	吨
	生态效益	耕地碳吸收量（包括稻谷、小麦、玉米、豆类、薯类等农作物）	吨
非期望产出	碳排放	耕地碳排放量	吨
	环境污染	农业面源污染排放量	吨
	耕地石漠化	耕地各等级石漠化面积之和	公顷

（1）投入指标

耕地生产的投入指标选取土地、劳动力、资本3个维度作为表征变量。其中①土地投入：以实际耕地面积作为表征标量反映真实的耕地投入量；②劳动力投入：选取农业从业人员表征；③化肥投入：以耕地生产过程中农用化肥的实际折纯量作为代理变量；④机械投入：选用耕地利用过程中农业机械总动力作为机械投入量；⑤农药投入：选取农药实际使用量作为代理变量；⑥农膜投入：选取喀斯特山区农用塑料薄膜的使用总量表示；⑦灌溉投入：采取有效灌溉面积作为投入指标。

（2）产出指标

产出指标包括期望产出和非期望产出。

①期望产出：选取农业总产值、粮食总产量和耕地碳吸收量（包括稻谷、小麦、玉米、豆类、薯类等农作物）作为期望产出指标因子。其中，耕地碳吸收量是指农作物光合作用形成的净初级生产量，即生物产量，具体的计算式引自田云（2019）等的方法建立，具体表示如下：

$$C = \sum_{i=1}^{k} Ci = \sum_{i=1}^{k} ci \cdot Yi \cdot (1 - r)/HIi$$

式中，C 为农作物碳吸收总量；Ci 为某种农作物的碳吸收量；k 为农作物种类数；ci 为农作物通过光合作用合成单位有机质所需吸收的碳；Yi 为农作物的经济产量；r 为农作物经济产品部分的含水量；HIi 为农作物经济系数。各类农作物的碳吸收率与经济系数主要引自王修兰（1996）和韩召迎（2012）等相关文献，见表4-2-2。

表 4-2-2　中国主要农作物经济系数与碳吸收率

品种	经济系数	含水量（%）	碳吸收率	品种	经济系数	含水量（%）	碳吸收率
水稻	0.45	12	0.414	薯类	0.70	70	0.423
小麦	0.40	12	0.485	甘蔗	0.50	50	0.450
玉米	0.40	13	0.471	甜菜	0.70	75	0.407
豆类	0.34	13	0.450	蔬菜	0.60	90	0.450
油菜籽	0.25	10	0.450	瓜类	0.70	90	0.450
花生	0.43	10	0.450	烟草	0.55	85	0.450
向日葵	0.30	10	0.450	其他农作物	0.40	12	0.450
棉花	0.10	8	0.450				

数据来源：《中国农业生产净碳效应分异研究》

②非期望产出：选用耕地碳排放总量和农业面源污染排放量表示。

碳排放总量参考田云（2013）等的研究基础上，选取碳排放总量由农用化肥施用折纯量、农药使用量、农用塑料薄膜使用量、农用柴油使用量、有效灌溉面积、农作物种植过程中土壤 N_2O 的排放量（转化为 CO_2）、牲畜养殖碳排放以及稻田 CH_4 排放（转化为 CO_2）8 种碳排放源数量乘以各自的碳排放系数的总和。在借鉴宋德勇（2009）等和张秀梅（2010）等碳排放方程建立方法的基础上，耕地碳排放核算模型规划式如下：

$$E = \sum E_i = \sum (T_i \cdot \delta_i)$$

式中，E 为耕地生产过程中碳排放总量，E_i 为各类碳源碳排放量，T_i 为各碳排放源的量，δ_i 为各种碳源所对应的碳排放系数。依据 IPPC 从农药、化肥、农用塑料薄膜、柴油、灌溉所产生碳源的量和土壤、稻田、牲畜养殖确定具体碳源因子及其所对应的碳排放系数（Polykretis C，2021）。依据 IPPC 各碳源所对应的碳排放系数参考，见表 4-2-3—表 4-2-6。

表 4-2-3　主要农用物资碳排放系数

碳源	碳排放系数	参考来源
化肥	0.8956 kg C·kg^{-1}	美国橡树岭国家实验室（田云，2011）
农药	4.9341 kg C·kg^{-1}	美国橡树岭国家实验室（田云，2011）
农膜	5.18 kg C·kg^{-1}	IREEA（南京农业大学农业资源与生态环境研究所）
柴油	0.5927 kg C·kg^{-1}	IPCC
灌溉	266.48 kg C·hm^{-2}	段华平等（2011）

表 4-2-4　农作物各品种的土壤 N_2O 排放系数

农作物品种	N_2O 排放系数/（kg/hm^2）	参考来源
水稻	0.24	王智平（1997）
小麦	0.40	于克伟等（1995）
豆类	0.77	熊正琴等（2002）
玉米	2.532	王少彬等（1993）
蔬菜类	4.21	邱炜红等（2010）
其他农作物	0.95	王智平（1997）

表4-2-5　喀斯特山区水稻生长周期内的CH₄排放系数（g/m²）

早稻	晚稻	中季稻
5.10	21.00	22.05

数据来源：《中国农业生产净碳效应分异研究》

表4-2-6　喀斯特山区主要牲畜品种对应的碳排放系数［（kg/（头·a）］

碳源	肠道发酵	粪便排放		参考来源	碳源	肠道发酵	粪便排放		参考来源
	CH₄	CH₄	N₂O			CH₄	CH₄	N₂O	
奶牛	61	18.00	1.00	IPCC	骡	10	0.90	1.39	IPCC
水牛	55	2.00	1.34	IPCC	骆驼	46	1.92	1.39	IPCC
黄牛	47	1.00	1.39	IPCC	猪	1	4.00	0.53	IPCC
马	18	1.64	1.39	IPCC	山羊	5	0.17	0.33	IPCC
驴	10	0.90	1.39	IPCC	绵羊	5	0.15	0.33	IPCC

农业面源污染排放量参考陈敏鹏（2006）和现有其他文献的研究成果，选用农业面源污染的核算模型规划式如下：

$$E = \sum_i EU_i P_i C_i (EU_i, S)$$

式中，E 为农业面源污染排放量，EU_i 为污染单元 i 的统计量，P_i 为污染单元 i 的产生系数，C_i 为污染单元 i 的流失系数，它由污染单元以及污染单元所在区域的自然条件决定。本书选取农业生产经营活动中最主要的两个农业面源污染类型——化肥施用和畜禽养殖（张佳卓，2019），并选择氮肥、磷肥折纯量作为化肥施用污染单元；选择猪当年出栏量、牛年末存栏量、羊年末存栏量以及家禽当年出栏量作为畜禽养殖污染单元，最后以清单分析法为基础确定污染单元产生的总氮（TN）、总磷（TP）污染物排放量公式，如表4-2-7所示（张佳卓，2019）：

表4-2-7　喀斯特山区农业面源污染单元污染物排放量计算公式表

污染单元	计算公式
氮肥	总氮（TN）排放量＝氮肥折纯施用量×氮肥流失系数
磷肥	总磷（TP）排放量＝磷肥折纯施用量×磷肥流失系数
猪	猪污染物排放量（总氮、总磷）＝猪当年出栏量×猪饲养周期×猪粪尿日排泄系数×猪粪尿污染物含量×猪粪尿污染物流失系数

污染单元	计算公式
牛	牛污染物排放量（总氮、总磷）＝牛年末存栏量×牛饲养周期×牛粪尿日排泄系数×牛粪尿污染物含量×牛粪尿污染物流失系数
羊	羊污染物排放量（总氮、总磷）＝羊年末存栏量×羊饲养周期×羊粪便日排泄系数×羊粪便污染物含量×羊粪便污染物流失系数
家禽	家禽污染物排放量（总氮、总磷）＝家禽当年出栏量×家禽的饲养周期×家禽粪便日排泄系数×家禽粪便污染物含量×家禽粪便污染物流失系数

相关污染单元产排污系数、化肥流失系数、畜禽污染单元相应系数见表4-2-8—表4-2-13（张佳卓，2019）。

表4-2-8 喀斯特山区农业面源污染定量核算所需要的产排污系数表

污染源	定量核算所需要的产排污系数
化肥施用（折纯量）	氮肥流失系数（%）
	磷肥流失系数（%）
畜禽养殖	畜禽养殖周期（天）
	单位畜禽日排泄粪尿系数（千克/头，只）
	单位畜禽日排泄粪尿氮、磷含量（千克/头，只）
	畜禽粪尿氮、磷流失系数（%）

表4-2-9 喀斯特山区氮肥、磷肥流失系数表

地区	氮流失系数（%）	磷流失系数（%）
喀斯特山区	0.923	0.438

数据来源：《中国农业面源污染区域差异及其影响因素分析》

表4-2-10 畜禽饲养周期（单位：天/年）

项目	猪	牛	羊	家禽
时间	199	365	365	210

数据来源：《浙江省农业面源污染时空特征及经济驱动因素分析》

表 4-2-11 喀斯特山区畜禽粪尿日排泄系数表（单位：千克/天）

项目	猪	牛	羊	家禽
粪	2	20	2.6	0.125
尿	3.3	10	—	—

数据来源：2002 年国家环境保护总局公布数据

表 4-2-12 中国畜禽粪尿中污染物平均含量（单位：千克/吨）

项目	TN	TP	项目	TN	TP
猪粪	52	3.41	牛尿	6	0.4
猪尿	9	0.52	羊粪	4.63	2.6
牛粪	31	1.18	家禽粪便	45.65	5.79

数据来源：2002 年国家环境保护总局公布数据

表 4-2-13 畜禽氮磷流失系数表（%）

地区	项目	氮磷流失	地区	项目	氮磷流失
北方地区	猪粪	2	南方地区	猪粪	8
	牛粪	2		牛粪	8
	羊粪	2		羊粪	8
	家禽粪便	9		家禽粪便	20
	猪尿	25		猪尿	35
	牛尿	25		牛尿	35
	羊尿	—		羊尿	—
	家禽尿	—		家禽尿	—

数据来源：《中国农业面源污染区域差异及其影响因素分析》

石漠化耕地，各等级石漠化耕地的面积之和，即轻度石漠化耕地面积、中度石漠化耕地面积、重度石漠化耕地面积以及极重度石漠化耕地面积之和。其表达式：

$$S = \sum_{i=i}^{4} S_i \qquad （ i = 1、2、3、4 ）$$

式中，S 为石漠化耕地面积，S_1 为轻度石漠化耕地面积，S_2 为中度石漠化耕地面积，S_3 为重度石漠化耕地面积，S_4 为极重度石漠化耕地面积。

2. 构建模型

（1）松弛效率模型

传统径向 DEA 模型只包含所有的投入（产出）径向改进，却未包括松弛改进，部分的局限性及环境因素的产出问题会造成效率结果的失真，未真实反映耕地绿色利用效率，以非径向测算为基础的松弛效率模型弥补了这一缺陷并被相关领域研究学者广泛采用。因此，本书选择 SBM 模型将多个非期望产出指标（碳排放、农业面源污染、耕地石漠化）纳入到耕地绿色利用效率评价体系中，以便更加全面科学合理评价喀斯特山区耕地绿色利用效率。现对 SBM 模型简单介绍如下。

假设考察样本中有 K（$K = 1, 2, \cdots k$）个决策单元，每个决策单元有 3 个要素：投入向量 x、期望产出向量 y、非期望产出向量 u（$x \in R^M$，$y \in R^N$，$u \in R^I$，M、N、I 分别为每个决策单元投入、期望产出、非期望产出的数量）。参考 Tone 等的研究成果，考虑非期望产出的 SBM 模型可表述为：

$$\rho^* = \min \frac{1 - \dfrac{1}{M} \displaystyle\sum_{m=1}^{M} \dfrac{S_i^x}{x_m^k}}{1 + \dfrac{1}{N+I} \left(\displaystyle\sum_{n=1}^{N} \dfrac{S_n^k}{y_n^k} + \displaystyle\sum_{i=1}^{I} \dfrac{S_u^k}{u_i^k} \right)}$$

$$s.t. \begin{cases} x_m^k = \displaystyle\sum_{k=1}^{K} \lambda_k x_m^k + s_m^x \\ y_n^k = \displaystyle\sum_{k=1}^{K} \lambda_k y_n^k - s_n^y \\ u_i^k = \displaystyle\sum_{k=1}^{K} \lambda_k x_i^k + s_i^u \\ s_m^x \geq 0, \ s_n^y \geq 0, \ s_i^u \geq 0, \ \lambda_k \geq 0 \end{cases} \tag{1}$$

式中，s^x、s^y、s^u 分别为投入松弛变量（衡量投入过剩）、期望产出松弛变量（衡量期望产出不足）、非期望产出松弛变量（衡量非期望产出不足），λ_k 为各个决策单元的权重。等式右侧的分子分母分别为决策单元实际投入、产出到生产前沿面的平均距离，即投入无效率程度和产出无效率程度。目标函数 $\rho^* \in [0, 1]$，当 $\rho^* = 1$ 时，表明决策单元生产有效率；当 $\rho^* < 1$ 时，则表明决策单元存在效率损失，在投入产出上可进一步改进。

（2）地理探测器模型

地理探测器能客观地探测自变量的定量因子和定性因子对因变量驱动及

其空间异质特征，解释其因变量的驱动和分异性程度（王劲峰等，2017）。因此，运用地理探测器的因子探测来探究喀斯特山区耕地绿色利用效率的分异特征，并探测各驱动因素对耕地绿色利用效率分异格局的影响程度（宋永永，2021；Polykretis C，2021），计算公式为：

$$q = 1 - \frac{1}{N\sigma^2} \sum_{h=1}^{L} N_h \sigma_h^2$$

式中，q 是喀斯特山区耕地绿色利用效率时空格局分异的决定力指标，q 的值域为 [0，1]，q 值越大，即驱动因子对喀斯特山区耕地绿色利用效率时空格局变化的影响程度越大，反之则弱；h 为驱动因子的分类数，N 为地州市单元数，σ^2 为各域单元耕地绿色利用效率的方差。

二、结果与分析

（一）喀斯特山区耕地资源绿色利用效率测度

借助 MAXDEA 软件，运用 SBM 模型计算 2001—2020 年喀斯特山区的耕地综合技术效率值（TE）、纯技术效率值（PTE）和规模效率值（SE）（$TE = PTE \times SE$），并汇总 TE、PTE 及 SE 从 3 大维度上分析喀斯特山区 2001—2020 年耕地绿色利用效率变化趋势，见图 4-2-1。

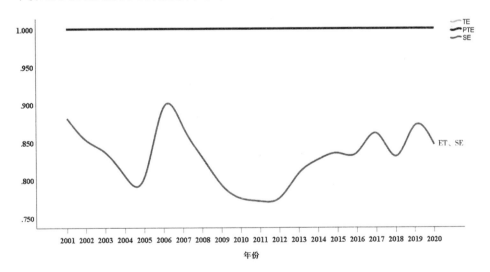

图 4-2-1　喀斯特山区 2001—2020 年耕地绿色利用效率变化趋势

1. 通过对 2001—2020 年喀斯特山区耕地绿色利用效率进行汇总分析得到耕地 TE 均值为 0.830，处于中高效率水平，从整体变化态势来看，耕地绿色利用效率值呈现明显的时序非均衡性特征，为更加深入了解分析耕地绿色利用效率变化态势可将其分为两个阶段：第一阶段是 2001—2011 年。这一阶段 TE 总体呈现波动下降趋势，且在 2011 年达到谷值 0.771，主要原因是 2011 年喀斯特山区大部分省份受到较为严重旱灾致使水源干涸、田地龟裂、草木枯萎、持续的高温少雨以及农业病虫害的程度加剧，对喀斯特山区农业生产造成极大破坏，但经济因素的积极效应完全超越了气候变化的消极效应，使喀斯特山区农作物播种面积规模较上一年增长 2%，但喀斯特山区土地类型复杂、地块细碎，不具备比较单一的农业专业化生产集中优势，将对挖掘农业生产潜力产生负面影响，因此该时期耕地绿色利用效率跌入谷值。第二阶段是 2012—2020 年。期间 TE 总体呈现波动上升的趋势。2012 后年国家惠农强农政策力度加强以及农村基础设施得到改善，农村金融服务水平提高，国家重点开展区域防灾减灾技术指导和生产服务，加快推进农作物病虫害专业化统防统治，完善重大病虫害疫情防控支持政策，提高农户生产积极性，农业科学技术更新速度加快，传统的农业发展方式逐步向现代高效生态农业的发展方式转变，逐渐减少耕地非期望产出量的同时，有效提升了耕地绿色利用效率。

2. 2001—2020 年喀斯特山区耕地利用的 PTE 和 SE 均值分别为 1、0.830，从总体变化趋势上看，PTE 已达到最优变化趋势，SE 变化趋势与 TE 重合，表明喀斯特山区 TE 主要是 SE 驱动模式，但 SE 未充分发挥，说明喀斯特山区耕地绿色利用效率损失主要受 SE 影响，耕地资源配置效率仍有提升空间。因此，今后喀斯特山区耕地绿色利用效率协调农业科学技术创新和规模效率作用不断适应。针对不同地域耕地资源禀赋的差异，通过土地整治工程技术来实现耕地规模扩大、耕地质量提升，完善土地流转市场机制，推动土地适度规模经营，同时加强农业的科技创新研究和合理经营生产，提高耕地生产、生态价值，充分发挥纯技术效率和规模效率对喀斯特山区耕地绿色利用效率的正相关促进作用。

（二）喀斯特山区耕地资源绿色利用效率时空演变特征

为了更直观分析喀斯特山区耕地绿色利用效率的时空差异动态演化过程，运用 ArcGIS 10.7 软件，采用重分类当中的自然断点法将 2005 年、2011 年、2020 年 3 个年份的耕地利用综合技术效率面板数据划分为不同等级进行可视化作图分析。

喀斯特山区耕地绿色利用效率在不同级别上的空间分布有较为显著的差异变化，同一水平的省（区、市）总体分布较为聚集，可能与各相邻区域间辐射作用、耕地资源禀赋异同性、农业经济发展程度差异、农业生态环境以及政策导向不同相关，最终，2001—2020 年耕地绿色利用效率呈现"北高南低""东高西低"的动态演化趋势。2005 年广西壮族自治区耕地绿色利用效率为 1，2020 年广西壮族自治区、贵州省、重庆市耕地绿色利用效率为 1，表明其省（区、市）均落在综合技术效率前沿面上，这些地区耕地资源的配置能力、要素投入和使用效率均达到最佳利益，而西南部云南省一直处于未最佳利用状态，其耕地面积狭小致使农业机械的无效作业增加和规模投入不经济，是改善耕地绿色利用效率的主要障碍，今后应加强研发适用于山地丘陵地区农业生产科学技术，提升农机化水平，优化调整农业种植结构，科学经营农业生产规模集约化，加强农业社会化服务，提升农业生产效率。从各（州）市等级数量变化上分析：低效率区、较低效率区、中等效率区、较高效率区及高级区（州）市数量分别由 2005 年的 2、0、1、1、1 个逐步变化为2011 年的 2、0、1、2、0 个。与 2011 年相比，2020 年喀斯特山区低效率区的省（区、市）数量减少 2 个，较低效率区的省（区、市）数据增加 1 个，而中等效率区数量不变，较高效率区减少 1 个，高效率区增加 3 个，不利于喀斯特山区整体耕地绿色利用效率的协调发展。

（三）耕地绿色利用效率的地区差异分析

根据喀斯特山区五个省（区、市）的 *TE* 均值及其效率分解采用聚类分析法划分为 3 类，并借助 ArcGIS 10.7 绘制出喀斯特山区耕地绿色利用效率不同类别空间分布图，以便更清晰地分析喀斯特山区耕地绿色利用效率的地区差异性。

表 4-2-14　喀斯特山区耕地绿色利用效率的不同类别

	地区	*TE*	*PTE*	*SE*
Ⅰ类区	广西壮族自治区	0.909	0.969	0.952
	四川省	0.921	0.949	0.970
	重庆市	0.910	0.958	0.947
Ⅱ类区	贵州省	0.785	0.836	0.940
Ⅲ类区	云南省	0.692	0.720	0.965

根据表4-2-14的分类结果，得到喀斯特山区耕地绿色利用效率不同类别空间差异分布图，从表4-2-14可知，喀斯特山区耕地绿色利用效率表现出明显的地域不平衡性。第三类地区包括云南省，其 PTE、SE 值远低于喀斯特山区平均水平，其农业生产技术更新速度和规模投入均未达到最优水平，耕地生产潜力没有得到充分挖掘，耕地绿色利用效率是不可持续的发展模式。一方面，应充分挖掘 PTE 的上升潜力；另一方面，分析约束 SE 提升的限制性因素。从喀斯特山区全域范围看，这类地区分布在西南部，相比其他地区，这类地区农业技术基础薄弱、农户资金基础相对薄弱、对耕地生产技术的投入与推广较少以及受地形地貌影响，难以形成规模经营，在发展第一产业方面存在明显劣势，云南省石漠化土地面积居第二位，占喀斯特山区石漠化面积的30.15%，耕地保护、集约高效绿色利用意识也存在较大差异，往往采用粗放经营模式，火灾、干旱、洪涝灾害、地质灾害等频繁发生，对人民生命财产安全、农业生产构成重大威胁，对耕地绿色利用效率具有抑制作用，最终这类地区纯技术效率和规模效率都相对较低。第二类地区包括贵州省，TE 为0.785，靠近喀斯特山区平均水平，其 PTE、SE 均靠近喀斯特山区平均水平，仍然有提升到最优的空间，而较低水平的 PTE 是 TE 的限制性因素，需充分挖掘耕地绿色利用科技投入的潜力，着力强化科技创新驱动，引领农业转型升级。第二类地区分布在高效率区间的过渡地带，其土地面积较小、地势海拔及耕地坡度相对较高，不利于农业水利设施修建、机械化规模经营，同时由于贵州发展定位以旅游产业为主，耕地撂荒及季节性撂荒趋势的增长直接影响农作物播种面积，对种植业和提高耕地绿色利用效率的依赖度较低。贵州省石漠化土地面积居第一位，占喀斯特山区石漠化面积的31.69%，境内受大气环流及地形等影响，贵州气候具有多样、多变、不稳定等特征，其中灾害性天气种类较多，干旱、秋风、凝冻、冰雹等频度大，对农业生产危害严重。第一类地区综合技术效率值为1，包括四川省、重庆市、广西壮族自治区，说明耕地投入产出水平是最佳的利用效率，是可持续的发展模式，地区耕地、资金、劳动力等资源配置与规模效率均达到相对合理的利用水平。第一类地区分布在喀斯特山区北部以及东南部，区域石漠化土地面积占喀斯特山区的38.18%，这类地区具有相对耕地资源禀赋高、生态环境良好的基础，耕地生产经营过程中注重科学合理有效地使用农机、化肥农药等农用物资，以减少耕地的非期望产出；水系区位也相较其他地区较好，灌溉水的供应情况和质量状况对农产品的产量及质量有着正相关促进作用，应进一步完善耕地灌溉水利基础设施，为耕地利用提供良好的生产条件。

（四）喀斯特山区耕地资源绿色利用效率影响因素

耕地绿色利用效率分异格局是受区域自然地理条件、耕地资源禀赋、区域经济发展、农业科技进步、农业政策调整等多方面自然社会经济因素耦合影响。因此，本书将上述自然、经济、社会因素作为耕地绿色利用效率的解释变量，以 DEA 测算的 2005 年、2011 年及 2020 年喀斯特山区各省（区、市）耕地绿色利用效率为因变量，最终构建指标体系（见表 4-2-15）。其中，将各省（区、市）复种指数（$X1$）作为表征耕地资源禀赋的指标，将农村居民人均可支配收入（$X2$）作为表征区域经济发展水平的指标，将单位耕地面积农业机械总动力（$X3$）作为表征农业科学技术发展的指标，将财政涉农支出水平（$X4$）作为表征政府重视程度的指标，将各省（区、市）石漠化面积（$X5$）、坡度（$X6$）作为表征自然状况的指标，将农业面源污染（$X7$）、农业碳排放（$X8$）作为表征生态的指标。利用 ArcGIS 10.7 软件将各省（区、市）连续性数据离散化，将因变量（耕地绿色利用效率）与各自变量（X）代入地理探测器软件中得到因子探测结果（表 4-2-16），以此识别喀斯特山区耕地绿色利用效率分异格局的关键影响因子。

表 4-2-15　喀斯特山区耕地绿色利用效率分异格局驱动因子指标体系

维度	指标
耕地资源禀赋	复种指数（$X1$）
区域经济发展水平	农村居民人均可支配收入（$X2$）
农业科学技术发展	单位耕地面积农业机械总动力（$X3$）
政府重视程度	财政涉农支出水平（$X4$）
自然状况	石漠化面积（$X5$）
	坡度（$X6$）
生态环境	农业面源污染（$X7$）
	农业碳排放（$X8$）

表 4-2-16　耕地绿色利用效率时序演进驱动因子探测结果

时间	X1	X2	X3	X4	X5	X6	X7	X8
2005 年	0.994	0.994	0.994	0.997	0.999	0.013	0.368	0.957
2011 年	0.733	0.996	0.783	0.777	0.991	0.007	0.777	0.783
2020 年	0.913	0.958	0.928	0.344	0.449	0.014	0.562	0.913

因子探测器运行结果表明，各驱动因子均通过 1% 的显著性水平检验，耕地资源禀赋、区域经济发展水平、农业科学技术发展、政府重视程度、自然状况及生态环境对耕地利用效率时空分异特征均具有驱动作用，但不同因子的解释力有所差异。

从表 4-2-16 分析可知，2005 年各因子对喀斯特山区耕地绿色利用效率解释力由大到小排序为：X5>X4>X3 = X2 = X1>X8>X7>X6；石漠化面积 q 值解释力最大，则说明 2005 年喀斯特山区耕地绿色利用效率主要受到区域石漠化影响，境内的石漠化致使区域内的水文、土壤和生态条件遭受不同程度的影响，区域生态系统不断恶化、社会经济发展整体滞后，首先，石漠化导致的灾害频繁发生、水土流失加剧、生态系统退化、土地生产力下降（但新球，2018），甚至会影响碳平衡和区域气候条件，不利于本地和长江、珠江中下游地区生态安全格局的构建；其次，石漠化使可耕种土地面积缩减，导致耕地生产要素投入不足、结构性的矛盾增加，叠加相对贫困问题、水土流失问题等因素，加剧了土地自然生产能力的下降和土地质量的恶化，这已然成为制约喀斯特山区农业和农村经济发展最严重的生态问题，是抑制喀斯特山区耕地绿色利用效率的主要障碍因素。

2011 年各因子对贵州省耕地绿色利用效率解释力由大到小排序为：X2>X5>X8 = X3>X7 = X4>X1>X6；其中农村居民人均可支配收入 q 值解释力最强，该时期对喀斯特山区耕地绿色利用效率占主导因素的是农村居民人均可支配收入，经济发展水平的增长可以提高农户从事农业生产的积极性，也为耕地利用效率增长提供了充分的经济物质保障和人力智力支持，原来粗放式、低效型的耕地生产经营模式造成过多资源消耗的同时增加农业碳排放、农业面源污染的来源，导致喀斯特山区农业生态环境遭到不同程度的破坏，使得无公害绿色生态有机农产品规模化、标准化程度低，农业产品发展质量效益不高，不利于喀斯特山区耕地绿色利用效率的持续输出和农业绿色生态转型发展，对面向耕地产出与资源、环境协调发展的整体良性循环局面的转变具有负外部效应，对区域经济发展水平的影响作用较大。

2020 年各因子对喀斯特山区耕地绿色利用效率解释力由大到小排序为：$X2>X3>X8=X1>X7>X5>X4>X6$；其中解释力最强的因子依然是农村居民人均可支配收入，农业生产投入对提高耕地利用效率发挥着显著的作用，但单位耕地面积农业机械总动力的解释力排名上升，对喀斯特山区耕地绿色利用效率的影响作用不断增强。加大农业技术推广和研发力度，强化农业科技创新，逐步从传统"两高一低"行业向绿色行业延伸与耕地利用调整，进行农产品品牌建设，推动农业绿色生产，发挥农业生态产品价值，多渠道、多方式提高农业经济水平。

综上所述，纵观整个研究期，不同研究期间导致喀斯特山区耕地绿色利用效率分异的驱动因子不尽相同，但是农村居民人均可支配收入、石漠化面积、单位耕地面积农业机械总动力等因素在研究期内均具有较强的解释力，说明区域经济发展水平、自然状况及农业科学技术发展等在各个时期对耕地利用效率的作用比较活跃，喀斯特山区耕地绿色利用效率的时空分异在很大程度受上述因子主导。

三、结论

通过 2001—2020 年喀斯特山区耕地绿色利用效率的时空分异格局分析及驱动因子探讨，得到以下主要研究结论：

（一）从整体变化态势来看，2001—2020 年喀斯特山区耕地绿色利用效率值呈现明显的时序非均衡性特征，其总体耕地绿色利用为弱 DEA 有效，仅纯技术效率达到最优水平，耕地 TE 均值为 0.830，处于中高效率水平，结果表明纯技术效率对综合效率的影响占据主导因素，即主要是纯技术效率驱动耕地绿色利用效率增长。

（二）喀斯特山区耕地绿色利用效率在不同级别上的空间分布有较为显著的差异变化，同一水平的省（区、市）总体分布较为聚集，可能与各相邻区域间辐射作用、耕地资源禀赋异同性、农业经济发展程度差异、农业生态环境以及政策导向不同相关，最终 2001—2020 年耕地绿色利用效率呈现"北高南低—东高西低"的动态演化趋势。根据喀斯特山区五个省（区、市）的 TE 均值及其效率分解采用的聚类分析法划分为三类，结果表现出明显的地域不平衡性。第三类地区包括云南省，其 PTE、SE 值远低于喀斯特山区平均水平，其农业生产技术更新速度和规模投入均未达到最优水平，耕地生产潜力没有得到充分挖掘，耕地绿色利用效率是不可持续的发展模式。第二类地区包括贵州省，TE 为 0.785，靠近喀斯特山区平均水平，其 PTE、SE 均靠近喀斯特山区平均水平，仍然有提升到最优的空间，而较低水平的 PTE 是 TE 的限制性因素，需充分挖掘耕地绿色利用科技投入的潜力，着力强化科技创新驱动，引领农业转型升级。第一类地区综合技术效率值为 1，包括四川省、重庆市、广西壮族自治区，说明耕地投入产出水平处于最佳利用效率是可持续的发展模式，地区耕地、资金、劳动力等资源配置与规模效率均达到相对合理的利用水平。

（三）利用地理探测器得到不同研究期间导致喀斯特山区耕地绿色利用效率分异的驱动因素不尽相同，但是农村居民人均可支配收入、石漠化面积、单位耕地面积、农业机械总动力等因素在研究期内均具有较强的解释力，说明区域经济发展水平、自然状况及农业科学技术发展在各个时期对耕地绿色利用效率的作用都比较活跃，喀斯特山区耕地绿色利用效率的时空分异在很大程度是受上述因素主导，这些因素是喀斯特山区耕地绿色利用效率变化的主导因素，为此，政府及相关部门在制定提升喀斯特山区耕地绿色利用效率的措施时应该充分考虑经济、自然及科技等因素。

第三节　喀斯特山区耕地资源利用效率与粮食全要素耦合

一、喀斯特山区耕地资源利用效率与水稻全要素耦合

（一）数据来源

本书基于喀斯特山区五个省（区、市）为研究对象，数据主要源于 2001—2020 年《中国农村统计年鉴》《中国能源统计年鉴》以及各省（区、市）统计年鉴、统计局官网。石漠化面积数据源于各省（区、市）林业部门、发展和改革部门、农业农村部门以及全国岩溶地区 3 次石漠化监测结果。

（二）研究方法

1. 耕地资源利用效率评价指标体系

本研究基于耕地资源利用效率意蕴内涵，并参考谢花林等（2016）和孙

嘉阳（2021）相关研究成果，结合耕地资源利用效率的理论要求以及喀斯特地区耕地资源发展的实际状况（喀斯特地区农业生态环境、资源禀赋、经济水平的特殊性），构建耕地资源利用效率测算指标体系，见表4-3-1。

表4-3-1　耕地资源利用效率测算指标体系

指标类别	指标名称	衡量指标	单位
投入指标	土地投入	农业耕种面积	公顷
	劳动力投入	农业从业人员	人
	化肥投入	农用化肥施用（折纯量）	吨
	机械投入	农用机械化总动力	千瓦
	农药投入	农药的使用量	吨
	农膜投入	农用塑料薄膜的使用量	吨
	灌溉投入	有效灌溉面积	公顷
产出指标	期望产出	农业总产值	元
		粮食总产量	吨

2. 水稻全要素评价指标体系

基于水稻全要素意蕴内涵，并参考蔡涛等（2018）和胡贤辉（2022）相关研究成果，本书从水稻生产投入强度、利用程度、产出效益3个维度构建喀斯特山区水稻全要素评价指标体系（表4-3-2所示）。水稻生产投入强度是指在进行水稻生产过程中各类生产要素投入的基本情况，以水稻播种面积、单位劳动力投入、单位化肥投入及单位机械投入为表征；利用程度是指农户对耕地资源的开发利用状况以及应对喀斯特山区自然灾害的韧性，以灌溉指数、稳产指数为表征；水稻产出效益是指各类水稻生产要素投入后所产生的效益，产出效益越高，水稻生产潜力挖掘程度越高，以地均产值、劳均产值为表征。

由于宏观数据中无法获得单独衡量水稻全要素方面的数据，本书考虑到数据的可得性和准确性，需要对水稻全要素的相关数据指标进行处理。本书借鉴马文杰（2010）使用的权重系数法，将水稻从农作物生产的要素投入剥离出来，所用的两种权重系数分别为：

$$A = (a/b) \times (c/d) \tag{1}$$

$$B = a/b \tag{2}$$

式中，A 和 B 代表水稻生产要素投入的权重系数，a 代表水稻播种面积，b 代表农作物播种面积，c 代表水稻产值，d 代表农业产值。

表 4-3-2　喀斯特山区水稻全要素评价指标体系

目标层	准则层	指标层	指标说明	权重
水稻全要素	投入强度	水稻土地投入（hm²）	水稻播种面积	0.417
		单位劳动力投入（人/hm²）	水稻从业人数①/水稻播种面积	0.077
		单位化肥投入（t/hm²）	水稻化肥施用量②/水稻播种面积	0.060
		单位机械投入（kW/hm²）	水稻机械总动力③/水稻播种面积	0.081
	利用程度	灌溉指数（%）	水稻有效灌溉面积④/水稻播种面积	0.052
		稳产指数（%）	年末未受灾面积⑤/农作物总播种面积	0.043
	产出效益	地均产值（10⁴元/hm²）	水稻产值/水稻播种面积	0.102
		劳均产值（10⁴元/人）	水稻产值/水稻从业人数	0.169

①水稻从业人数＝第一产业从业人员＊A；②水稻化肥施用量＝化肥施用量＊B；③水稻机械总动力＝农业机械总动力＊B；④水稻有效灌溉面积＝有效灌溉面积＊B；⑤水稻受灾面积＝农作物受灾面积＊B

3. 构建模型

（1）数据包络分析

数据包络分析是一种非参数技术效率分析方法，通过投入和产出来估计生产前沿面（王海力，2018）。采用数据包络分析中的规模收益不变（Constant Returns to Scale，CRS）假设，对喀斯特山区 2001—2020 年耕地利用综合效率进行测算，该模型为投入导向型模型，由 Charnes（1978）等研究所得，模型规划式（王海力，2018）如下：

$$
\text{CCR 模型为：}\begin{cases} \text{Min}[\theta - \varepsilon(e^T S^+ + \hat{e}^T s^-)] \\ s.t. \sum_{j=1}^{n} X_{jm}\lambda_j + s^- = \theta X_0 (m = 1, 2, 3, \cdots, M) \\ \sum_{j=1}^{n} Y_{jr}\lambda_j + s^- = Y_0 (r = 1, 2, 3, \cdots, R) \\ \lambda_j \geq 0,\ s^+ \geq 0,\ s^- \geq 0 \end{cases} \quad (3)
$$

式中，j 表示待评价单元数量，即研究区中有 $j(j = 1, 2, \cdots, n)$ 个省（区、市）行政单元（DMU），每个省（区、市）行政单元都有 m 种与耕地利用效率有关的投入变量和 r 种产出变量；X_{jm} 为 j 省（区、市）中第 m 种投入总量；Y_{jr} 为 j 省（区、市）的第 r 种产出变量。λ_j 为将各省（区、市）连接起来形成有效前沿面，用于判断区域空间耕地利用状况的权重变量。θ 为耕地投入产出的综合效率，值域为 $[0，1]$，值越大，则耕地综合利用效率越大。s^+ 为剩余变量，s^- 为松弛变量；ε 为非阿基米德无穷小量；e^T 和 $\hat{e}^T$ 分别为隶属于 E^r 和 E^m 的单位空间向量。综合技术效率包含了规模效率的成分（王海力，2018）。

当在 CRS 模型的约束条件中加入前提假设条件 $\sum_{j=1}^{1} \lambda_j = 1$，模型（3）可转化为规模报酬可变模型，得出的技术效率排除了规模的影响，即纯技术效率（BANKER R，1984）。通过 VRS 模型可把综合效率（TE）分解成纯技术效率（PTE）和规模效率（SE），且 $TE = PET \times SE$（刘佳，2015）。VRS 模型基于规模报酬可变，所得到的技术效率排除了规模的影响，从而得到纯技术效率指数 $\theta_b \in (0，1]$。最后，基于综合效率和纯技术效率，可估算规模效率（王海力，2018），具体公式为：

$$SE = \theta / \theta_b (SE \in (0，1])$$

（2）水稻全要素是一个多种生产要素相互作用的复杂综合过程，因此，本研究参考杨丽（2015）采用多因素综合评价法对喀斯特山区水稻全要素水平进行测度，具体计算公式如下：

$$F_i = \sum_{i=1}^{n} x_{qij} w_j, \quad w_j = f_j / \sum f_j$$

$$f_j = 1 + \ln(rn) \sum_q \sum_i \frac{x_{qij}}{\sum_q \sum_i x_{qij}} \ln \sum_i \frac{x_{qij}}{\sum_q i \sum x_{qij}} \tag{4}$$

式中，F_i 为省域 i 的水稻全要素评价指数；x_{qij} 为第 q 年省域 i 在第 j 个指标上的标准化值，指标的标准化采用最大化值法、最小化值法进行；w_j 为第 j 个指标的权重，为避免权重确定的主观性，采用熵值法确定，由于传统的熵值法只能针对截面数据，而本研究基于的是面板数据，因此采用加入时间变量的熵值法进行权重的确定。f_j 为第 j 个指标的信息冗余度，r、n 分别为研究时限和省（区、市）评价单元数量。

（3）耦合协调度计算

①耦合度模型

基于喀斯特山区农业全要素生产率与水稻全要素耦合机理分析可知，两者为彼此独立但又相互作用的系统。因此，本研究借助物理学中容量耦合系数模型，以揭示两系统间的相互作用及相互影响的内在耦合机制。参考廖重斌（1999）对耦合协调度的定义和计算方法，构建农业全要素生产率与水稻全要素的耦合度模型，即式（5）：

$$C = \left[\frac{CI \times CE}{\left[\left(CI + CE/2 \right) \right]^2} \right]^K \tag{5}$$

式中，C 为农业全要素生产率与水稻全要素的耦合度，$0 \leq C \leq 1$，C 值越大，表明农业全要素生产率与水稻全要素两系统间相互作用越强；CI 及 CE 分别表示农业全要素生产率与水稻全要素水平；K 为调节系数，$K \geq 2$，本研究取 $K = 2$。

②耦合协调度模型

C 值只能反映农业全要素生产率与水稻全要素两系统间的耦合度，但未能进一步表明两系统之间是处于相互促进状态，还是相互制约状态。因此，本研究参考廖重斌（1999）引入耦合协调度模型，衡量农业全要素生产率与水稻全要素两系统间的耦合协调程度，其计算公式如下：

$$D = \sqrt{C \times T}, \quad T = \alpha CI + \beta CE \tag{6}$$

式中，D 为耦合协调度，D 值越大，表明两系统间越协调；T 为农业全要素生产率与水稻全要素的综合协调指数，α，β 为待定参数，$\alpha + \beta = 1$，本书认为农业全要素生产率与水稻全要素两者是同等重要的，且 α，β 值的设计不会对两者复合系统的演变规律产生影响，因此，取 $\alpha = \beta = 0.5$。

为判定耦合质量，参考廖重斌（1999）和赵芳（2009）相关研究成果，并综合农业全要素生产率与水稻全要素的耦合协调度，本书按照协调发展度的大小（0<D<1）以 0.1 为间隔点将二者耦合协调发展状况依次划分为极度失调（0-0.1）、严重失调［0.1-0.2）、中度失调［0.2-0.3）、轻度失调［0.3-0.4）、濒临失调［0.4-0.5）、勉强协调［0.5-0.6）、初级协调［0.6-0.7）、中级协调［0.7-0.8）、良好协调［0.8-0.9）和优质协调［0.9-1) 10 个等级，见表4-3-3。

表4-3-3　耦合协调度等级划分

协调等级	协调程度	协调等级	协调程度
1	极度失调	6	勉强协调
2	严重失调	7	初级协调

续表

协调等级	协调程度	协调等级	协调程度
3	中度失调	8	中级协调
4	轻度失调	9	良好协调
5	濒临失调	10	优质协调

（三）结果与分析

1. 喀斯特山区耕地资源利用效率与水稻全要素耦合协调度时空演化特征

从图4-3-1可知，2001—2020年喀斯特山区耕地资源利用效率与水稻全要素的耦合度及协调度整体呈波动升高态势，其中耦合度均值 C 为0.916，整体处于高强度耦合阶段，表明耕地资源利用效率与水稻全要素关联性较强，系统进入良性耦合。而协调度均值 D 为0.522，整体处于勉强协调阶段，未来仍有很大的优化空间。由于耦合度只能判别系统间互相作用的强弱程度和方向特征，当不同系统均处于较低水平时，也可能会出现较高耦合度（肖黎明，2019），因此本书着重对二者的协调度进行分析。

从整体时序来看，喀斯特山区2001—2020年耦合协调度由0.256上升到0.829，由研究前期的中度失调阶段逐渐步入良好协调阶段，年均增长率达6.4%，整体协调度随时间呈现上升趋势，表明喀斯特山区对耕地资源利用效率与水稻全要素两个系统的耦合协调效应不断趋于良好。根据协调度波动幅度和变化趋势进一步可将两个系统的耦合协调度大致分为两个阶段，2001—2006年二者耦合度呈波动下降趋势，处于失调阶段，究其原因，一方面，由于喀斯特山区内部地形地貌条件复杂、区域间经济地理条件和资源禀赋的差异，缺乏进行农业生产的耕地资源，且喀斯特山区地块零碎，耕地难以形成规模化集约经营，抑制耕地利用效率的提升；加之恶劣的农业种植地理气候条件不利于发展水稻生产，致使农业生产潜力得不到充分挖掘；另一方面，优质耕地非农化、土壤酸化、石漠化、农业面源污染等现象以及特殊地理环境造成贸易条件较差，生态退耕政策实施的影响，耕地面积与质量的不断下降，制约着喀斯特山区耕地资源可持续利用，抑制耕地利用效率的提升（吴郁玲，2021），两者的耦合协调度难以良性协调发展。2007—2020年，二者耦合协调度呈上升态势，最终2020年上升到良好协调阶段，这主要是，在巨大的人口压力和耕地资源约束下，喀斯特山区粮食生产形势正悄然变化，其耕地发展方式由粗放型向集约型的转变以及农业供给侧结构性改革的推进，耕地生产的效率问题也日益受到关注，政府及相关部门不断加大投入力度、开发新型农业技术，大力推行耕地整治工作，引导耕地流转，促使零散耕地连片向注重耕地经济增长与生态治理协调转变，科学适宜发展山区立体农业，助农增收成效显著，实现耕地资源的可持续发展，保障二者耦合协调良性发展。

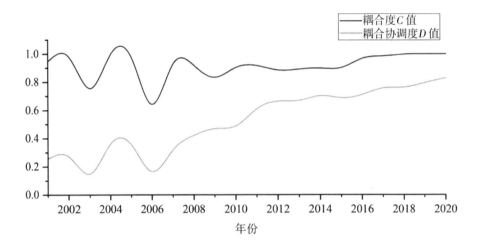

图 4-3-1　喀斯特山区耕地资源利用与水稻全要素耦合协调度时序

表 4-3-4　喀斯特山区耕地资源利用与水稻全要素耦合协调程度

年份	耦合度 C 值	协调指数 T 值	耦合协调度 D 值	协调等级	耦合协调程度
2001	0.947	0.069	0.256	3	中度失调
2002	0.979	0.075	0.271	3	中度失调
2003	0.755	0.029	0.148	2	严重失调
2004	0.997	0.131	0.361	4	轻度失调
2005	0.975	0.130	0.356	4	轻度失调
2006	0.643	0.043	0.166	2	严重失调
2007	0.928	0.110	0.319	4	轻度失调
2008	0.918	0.194	0.422	5	濒临失调
2009	0.834	0.264	0.469	5	濒临失调
2010	0.903	0.264	0.488	5	濒临失调
2011	0.916	0.406	0.610	7	初级协调

续表

年份	耦合度 C 值	协调指数 T 值	耦合协调度 D 值	协调等级	耦合协调程度
2012	0.885	0.498	0.664	7	初级协调
2013	0.891	0.504	0.670	7	初级协调
2014	0.898	0.550	0.703	8	中级协调
2015	0.902	0.525	0.688	7	初级协调
2016	0.967	0.523	0.711	8	中级协调
2017	0.984	0.582	0.757	8	中级协调
2018	0.997	0.584	0.763	8	中级协调
2019	1.000	0.632	0.795	8	中级协调
2020	1.000	0.687	0.829	9	良好协调

　　基于 2005 年、2011 年、2020 年的耦合协调度数据，运用 ArcGIS 10.7 软件对喀斯特山区耕地资源利用效率与水稻全要素耦合协调度的测度值进行空间可视化处理，剖析其空间分布特征。

　　2001—2020 年喀斯特山区耕地资源利用效率与水稻全要素耦合协调度各省（区、市）空间异质性显著，但随着时间推移，其空间异质性不断缩小，耦合协调等级空间分布呈现明显的大范围集聚分布特征，其耦合协调度相对高等级区位于北部四川省，较稳定，相对低等级区向位于喀斯特山区中部的贵州省转移。具体而言，2005 年喀斯特山区耕地资源利用效率与水稻全要素耦合协调度空间分布差异尤为突出，耦合协调最高值区分布于喀斯特山区北部，其最高值是四川省，耦合协调度达 0.582，最低值位于喀斯特山区西南部云南省，耦合协调度 0.295。与此同时，2005 年喀斯特山区耕地资源利用效率与水稻全要素耦合协调类型共有 3 种，其中四川省、贵州省及广西壮族自治区处于协调以外，而云南省、重庆市两省（市）均处于失调状态。此阶段云南省和重庆市两省（市）耕地利用综合效率分别为 0.411、0.627，耕地利用效率均为低效率区，加之两省（市）水稻全要素处于较低水平，分别为 0.209、0.187，喀斯特山区水稻生产力水平低下，水稻生产方式较为传统，水稻产能增长较缓慢，其对两省（市）耕地资源利用效率与水稻全要素形成良性协调发展产生了极大的阻碍。至 2011 年，喀斯特山区各省（区、市）间的耦合协调度整体有所上升，各省（区、市）耦合协调度等级也有所变化，耦合协调度高值区集中分布于北部的四川省，耦合协调度达 0.740，耦合协调度低值区集中分布于西南部云南省，耦合协调度达 0.415；而 2011 年喀斯特山区耕地资源利用效率与水稻全要素耦合协调度囊括 4 种类型，其中处于初级协调类型及以上的省（区、市）有 3 个，表明 2001—2011 年喀斯特山区耕地资源利用效率与水稻全要素耦合协调性有明显提高，但整体仍处于较低水平。具体来看，云南省由中度协调转变为勉强协调，贵州省、广西壮族自治区由勉强协调转变为初级协调，重庆市由濒临失调转为勉强协调，四川省由勉强协调跃升为中级协调。2020 年，喀斯特山区各省（区、市）耦合协调度值总体进一步提升，耦合协调度区位差异也有所减小，耦合协调度低值区集中分布于中度贵州省，耦合协调度达 0.794，耦合协调度高值区集中分布于北部的四川省，耦合协调度达 0.873；而喀斯特山区耕地资源利用效率与水稻全要素耦合协调度涉及 2 种类型，其中处于中级协调水平的省（区、市）为 1 个，处于良好协调水平的省（区、市）为 4 个，耦合协调等级为中级协调类型以上的 100% 覆盖喀斯特山区。具体而言，云南省由濒临失调上升为良好协调类型，广西壮族自治区由初级协调上升良好协调类型，贵州省、重庆市的耦合协调水平也有所上升，贵州省由初级协调上升到中级协调类型，重庆市由勉强协调跃升为良好协调类型，四川省由中级协调转为良好协调类型，总体上，耦合协调度呈现"中间低，四周高"的空间分异规律的空间集聚特征。

2. 驱动因素时空演化特征

本研究在构建 3 个时间截面上的时空地理加权回归模型时，为保证纳入模型的变量都是对两者系统具有显著贡献的因素，同时为降低模型冗余，根据各年份地理探测结果，分别选择显著性水平 $P<0.05$、q 值排序前 3 的关键驱动因素参与模型构建。具体如下，采用地理探测器和时空地理加权回归对喀斯特山区耕地资源利用效率与水稻全要素的耦合协调度的驱动力因素进行研究，将其耦合协调度作为被解释变量，结合实际情况构建环境受灾程度（$X1$）、机械化水平（$X2$）、灌溉设施水平（$X3$）、涉农财政支出水平（$X4$）、农村经济发展水平（$X5$）、石漠化面积（$X6$）共 6 个变量为耦合协调度影响因素的解释变量，见表 4-3-5。

表 4-3-5　驱动因素指标体系

指标	指标说明	单位
环境受灾程度（$X1$）	受灾面积与农作物总播种面积的比值	％

指标	指标说明	单位
机械化水平（X2）	单位农作物播种面积的农用机械总动力	千瓦
灌溉设施水平（X3）	有效灌溉面积	公顷
涉农财政支出水平（X4）	政府的农林水务支出与年度总支出的比值	%
农村经济发展水平（X5）	农村居民人均可支配收入	元
石漠化面积（X6）	各等级石漠化耕地的面积之和	公顷

（1）多重共线性检验

为避免多重共线性的问题存在，运用 SPSS 软件对 2001—2020 年喀斯特山区耕地资源利用效率与水稻全要素耦合协调度的影响因素进行相关分析，发现容差均小于 1、方差膨胀因子均在 10 以内，显示没有明显的多重共线影响，可进行回归分析。结果如表 4-3-6 所示。

表 4-3-6　多重共线性检验结果

变量	容差	VIF	变量	容差	VIF
X1	0.446	2.243	X4	0.374	2.672
X2	0.288	3.477	X5	0.235	4.254
X3	0.789	1.267	X6	0.379	2.638

（2）影响因子地理探测结果

首先采用 ArcGIS 10.7 自然最佳断裂点分级法对选取自变量进行分层，将其由数值量转为类型量。然后借助地理探测器进行因子探测。得到的结果中 6 个变量 q 值均通过 0.05 水平的显著性检验，表明喀斯特山区耕地资源利用效率与水稻全要素耦合协调度的空间分布受环境受灾程度（X1）、机械化水平（X2）、灌溉设施水平（X3）、涉农财政支出水平（X4）、农村经济发展水平（X5）、石漠化面积（X6）等因素影响。从表 4-3-7 分析可知：2005 年各因子对喀斯特山区耕地资源利用效率与水稻全要素耦合协调度解释力排名前 3 的为：环境受灾程度（X1）>农村经济发展水平（X5）>石漠化面积（X6）。2011 年各因素对喀斯特山区耕地资源利用效率与水稻全要素耦合协调度解释力排名前 3 的为：涉农财政支出水平（X4）>环境受灾程度（X1）>机械化水平（X2）。2020 年各因子对喀斯特山区耕地资源利用效率与水稻全要素耦合协调度解释力排名前 3 的为：环境受灾程度（$X1$）>石漠化面积（$X6$）>机械化水平（$X2$）=农村经济发展水平（$X5$）。

表 4-3-7　耦合协调度时序演进驱动因素探测结果

时间	$X1$	$X2$	$X3$	$X4$	$X5$	$X6$
2005	0.831***	0.457***	0.457***	0.603***	0.826***	0.631***
2011	0.884***	0.849***	0.632***	0.904***	0.831***	0.770***
2020	0.941***	0.853***	0.784***	0.803***	0.853***	0.901***

注：***表示 0.001 水平上显著相关

（3）时空地理加权回归结果

基于地理探测器结果，分别研究 3 个时间截面上 q 值排名前 3 的关键驱动因素，引入 GTWR 模型进行各影响因素在不同格网的作用差异的局部空间回归分析。拟合系数为正值时，表示对因变量有促进的影响，且绝对值越大，影响越大；拟合系数为负值时，表示对因变量有抑制的影响，且绝对值越大，影响越大。GTWR 模型拟合结果显示，整体结果显示校正后 $R2$ 为 0.987，拟合效果优，见表 4-3-8。

表 4-3-8　GTWR 模型拟合结果

因变量	Sigma	AICc	$R2$	R2Adjusted	Spatio-temporal Distance Ratio	Trace of SMatrix
D 值	0.015	-5370.440	0.993	0.987	0.373	13.080

本书利用 Huang 等（2010）制作的时空地理加权回归中的 ArcGIS 10.7 软件的插件，对时空地理加权回归结果进行可视化，分别得出 2001—2020 年 GTWR 模型驱动因素系数时空分化。其中，2005 年，环境受灾程度对喀斯特山区耕地资源利用效率与水稻全要素耦合协调度呈显著负向关系，其中绝对最大值区域为四川省，绝对最小值区域为贵州省。农村经济发展水平对喀斯特山区耕地资源利用效率与水稻全要素耦合协调度呈显著正、负向关，正向最高值区域位于云南省，负向值区域位于四川省。石漠化面积对喀斯特山区耕地资源利用效率与水稻全要素耦合协调度在空间上分异明显，呈显著负向关系，负向绝对最大值区域分布在贵州省，负向绝对最小值区域位于云南省。2011 年，涉农财政支出水平对喀斯特山区耕地资源利用效率与水稻全要素耦合协调度呈显著正、负向关，正向绝对最大值区域位于四川省，负向绝对最

大值区域位于广西壮族自治区。环境受灾程度对喀斯特山区耕地资源利用效率与水稻全要素耦合协调度呈显著负向关系，绝对最大值区域集中分布在四川省，最低值区域位于贵州省。机械化水平对喀斯特山区耕地资源利用效率与水稻全要素耦合协调度呈显著正、负向关，正向绝对最大值区域主要分布于四川省，负向值区域位于云南省。与 2011 年相比，2020 年环境受灾程度空间异质性变化显著，对喀斯特山区耕地资源利用效率与水稻全要素耦合协调呈显著负向关系，绝对最大值区域分布在云南省，绝对最小值区域位于贵州省。石漠化面积对喀斯特山区耕地资源利用效率与水稻全要素耦合协调度呈显著正、负向关，正向绝对最大值区域集中分布在贵州省，负向绝对最大值区域位于四川省。涉农财政支出水平对喀斯特山区耕地资源利用效率与水稻全要素耦合协调度呈显著正、负向关，正向系数绝对最大值区域集中于四川省，负向系数绝对最大值区域位于广西壮族自治区。

综上所述，由于各年份探测出的关键驱动因素具有差异性，在时间尺度上导致部分模型回归变量不具有连续性，其只能在单一时间节点上观察喀斯特山区耕地资源利用效率与水稻全要素耦合协调度的影响。从不同时间截面上各关键因素回归系数的空间分布特征可以发现，各因素与喀斯特山区耕地资源利用效率与水稻全要素耦合协调度存在显著空间异质性，且同一关键驱动因素对喀斯特山区耕地资源利用效率与水稻全要素耦合协调度的影响强度在时间和空间两个维度上均存在较大差异，主要表现在环境受灾程度、石漠化面积及涉农财政支出水平这几个因素上，为此，在制定促进两者耦合协调发展的措施时应该充分考虑因素影响的时空异质性。

环境受灾程度对喀斯特山区耕地资源利用效率与水稻全要素耦合协调的影响呈负相关。其回归系数均值分别为 -0.0050、-0.0035、-0.0039，说明环境受灾程度对喀斯特山区耕地资源利用效率与水稻全要素耦合协调的影响表现为抑制作用。喀斯特山区频繁的农业灾害已呈现出种类比较繁多、发生愈加频繁、分布并不平衡、作用相互影响及影响更加广泛等显著特点，对耕地生产和农民生活造成了极大的负面影响，严重阻碍了喀斯特山区耕地资源的持续健康发展和农村社会的稳定。因此，喀斯特山区如何克服不利的自然条件，应对频发的农业灾害，做出积极地预防及应对，保障耕地经营生产、农户增收和农村社会稳定，是研究耕地资源利用效率与水稻全要素耦合协调不可回避的命题。

石漠化面积对喀斯特山区耕地资源利用效率与水稻全要素耦合协调的影

响呈正、负相关。从回归系数来看，环境受灾程度系数在 $-0.0664 \sim 0.0344$，效应在时空上的差异较为显著。2005 年，石漠化面积对喀斯特山区各省（区、市）多表现为抑制作用，而在 2020 年，其对云南省和四川省二者的耦合协调产生了消极影响，但在贵州省、广西壮族自治区及重庆市三省（区、市）促进了二者的耦合协调发展。石漠化导致耕地基岩裸露度高、土被不连续、土层薄，存在缺土少水，立地条件恶劣，土地生产力整体较低的实际，直接威胁到区域粮食安全（但新球，2018）。随着西部大开发、长江经济带发展和精准扶贫等国家战略的相继实施，推进石漠化土地的形成、修复与防治技术研究，加大石漠化综合治理工程中生态经济型产业布局，推进喀斯特山区生态环境建设步伐，实行坡改梯工程，部分石漠化土地通过炸石、客土整地等措施实施了彻底改造整治，建成了保土保水保肥的高产田地（但新球，2018），喀斯特山区经济发展步伐加快，产业结构得到进一步优化，群众增收致富能力增强，对于促进喀斯特山区农业全要素生产率与水稻类全要素耦合协调发展具有重要意义。

涉农财政支出水平对农业全要素生产率和水稻全要素耦合协调的影响始终为正相关，其回归系数在 $-0.0039 \sim 0.0175$，效应在空间上的差异较为显著，在云南省、贵州省、广西壮族自治区及重庆市等地对二者的耦合协调产生了消极影响，但在四川省涉农财政支出水平促进了二者的耦合协调发展。喀斯特山区缺乏稳定的农业、农村资本形成机制，因此，涉农财政政策对耕地经济增长至关重要，其中喀斯特山区农业公共产品投入不足是制约耕地经济可持续增长的阻力之一（王悦，2014），而喀斯特山区涉农财政资金组成与结构对其耕地经济发展具有重要影响。财政支农资金配置存在资金投入规模不足与资金配置结构不合理的双重矛盾，是喀斯特山区农村经济难以健康持续发展的重要因素，为最大限度地提高财政支农资金的配置效率，应根据当年情况，及时调整支农资金结构（王悦，2014），保证农业产业全面和谐发展，推动农业现代化建设。

（四）结论

本书通过构建喀斯特山区耕地资源利用效率与水稻全要素耦合协调理论框架，并基于 2001—2020 年喀斯特山区五省（区、市）数据的实证分析，探讨了其时空演变格局，用地理探测器和时空地理加权回归模型检验了其驱动机制，得出以下主要结论：

1. 从时间上来看，2001—2020 年喀斯特山区耕地资源利用效率与水稻全要素的耦合度及协调度整体均呈波动升高态势，其中耦合度均值 C 为 0.916，整体处于高强度耦合阶段，表明耕地资源利用效率与水稻全要素关联性较强，系统进入良性耦合。而协调度均值 D 为 0.522，整体处于勉强协调阶段，未来仍有很大的优化空间。喀斯特山区 2001—2020 年耦合协调度由 0.256 上升到 0.829，由研究前期的中度失调阶段逐渐步入良好协调阶段，年均增长率达 6.4%，整体协调性随时间推移呈现上升趋势，表明喀斯特山区对耕地资源利用效率与水稻全要素两个系统的耦合协调效应不断趋于良好。

2. 从空间上来看，2001—2020 年喀斯特山区耕地资源利用效率与水稻全要素耦合协调度各省（区、市）空间异质性显著，但随着时间推移其空间异质性不断缩小，耦合协调等级空间分布呈现明显的大范围集聚分布特征，其耦合协调度相对高等级区位于北部四川省较稳定，相对低等级区向位于喀斯特山区中部的贵州省转移。2020 年喀斯特山区耕地资源利用效率与水稻全要素耦合协调度涉及两种类型，其中处于中级协调水平的省（区、市）为 1 个，处于良好协调水平的省（区、市）为 4 个，耦合协调等级为中级协调类型以上的 100% 覆盖喀斯特山区，总体上，耦合协调度呈现"中间低，四周高"的空间分异集聚特征。

3. 根据地理探测结果和时空地理加权回归模型结果可知，从不同时间截点上各关键因素回归系数的空间分布特征可以发现，各因素与喀斯特山区耕地资源利用效率与水稻全要素耦合协调度存在显著空间异质性，且同一关键驱动因素对喀斯特山区耕地资源利用效率与水稻全要素耦合协调度的影响强度在时间和空间两个维度上均存在较大差异，主要表现在环境受灾程度、石漠化面积及涉农财政支出水平这几个因素上，其中环境受灾程度表现为抑制作用，石漠化面积和涉农财政支出水平效应在时空上的差异较为显著，为此，在制定促进两者耦合协调发展的措施时，应该充分考虑因素影响的时空异质性。

二、喀斯特山区耕地资源利用效率与玉米全要素耦合

（一）数据来源

本书基于喀斯特山区五个省（区、市）为研究对象，数据主要源于 2001—2020 年《中国农村统计年鉴》《中国能源统计年鉴》以及各省（区、市）统计年鉴、统计局官网。石漠化面积数据源于各省（区、市）林业部门、发展和改革部门、农业农村部门以及全国岩溶地区 3 次石漠化监测结果。

（二）研究方法

1. 耕地资源利用效率评价指标体系

基于耕地资源利用效率意蕴内涵，并参考谢花林（2016）和孙嘉阳（2021）相关研究成果，结合耕地资源利用效率的理论要求以及喀斯特地区耕地资源发展的实际状况（喀斯特地区农业生态环境、资源禀赋、经济水平的特殊性），本书构建耕地资源利用效率测算指标体系，见表 4-3-9。

表 4-3-9　耕地资源利用效率测算指标体系

指标类别	指标名称	衡量指标	单位
投入指标	土地投入	农业耕种面积	公顷
	劳动力投入	农业从业人员	人
	化肥投入	农用化肥施用（折纯量）	吨
	机械投入	农用机械化总动力	千瓦
	农药投入	农药的使用量	吨
	农膜投入	农用塑料薄膜的使用量	吨
	灌溉投入	有效灌溉面积	公顷
产出指标	期望产出	农业总产值	元
		粮食总产量	吨

2. 玉米全要素评价指标体系

基于玉米全要素意蕴内涵，并参考李明文（2019）和胡贤辉（2022）相关研究成果，本书从玉米生产投入强度、利用程度、产出效益 3 个维度构建喀斯特山区玉米全要素评价指标体系（表 4-3-10 所示）。玉米生产投入强度反映玉米生产过程中各类生产要素投入的基本情况，以玉米播种面积、单位劳动力投入、单位化肥投入及单位机械投入为表征；利用程度反映农户对耕地资源的开发利用状况以及应对喀斯特山区自然灾害的韧性，以灌溉指数、稳产指数为表征；玉米产出效益反映各类玉米生产要素投入后所产生的效益，产出效益越高，玉米生产潜力挖掘程度越高，以地均产值、劳均产值为表征。

由于宏观数据中无法获得部分单独衡量玉米全要素方面的数据，考虑数据的可得性和准确性，需要对玉米全要素的指标相关数据进行处理。本书借鉴马文杰（2010）使用的权重系数法，将玉米从农作物生产的要素投入剥离出来，所用的两种权重系数分别为：

$$A = (a/b) \times (c/d) \tag{1}$$

$$B = a/b \tag{2}$$

式中，A 和 B 代表玉米生产要素投入的权重系数，a 代表玉米播种面积，b 代表农作物播种面积，c 代表玉米产值，d 代表农业产值。

表 4-3-10　喀斯特山区玉米全要素评价指标体系

目标层	准则层	指标层	指标说明	权重
玉米全要素	投入强度	玉米土地投入（hm²）	玉米播种面积	0.336
		单位劳动力投入（人/hm²）	玉米从业人数①/玉米播种面积	0.125
		单位化肥投入（t/hm²）	玉米化肥施用量②/玉米播种面积	0.052
		单位机械投入（kW/hm²）	玉米机械总动力③/玉米播种面积	0.071
	利用程度	灌溉指数（%）	玉米有效灌溉面积④/玉米播种面积	0.046
		稳产指数（%）	年末未受灾面积⑤/农作物总播种面积	0.038
	产出效益	地均产值（10⁴元/hm²）	玉米产值/玉米播种面积	0.112
		劳均产值（10⁴元/人）	玉米产值/玉米从业人数	0.221

注：①玉米从业人数=第一产业从业人员 $*A$；②玉米化肥施用量=化肥施用量 $*B$；③玉米机械总动力=农业机械总动力 $*B$；④玉米有效灌溉面积=有效灌溉面积 $*B$；⑤玉米受灾面积=农作物受灾面积 $*B$

3. 构建模型

（1）数据包络分析

数据包络分析是一种非参数技术效率分析方法，通过投入和产出来估计生产前沿面（王海力，2018）。采用数据包络分析中的规模收益不变假设，对喀斯特山区 2001—2020 年耕地利用综合效率进行测算，该模型为投入导向型模型，由 Charnes（1978）等研究所得，模型规划式（王海力，2018）如下：

CCR 模型为：

$$\begin{cases} \mathrm{Min}[\theta - \varepsilon(e^T S^+ + \hat{e}^T s^-)] \\ s.t. \sum_{j=1}^{n} X_{jm} \lambda_j + s^- = \theta X_0 (m = 1, 2, 3, \cdots, M) \\ \sum_{j=1}^{n} Y_{jr} \lambda_j + s^- = Y_0 (r = 1, 2, 3, \cdots, R) \\ \lambda_j \geqslant 0, \ s^+ \geqslant 0, \ s^- \geqslant 0 \end{cases} \tag{3}$$

式中，j 为待评价单元数量，即研究区中有 $j(j = 1, 2, \cdots, n)$ 个省（区、市）行政单元，每个省（区、市）行政单元都有 m 种与耕地利用效率有关的投入变量和 r 种产出变量；X_{jm} 为 j 省（区、市）中第 m 种投入总量；Y_{jr} 为 j 省（区、市）的第 r 种产出变量。λ_j 为将各省（区、市）连接起来形成有效前沿面，用于判断区域空间耕地利用状况的权重变量。θ 为耕地投入产出的综合效率，值域为 $[0, 1]$，值越大，则耕地综合利用效率越大。s^+ 为剩余变量，s^- 为松弛变量；ε 为非阿基米德无穷小量；e^T 和 $\hat{e}^T$ 分别为隶属于 E^r 和 E^m 的单位空间向量，综合技术效率包含了规模效率的成分（王海力，2018）。

当在 CRS 模型的约束条件中加入前提假设条件 $\sum\limits_{j=1}^{1} \lambda_j = 1$，模型（3）可转化为规模报酬可变模型得出的技术效率排除了规模的影响，即纯技术效率（BANKER R，1984）。通过 VRS 模型可把综合效率（TE）分解成纯技术效率（PTE）和规模效率（SE），且 TE = PET×SE（刘佳，2015）。VRS 模型基于规模报酬可变，所得到的技术效率排除了规模的影响，从而得到纯技术效率指数 $\theta_b \in (0, 1]$。最后，基于综合效率和纯技术效率，可估算规模效率（王海力，2018），具体公式为：

$$SE = \theta / \theta_b (SE \in (0, 1])$$

（2）玉米全要素是一个多种生产要素相互作用的复杂综合过程，因此，本研究参考杨丽（2015）采用多因素综合评价法对喀斯特山区玉米全要素水平进行测度，具体计算公式如下：

$$F_i = \sum_{i=1}^{n} x_{qij} w_j, \quad w_j = f_j / \sum f_j$$

$$f_j = 1 + \ln(rn) \sum_q \sum_i \frac{x_{qij}}{\sum\limits_q \sum\limits_i x_{qij}} \ln \sum_i \frac{x_{qij}}{\sum\limits_q i \sum x_{qij}} \tag{4}$$

式中，F_i 为省域 i 的玉米全要素评价指数；x_{qij} 为第 q 年省域 i 在第 j 个指标上的标准化值，指标的标准化采用最大化值法、最小化值法进行；w_j 为第 j 个指标的权重，为避免权重确定的主观性，采用熵值法确定，由于传统的熵值法只能针对截面数据，而本研究基于的是面板数据，因此采用加入时间变量的熵值法进行权重的确定。f_j 为第 j 个指标的信息冗余度，r、n 分别为研究时限和省（区、市）评价单元数量。

（3）耦合协调度计算

①耦合度模型

基于喀斯特山区耕地资源利用效率与玉米全要素耦合机理分析可知，两者为彼此独立但又相互作用的系统。因此，本研究借助物理学中容量耦合系数模型，以揭示两系统间的相互作用及相互影响的内在耦合机制。参考廖重斌（1999）对耦合协调度的定义和计算方法，构建耕地资源利用效率与玉米全要素的耦合度模型，即式（5）：

$$C = \left[\frac{CI \times CE}{[(CI + CE/2)]^2} \right]^K \qquad (5)$$

式中，C 为耕地资源利用效率与玉米全要素的耦合度，$0 \leq C \leq 1$，C 值越大，表明耕地资源利用效率与玉米全要素两系统间相互作用越强；CI 及 CE 分别表示耕地资源利用效率与玉米全要素水平；K 为调节系数，$K \geq 2$，本研究取 $K = 2$。

②耦合协调度模型

C 值只能反映耕地资源利用效率与玉米全要素两系统间的耦合度，但未能进一步表明两系统之间是处于相互促进状态，还是相互制约状态。因此，本研究参考廖重斌（1999）引入耦合协调度模型，衡量耕地资源利用效率与玉米全要素两系统间的耦合协调程度，其计算公式如下：

$$D = \sqrt{C \times T}, \quad T = \alpha CI + \beta CE \qquad (6)$$

式中，D 为耦合协调度，D 值越大，表明两系统间越协调；T 为耕地资源利用效率与玉米全要素的综合协调指数，α，β 为待定参数，$\alpha + \beta = 1$，本书认为耕地资源利用效率与玉米全要素两者是同等重要的，且 α，β 值的设计不会对两者复合系统的演变规律产生影响，因此，取 $\alpha = \beta = 0.5$。

为判定耦合质量，参考廖重斌（1999）、赵芳（2009）和刘敏（2021）相关研究成果，并综合耕地资源利用效率与玉米全要素的耦合协调度，本书按照协调发展度的大小（0<D<1）以 0.1 为间隔点将二者耦合协调发展状况依次划分为极度失调（0-0.1）、严重失调［0.1-0.2）、中度失调［0.2-0.3）、轻度失调［0.3-0.4）、濒临失调［0.4-0.5）、勉强协调［0.5-0.6）、初级协调［0.6-0.7）、中级协调［0.7-0.8）、良好协调［0.8-0.9）和优质协调［0.9-1）10 个等级，见表4-3-11。

表 4-3-11　耦合协调度等级划分

协调等级	协调程度	协调等级	协调程度
1	极度失调	6	勉强协调
2	严重失调	7	初级协调
3	中度失调	8	中级协调
4	轻度失调	9	良好协调
5	濒临失调	10	优质协调

（三）结果与分析

1. 喀斯特山区耕地资源利用效率与玉米全要素耦合协调度时空演化特征

从图 4-3-2 可知，2001—2020 年喀斯特山区耕地资源利用效率与玉米全要素的耦合度及协调度整体均呈波动升高态势，其中耦合度均值 C 为 0.945，整体处于高强度耦合阶段，表明耕地资源利用效率与玉米全要素关联性较强，系统进入良性耦合。而协调度均值 D 为 0.584，整体处于勉强协调阶段，未来仍有很大的优化空间。由于耦合度只能判别系统间互相作用的强弱程度和方向特征，当不同系统均处于较低水平时，也可能会出现较高耦合度（肖黎明，2019），因此本书着重对二者的协调度进行分析。

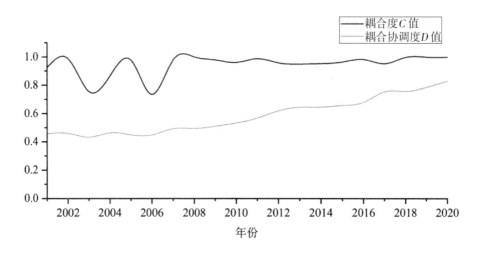

图 4-3-2　喀斯特山区耕地资源利用与玉米全要素耦合协调度时序

从整体时序来看，喀斯特山区 2001—2020 年耦合协调度由 0.457 上升到0.829，由研究前期的濒临失调阶段逐渐步入良好协调阶段，年均增长率达

3.2%，整体协调性随时间推移呈现上升趋势，表明喀斯特山区对耕地资源利用效率与玉米全要素两个系统的耦合协调效应不断趋于良好。本书进一步根据协调度波动幅度和变化趋势可将其大致分为两个阶段，2001—2006 年二者耦合度处于失调阶段，究其原因：一方面，受制于以山地丘陵为主的地貌特征，喀斯特山区耕地质量较差、生态环境脆弱、自然灾害频发，其耕地内涵式发展不足，耕地生产尚未显著实现由以牺牲生态环境为代价的粗放型向资源节约集约型的转变，农业生产部门的要素配置效率较低，耕地资源利用效率与玉米全要素难以形成协调发展。2007—2020 年，二者耦合协调度呈上升态势，最终 2020 年上升到良好协调阶段，这主要是在于喀斯特山区加快实施农业供给侧结构性改革，加快转变农业发展方式，走农业内涵式发展道路，把技术进步作为调整产业结构、提高耕地生产效率的重要抓手，优化提升耕地资源配置，进一步提高耕地供给的质量与效率，以实现耕地资源的可持续发展，保障二者耦合协调良性发展。

表 4-3-12 喀斯特山区耕地资源利用与玉米全要素耦合协调程度

年份	耦合度 C 值	协调指数 T 值	耦合协调度 D 值	协调等级	耦合协调程度
2001	0.923	0.226	0.457	5	濒临失调
2002	0.988	0.214	0.460	5	濒临失调
2003	0.755	0.247	0.432	5	濒临失调
2004	0.865	0.248	0.463	5	濒临失调
2005	0.977	0.206	0.449	5	濒临失调
2006	0.734	0.273	0.448	5	濒临失调
2007	0.978	0.249	0.493	5	濒临失调
2008	1.000	0.245	0.495	5	濒临失调
2009	0.979	0.266	0.510	6	勉强协调
2010	0.961	0.296	0.533	6	勉强协调
2011	0.987	0.327	0.568	6	勉强协调
2012	0.958	0.400	0.619	7	初级协调
2013	0.950	0.437	0.644	7	初级协调
2014	0.953	0.437	0.645	7	初级协调
2015	0.964	0.448	0.657	7	初级协调

年份	耦合度 C 值	协调指数 T 值	耦合协调度 D 值	协调等级	耦合协调程度
2016	0.982	0.469	0.679	7	初级协调
2017	0.953	0.595	0.753	8	中级协调
2018	0.998	0.573	0.756	8	中级协调
2019	0.999	0.617	0.785	8	中级协调
2020	0.999	0.688	0.829	9	良好协调

基于 2005 年、2011 年、2020 年的耦合协调度数据，运用 ArcGIS 10.7 软件对喀斯特山区耕地资源利用效率与玉米全要素耦合协调度的测度值进行空间可视化处理，剖析其空间分布特征。

2001—2020 年喀斯特山区耕地资源利用效率与玉米全要素耦合协调度各省（区、市）空间异质性显著，但随着时间推移，其空间异质性不断缩小，耦合协调等级空间分布呈现明显的大范围集聚分布特征，其耦合协调度相对高等级区向北部的四川省、东北部的重庆市及东南部的广西壮族自治区转移，相对低等级区稳定位于喀斯特山区西南部的云南省。具体而言，2005 年喀斯特山区耕地资源利用效率与玉米全要素耦合协调度空间分布差异尤为突出，耦合协调最高值区分布于喀斯特山区中部的贵州省，耦合协调度达 0.690，最低值是位于喀斯特山区西南部云南省，耦合协调度 0.337。与此同时，2005年喀斯特山区耕地资源利用效率与玉米全要素耦合协调类型共有 4 种，其中四川省、贵州省处于协调状态，而云南省、广西壮族自治区及重庆市这三个省（市）均处于失调状态。此阶段云南省、广西壮族自治区及重庆市这三个省（市）耕地利用综合效率分别为 0.411、0.639、0.627，耕地利用效率均为低效率区，这三个省（市）玉米全要素处于较低水平，分别为 0.227、0.138、0.182，喀斯特山区玉米生产水平低下，玉米生产方式传统特征强，整体发展水平相对滞后，玉米产能增长缓慢，对这三个省（市）耕地资源利用效率与玉米全要素形成良性协调发展产生了极大的阻碍。至 2011 年，喀斯特山区各省（区、市）间的耦合协调度整体有所上升，各省（区、市）耦合协调度等级也有所变化，耦合协调度高值区集中分布于北部的四川省，耦合协调度达0.690，耦合协调度低值区集中分布于西南部云南省，耦合协调度达 0.413；而 2011 年喀斯特山区耕地资源利用效率与玉米全要素耦合协调度囊括两种类型，其中处于初级协调类型及以上的省（区、市）有 3 个，表明 2001—2011 年喀斯特山区耕地资源利用效率与玉米全要素耦合协调性有明显提高，但整体仍处于较低水平。具体来看，云南省、广西壮族自治区由轻度失调转变为濒临失调，贵州省仍为初级协调，重庆市由濒临失调转为初级协调，四川省由勉强协调上升为初级协调。2020 年，喀斯特山区各省（区、市）耦合协调度值总体进一步提升，耦合协调度区位差异也有所减小，耦合协调度低值区集中分布于中度贵州省，耦合协调度为 0.775，耦合协调度高值区集中分布于北部的四川省，耦合协调度达 0.899；而喀斯特山区耕地资源利用效率与玉米全要素耦合协调度涉及 2 种类型，其中处于中级协调水平的省（区、市）为 2 个，处于良好协调水平的省（区、市）为 3 个，耦合协调等级为中级协调类型以上覆盖喀斯特山区 100%。具体而言，云南省由濒临失调跃升为中级协调类型，广西壮族自治区由濒临失调转变为良好协调类型，贵州省、重庆市的耦合协调水平也有所上升，贵州省由初级协调上升到中级协调类型，重庆市由初级协调上升为良好协调类型，四川省由初级协调转为良好协调类型，总体上，耦合协调度呈现"中间低，四周高"的空间分异规律的空间集聚特征。

2. 驱动因素时空演化特征

本研究在构建 3 个时间截面上的时空地理加权回归模型时，为保证纳入模型的变量都是对两者系统具有显著贡献的因素，同时为降低模型冗余，根据各年份地理探测结果，分别选择显著性水平 $P<0.05$、q 值排序前 3 的关键驱动因素参与模型构建。具体如下，采用地理探测器和时空地理加权回归对喀斯特山区耕地资源利用效率与玉米全要素的耦合协调度的驱动力因素进行研究，将其耦合协调度作为被解释变量，结合实际情况构建环境受灾程度（$X1$）、机械化水平（$X2$）、灌溉设施水平（$X3$）、涉农财政支出水平（$X4$）、农村经济发展水平（$X5$）、石漠化面积（$X6$）共 6 个变量为耦合协调度影响因素的解释变量，见表 4-3-13。

表 4-3-13　驱动因素指标体系

指标	指标说明	单位
环境受灾程度（$X1$）	受灾面积与农作物总播种面积的比值	%
机械化水平（$X2$）	单位农作物播种面积的农用机械总动力	千瓦
灌溉设施水平（$X3$）	有效灌溉面积	公顷
涉农财政支出水平（$X4$）	政府的农林水务支出与年度总支出的比值	%

续表

指标	指标说明	单位
农村经济发展水平（X5）	农村居民人均可支配收入	元
石漠化面积（X6）	各等级石漠化耕地的面积之和	公顷

（1）多重共线性检验

为避免多重共线性的问题存在，运用 SPSS 软件对 2001—2020 年喀斯特山区耕地资源利用效率与玉米全要素耦合协调度的影响因素进行相关分析，发现容差均小于 1、方差膨胀因子均在 10 以内，显示没有明显的多重共线影响，可进行回归分析。结果如表 4-3-14 所示。

表 4-3-14　多重共线性检验结果

变量	容差	VIF	变量	容差	VIF
X1	0.446	2.243	X4	0.374	2.672
X2	0.288	3.477	X5	0.235	4.254
X3	0.789	1.267	X6	0.379	2.638

（2）影响因子地理探测结果

首先采用 ArcGIS 10.7 自然最佳断裂点分级法对选取自变量进行分层，将其由数值量转为类型量。然后借助地理探测器进行因子探测。得到的结果中 6 个变量 q 值均通过 0.05 水平的显著性检验，表明喀斯特山区耕地资源利用效率与玉米全要素耦合协调度的空间分布受环境受灾程度（X1）、机械化水平（X2）、灌溉设施水平（X3）、涉农财政支出水平（X4）、农村经济发展水平（X5）、石漠化面积（X6）等因素影响。从表 4-3-15 分析可知，2005 年各因子对喀斯特山区耕地资源利用效率与玉米全要素耦合协调度解释力排名前三的为：灌溉设施水平（X3）>机械化水平（X2）>农村经济发展水平（X5）；2011 年各因子对喀斯特山区耕地资源利用效率与玉米全要素耦合协调度解释力排名前三的为：机械化水平（X2）>农村经济发展水平（X5）>环境受灾程度（X1）；2020 年各因子对喀斯特山区耕地资源利用效率与玉米全要素耦合协调度解释力排名前三的为：石漠化面积（X6）>农村经济发展水平（X5）>机械化水平（X2）。

表 4-3-15 耦合协调度时序演进驱动因子探测结果

时间	$X1$	$X2$	$X3$	$X4$	$X5$	$X6$
2005	0.869***	0.887***	0.898***	0.315***	0.877***	0.315***
2011	0.860***	0.889***	0.858***	0.782***	0.870***	0.685***
2020	0.872***	0.881***	0.830***	0.830***	0.893***	0.900***

注：＊＊＊表示 0.001 水平上显著相关

（3）时空地理加权回归结果

基于地理探测器结果，分别研究 3 个时间截面上 q 值排名前 3 的关键驱动因素，引入 GTWR 模型进行各影响因子在不同格网的作用差异的局部空间回归分析。拟合系数为正值时，表示对因变量有促进的影响，且绝对值越大，影响越大；拟合系数为负值时，表示对因变量有抑制的影响，且绝对值越大，影响越大。GTWR 模型拟合结果显示，整体结果显示校正后 $R2$ 为 0.993，拟合效果优，见表 4-3-16。

表 4-3-16 GTWR 模型拟合结果

因变量	Sigma	AICc	$R2$	$R2$Adjusted	Spatio-temporal Distance Ratio	Trace of SMatrix
D 值	0.012	-983.185	0.996	0.993	0.269	13.487

本书利用 Huang 等（2010）制作的时空地理加权回归中的 ArcGIS 10.7 软件的插件，对时空地理加权回归结果进行可视化，分别得出 2001—2020 年 GTWR 模型驱动因素系数时空分化。2005 年，灌溉设施水平对喀斯特山区耕地资源利用效率与玉米全要素耦合协调度的影响，空间效应上存在显著差异，正向绝对最大值区域为重庆市，负向绝对最大值区域位于广西壮族自治区。机械化水平对喀斯特山区耕地资源利用效率与玉米全要素耦合协调度呈显著正、负向关，正向绝对最大值区域位于四川省，负向绝对最大值区域位于贵州省。农村经济发展水平对喀斯特山区耕地资源利用效率与玉米全要素耦合协调度在空间上分异明显，呈显著正向关系，正向绝对最大值区域分布在贵州省，正向绝对最小值区域位于四川省。2011 年，机械化水平对喀斯特山区耕地资源利用效率与玉米全要素耦合协调度呈显著正、负向关，正向绝对最大值区域位于四川省，负向绝对最大值区域位于贵州省。农村经济发展水平对喀斯特山区耕地资源利用效率与玉米全要素耦合协调度呈显著正向关系，

正向绝对最大值区集中分布在广西壮族自治区，正向绝对最小值区域位于四川省。环境受灾程度对喀斯特山区耕地资源利用效率与玉米全要素耦合协调度呈显著正、负向关，正向绝对最大值区域主要分布于重庆市，负向绝对最大值区域位于四川省。2020 年，石漠化面积对喀斯特山区耕地资源利用效率与玉米全要素耦合协调呈显著正、负向关，正向绝对最大值区域分布在贵州省，负向绝对最大值区域位于云南省。与 2011 年相比，农村经济发展水平对喀斯特山区耕地资源利用效率与玉米全要素耦合协调度空间异质性变化显著，仍呈显著正向关系，正向绝对最大值区域集中分布在广西壮族自治区，正向绝对最小值区域位于四川省。机械化水平对喀斯特山区耕地资源利用效率与玉米全要素耦合协调度呈显著正、负向关，正向绝对最大值区域位于四川省，负向绝对最大值区域位于贵州省。

综上所述，由于各年份探测出的关键驱动因素具有差异性，导致部分模型回归变量在时间尺度上不具有连续性，只能在单一时间节点上观察喀斯特山区耕地资源利用效率与玉米全要素耦合协调度的影响。从不同时间截面上各关键因素回归系数的空间分布特征可以发现，各因素与喀斯特山区耕地资源利用效率与玉米全要素耦合协调度存在显著空间异质性，且同一关键驱动因素对喀斯特山区耕地资源利用效率与玉米全要素耦合协调度的影响强度在时间和空间两个维度上均存在较大差异，主要表现在农村经济发展水平、机械化水平和石漠化面积这几个因素上，为此在制定促进两者耦合协调发展的措施时应该充分考虑因素影响的时空异质性。

农村经济发展水平对喀斯特山区耕地资源利用效率与玉米全要素耦合协调的影响。农村经济发展水平回归系数在 0.0829 ~ 0.4101，说明农村经济发展水平对喀斯特山区耕地资源利用效率与玉米全要素耦合协调的影响表现为促进作用。一般而言，农户经济收入增长意味着有更加充足的农业资金、科技投入耕地生产中，改善耕地生产条件，进而提升耕地利用效率，同时农户耕地保护意识更强，注重耕地合理利用，促进生产、生活、生态和经济的高质量可持续发展。

机械化水平对耕地资源利用效率与玉米全要素耦合协调的影响始终为正、负相关，其回归系数在 -0.1067 ~ 0.0579，效应在空间上的差异较为显著，在云南省、贵州省、广西壮族自治区及重庆市等地机械化水平对二者的耦合协调产生了消极影响，但在四川省机械化水平促进了二者的耦合协调发展。云南省、贵州省、广西壮族自治区及重庆市等地本身的地形条件导致耕地细碎化严重，制约了农业机械的投入，难以进行规模化、专业化的农业生产活动，降低耕地产能，阻碍了耕地利用效率的提高，而四川是喀斯特山区唯一的粮食主产省，其成都平原适合大型机械的推进，因此农业机械与资源禀赋之间组合较优，为农业的现代化生产提供了良好条件，实现了耕地的有效利用，促进二者的耦合协调发展。

石漠化面积对喀斯特山区耕地资源利用效率与玉米全要素耦合协调的影响如下。从回归系数来看，石漠化面积系数在 $-0.8340 \sim 0.4390$，效应在时空上的差异较为显著。喀斯特山区不是传统的粮食主产区，山地丘陵多、坝地少、人均耕地少，同时耕地资源的不合理利用与生态保护的不到位造成耕地石漠化严重，出现耕地土被薄、不连续和结构差，土地贫瘠以及生物多样性丧失等生态环境问题并存，也伴随着人口贫困、经济与科技文化落后等一系列社会经济问题（叶鑫，2020），导致耕地利用效率低下，耕地资源浪费严重，阻碍农业现代化的发展，严重影响人们的生产生活。喀斯特山区开展综合治理石漠化问题，针对石漠化地区生态培育技术以及农业结构调整，因地制宜制定大量政策并实施石漠化坡耕地梯田化改造、石漠化炸石、客土整地等诸多治理工程，为生态建设、农业生产等创造更加良好的耕作环境，从而有效协调经济与生态的发展。

（四）结论

本书通过构建喀斯特山区耕地资源利用效率与玉米全要素耦合协调理论框架，并基于 2001—2020 年喀斯特山区五省（区、市）数据的实证分析，探讨了其时空演变格局，采用地理探测器和时空地理加权回归模型，检验了其驱动机制，得出以下主要结论：

1. 从时间上来看，2001—2020 年喀斯特山区耕地资源利用效率与玉米全要素的耦合度及协调度整体均呈波动升高态势，其中耦合度均值 C 为 0.945，整体处于高强度耦合阶段，表明耕地资源利用效率与玉米全要素关联性较强，系统进入良性耦合。而协调度均值 D 为 0.584，整体处于勉强协调阶段，未来仍有很大的优化空间。喀斯特山区 2001—2020 年耦合协调度由 0.457 上升到 0.829，由研究前期的濒临失调阶段逐渐步入良好协调阶段，年均增长率达 3.2%，整体协调性随时间推移呈现上升趋势，表明喀斯特山区对耕地资源利用效率与玉米全要素两个系统的耦合协调效应不断趋于良好。

2. 从空间上来看，2001—2020 年喀斯特山区耕地资源利用效率与玉米全要素耦合协调度各省（区、市）空间异质性显著，但随着时间推移其空间异质性不断缩小，耦合协调等级空间分布呈现明显的大范围集聚分布特征，其耦合协调度相对高等级区向北部的四川省、东北部的重庆市及东南部的广西壮族自治区转移，相对低等级区稳定位于喀斯特山区西南部的云南省。2020年，耦合协调度区位差异有所减小，耦合协调度低值区集中分布于中部贵州省，耦合协调度为0.775，耦合协调度高值区集中分布于北部的四川省，耦合协调度达0.899；而喀斯特山区耕地资源利用效率与玉米全要素耦合协调度涉及两种类型，其中处于中级协调水平的省（区、市）为两个，处于良好协调水平的省（区、市）为3个，耦合协调等级为中级协调类型以上覆盖喀斯特山区100%，总体上，耦合协调度呈现"中间低，四周高"的空间分异规律的空间集聚特征。

3. 根据地理探测结果和时空地理加权回归模型结果可知，从不同时间截面上各关键因素回归系数的空间分布特征可以发现，各因素与喀斯特山区耕地资源利用效率与玉米全要素耦合协调度存在显著空间异质性，且同一关键驱动因素对喀斯特山区耕地资源利用效率与玉米全要素耦合协调度的影响强度在时间和空间两个维度上均存在较大差异，主要表现在农村经济发展水平、机械化水平和石漠化面积这几个因素上，其中农村经济发展水平表现为促进作用，而机械化水平、石漠化面积的效应在时空上的差异较为显著，为此在制定促进两者耦合协调发展的措施时应该充分考虑因素影响的时空异质性。

三、喀斯特山区耕地资源利用效率与小麦全要素耦合

（一）数据来源

本书基于喀斯特山区五个省（区、市）为研究对象，数据主要来源于2001—2020年《中国农村统计年鉴》《中国能源统计年鉴》以及各省（区、市）统计年鉴、统计局官网。石漠化面积数据源于各省（区、市）林业部门、发展和改革部门、农业农村部门以及全国岩溶地区3次石漠化监测结果。

（二）研究方法

1. 耕地资源利用效率评价指标体系

基于耕地资源利用效率意蕴内涵，并参考谢花林（2016）和孙嘉阳（2021）相关研究成果，结合耕地资源利用效率的理论要求以及喀斯特地区耕地资源发展的实际状况（喀斯特地区农业生态环境、资源禀赋、经济水平的

特殊性），构建耕地资源利用效率测算指标体系，见表4-3-17。

表4-3-17 耕地资源利用效率测算指标体系

指标类别	指标名称	衡量指标	单位
投入指标	土地投入	农业耕种面积	公顷
	劳动力投入	农业从业人员	人
	化肥投入	农用化肥施用（折纯量）	吨
	机械投入	农用机械化总动力	千瓦
	农药投入	农药的使用量	吨
	农膜投入	农用塑料薄膜的使用量	吨
	灌溉投入	有效灌溉面积	公顷
产出指标	期望产出	农业总产值	元
		粮食总产量	吨

2. 小麦全要素评价指标体系

基于小麦全要素意蕴内涵，并参考王建华（2020）和胡贤辉（2022）相关研究成果，从小麦生产投入强度、利用程度、产出效益3个维度构建喀斯特山区小麦全要素评价指标体系（表4-3-18所示）。小麦生产投入强度反映小麦生产过程中各类生产要素投入的基本情况，以小麦播种面积、单位劳动力投入、单位化肥投入及单位机械投入为表征；利用程度反映农户对耕地资源的开发利用状况以及应对喀斯特山区自然灾害的韧性，以灌溉指数、稳产指数为表征；小麦产出效益反映各类小麦生产要素投入后所产生的效益，产出效益越高，小麦生产潜力挖掘程度越高，以地均产值、劳均产值为表征。

由于宏观数据中无法获得部分单独衡量小麦全要素方面的数据，考虑数据的可得性和准确性，需要对小麦全要素的指标相关数据进行处理。本书借鉴马文杰（2010）使用的权重系数法，将小麦农作物生产的要素投入剥离出来；所用的两种权重系数分别为：

$$A = (a/b) \times (c/d) \tag{1}$$

$$B = a/b \tag{2}$$

式中，A 和 B 代表小麦生产要素投入的权重系数，a 代表小麦播种面积，b 代表农作物播种面积，c 代表小麦产值，d 代表农业产值。

表 4-3-18　喀斯特山区小麦全要素评价指标体系

目标层	准则层	指标层	指标说明	权重
小麦全要素	投入强度	小麦土地投入（hm²）	小麦播种面积	0.286
		单位劳动力投入（人/hm²）	小麦从业人数①/小麦播种面积	0.250
		单位化肥投入（t/hm²）	小麦化肥施用量②/小麦播种面积	0.082
		单位机械投入（kW/hm²）	小麦机械总动力③/小麦播种面积	0.073
	利用程度	灌溉指数（%）	小麦有效灌溉面积④/小麦播种面积	0.047
		稳产指数（%）	年末未受灾面积⑤/农作物总播种面积	0.039
	产出效益	地均产值（10⁴元/hm²）	小麦产值/小麦播种面积	0.085
		劳均产值（10⁴元/人）	小麦产值/小麦从业人数	0.140

注：①小麦从业人数＝第一产业从业人员＊A；②小麦化肥施用量＝化肥施用量＊B；③小麦机械总动力＝农业机械总动力＊B；④小麦有效灌溉面积＝有效灌溉面积＊B；⑤小麦受灾面积＝农作物受灾面积＊B

3. 构建模型

（1）数据包络分析

数据包络分析是一种非参数技术效率分析方法，通过投入和产出来估计生产前沿面（王海力，2018）。采用数据包络分析中的规模收益不变假设，对喀斯特山区 2001—2020 年耕地利用综合效率进行测算，该模型为投入导向型模型，由 Charnes（1978）等研究所得，模型规划式（王海力，2018）如下：

$$\text{CCR 模型为：}\begin{cases} \text{Min}[\theta - \varepsilon(e^T S^+ + \hat{e}^T s^-)] \\ s.t. \sum_{j=1}^{n} X_{jm} \lambda_j + s^- = \theta X_0 (m = 1, 2, 3, \cdots, M) \\ \sum_{j=1}^{n} Y_{jr} \lambda_j + s^- = Y_0 (r = 1, 2, 3, \cdots, R) \\ \lambda_j \geq 0, s^+ \geq 0, s^- \geq 0 \end{cases} \quad (3)$$

式中，j 表示待评价单元数量，即研究区中有 $j(j = 1, 2, \cdots, n)$ 个省（区、市）行政单元，每个省（区、市）行政单元都有 m 种与耕地利用效率有关的投入变量和 r 种产出变量；X_{jm} 为 j 省（区、市）中第 m 种投入总量；Y_{jr} 为 j 省（区、市）的第 r 种产出变量。λ_j 为将各省（区、市）连接起来形成有效前沿面，用于判断区域空间耕地利用状况的权重变量。θ 为耕地投入产出的综合效率，值域为 [0, 1]，值越大，则耕地综合利用效率越大。s^+ 为剩余变量，s^- 为松弛变量；ε 为非阿基米德无穷小量；e^T 和 $\hat{e}^T$ 分别为隶属于 E^r 和 E^m

的单位空间向量，综合技术效率包含了规模效率的成分（王海力，2018）。

当在 CRS 模型的约束条件中加入前提假设条件 $\sum_{j=1}^{1} \lambda_j = 1$，模型（3）可转化为规模报酬可变模型，得出的技术效率排除了规模的影响，即纯技术效率（BANKER R，1984）。通过 VRS 模型可把综合效率（*TE*）分解成纯技术效率（*PTE*）和规模效率（*SE*），且 *TE = PET×SE*（刘佳，2015）。VRS 模型基于规模报酬可变，所得到的技术效率排除了规模的影响，从而得到纯技术效率指数 $\theta_b \in (0, 1]$。最后，基于综合效率和纯技术效率，可估算规模效率（王海力，2018），具体公式为：

$$SE = \theta / \theta_b (SE \in (0, 1])$$

（2）小麦全要素是一个多种生产要素相互作用的复杂综合过程，因此，本研究参考杨丽（2015）采用多因素综合评价法对喀斯特山区小麦全要素水平进行测度，具体计算公式如下：

$$F_i = \sum_{i=1}^{n} x_{qij} w_j, \quad w_j = f_j / \sum f_j$$

$$f_j = 1 + \ln(rn) \sum_q \sum_i \frac{x_{qij}}{\sum_q \sum_i x_{qij}} \ln \sum_i \frac{x_{qij}}{\sum_q i \sum x_{qij}}$$

（4）

式中，F_i 代表省域 i 的小麦全要素评价指数；x_{qij} 为第 q 年省域 i 在第 j 个指标上的标准化值，指标的标准化采用最大化值法、最小化值法进行；w_j 为第 j 个指标的权重，为避免权重确定的主观性，采用熵值法确定，由于传统的熵值法只能针对截面数据，而本研究基于的是面板数据，因此采用加入时间变量的熵值法进行权重的确定。f_j 为第 j 个指标的信息冗余度，r、n 分别为研究时限和省（区、市）评价单元数量。

（3）耦合协调度计算

①耦合度模型

基于喀斯特山区耕地资源利用效率与小麦全要素耦合机理分析可知，两者为彼此独立但又相互作用的系统。因此，本研究借助物理学中容量耦合系数模型，以揭示两系统间的相互作用及相互影响的内在耦合机制。参考廖重斌（1999）对耦合协调度的定义和计算方法，构建耕地资源利用效率与小麦全要素的耦合度模型，即式（5）：

$$C = \left[\frac{CI \times CE}{[(CI + CE/2)]^2} \right]^K$$

（5）

式中，C 为耕地资源利用效率与小麦全要素的耦合度，$0 \leq C \leq 1$，C 值越大，表明耕地资源利用效率与小麦全要素两系统间相互作用越强；CI 及 CE 分别表示耕地资源利用效率与小麦全要素水平；K 为调节系数，$K \geq 2$，本研究取 $K = 2$。

②耦合协调度模型

C 值只能反映耕地资源利用效率与小麦全要素两系统间的耦合度，但未能进一步表明两系统之间是处于相互促进状态，还是相互制约状态。因此，本研究参考廖重斌（1999）引入耦合协调度模型衡量耕地资源利用效率与小麦全要素两系统间的耦合协调程度，其计算公式如下：

$$D = \sqrt{C \times T}, \quad T = \alpha CI + \beta CE \qquad (6)$$

式中，D 为耦合协调度，D 值越大，表明两系统间越协调；T 为耕地资源利用效率与小麦全要素的综合协调指数，α，β 为待定参数，$\alpha + \beta = 1$，本书认为耕地资源利用效率与小麦全要素两者是同等重要的，且 α，β 值的设计不会对两者复合系统的演变规律产生影响，因此，取 $\alpha = \beta = 0.5$。

为判定耦合质量，参考廖重斌（1999）、赵芳（2009）和刘敏（2021）相关研究成果，并综合耕地资源利用效率与小麦全要素的耦合协调度，本书按照协调发展度的大小（0<D<1）以 0.1 为间隔点将二者耦合协调发展状况依次划分为极度失调（0-0.1）、严重失调［0.1-0.2）、中度失调［0.2-0.3）、轻度失调［0.3-0.4）、濒临失调［0.4-0.5）、勉强协调［0.5-0.6）、初级协调［0.6-0.7）、中级协调［0.7-0.8）、良好协调［0.8-0.9）和优质协调［0.9-1）10 个等级（刘敏，2021），见表4-3-19。

表 4-3-19　耦合协调度等级划分

协调等级	协调程度	协调等级	协调程度
1	极度失调	6	勉强协调
2	严重失调	7	初级协调
3	中度失调	8	中级协调
4	轻度失调	9	良好协调
5	濒临失调	10	优质协调

（三）结果与分析

1. 喀斯特山区耕地资源利用效率与小麦全要素耦合协调度时空演化特征

从图4-3-3可知，2001—2020 年喀斯特山区耕地资源利用效率与小麦全要素的耦合度及协调度整体均呈波动升高态势，其中耦合度均值 C 为 0.879，整体处于高强度耦合阶段，表明耕地资源利用效率与小麦全要素关联性较强，系统进入良性耦合。而协调度均值 D 为 0.644，整体处于初级协调阶段，未来仍有很大的优化空间。由于耦合度只能判别系统间互相作用的强弱程度和方向特征，当不同系统均处于较低水平时，也可能会出现较高耦合度（肖黎明，2019），因此本书着重对二者的协调度进行分析。

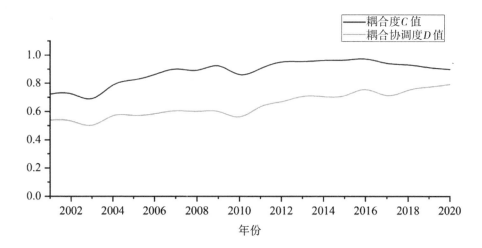

图 4-3-3　喀斯特山区耕地资源利用与小麦全要素耦合协调度时序

从整体时序来看，喀斯特山区 2001—2020 年耦合协调度由 0.539 上升到 0.792，由研究前期的勉强协调阶段逐渐步入中级协调阶段，年均增长率达 2.0%，整体协调性随时间推移呈现上升趋势，表明喀斯特山区对耕地资源利用效率与小麦全要素两个系统的耦合协调效应不断趋于良好。根据协调度波动幅度和变化趋势进一步可将其大致分为两个阶段，2001—2006 年二者耦合度处于过渡类型阶段，究其原因，可能是由于喀斯特山区早期经济状况落后、农村劳动力持续外流以及频繁的旱涝灾害影响小麦生产资本的投入水平，降低农民的小麦收益，导致小麦生产效率低下，而尖锐的人地矛盾导致植被破坏和水土流失日益严重，产生了十分严重的石漠化现象（唐梅蓉，2021），加之农村耕地管理方式与技术措施不合理，使得耕地利用效率低下、耕地资源浪费严重，进而影响该阶段耦合协调水平。2007—2020 年，喀斯特山区耕地资源利用马小麦全要素耦合协调度呈波动上升态势，最终 2020 年上升到中级协调阶段，随着社会经济发展水平的提高，耕地管理方式与技术措施渐趋合理，耕地生产技术也得到了显著提升，最终耕地管理水平提升和生产技术水平改进所带来的技术效应保障小麦实现高效生产的同时，推动耕地利用效率的提高，促进耕地资源利用效率与小麦全要素协调发展。

表 4-3-20 喀斯特山区耕地资源利用与小麦全要素耦合协调程度

年份	耦合度 C 值	协调指数 T 值	耦合协调度 D 值	协调等级	耦合协调程度
2001	0.723	0.402	0.539	6	勉强协调
2002	0.725	0.392	0.533	6	勉强协调
2003	0.691	0.366	0.503	6	勉强协调
2004	0.786	0.413	0.570	6	勉强协调
2005	0.824	0.397	0.572	6	勉强协调
2006	0.862	0.396	0.584	6	勉强协调
2007	0.901	0.406	0.605	7	初级协调
2008	0.893	0.404	0.601	7	初级协调
2009	0.924	0.390	0.600	7	初级协调
2010	0.862	0.366	0.562	6	勉强协调
2011	0.905	0.444	0.634	7	初级协调
2012	0.951	0.471	0.669	7	初级协调
2013	0.954	0.522	0.706	8	中级协调
2014	0.962	0.517	0.705	8	中级协调
2015	0.964	0.526	0.712	8	中级协调
2016	0.972	0.586	0.755	8	中级协调
2017	0.942	0.540	0.713	8	中级协调
2018	0.931	0.604	0.750	8	中级协调
2019	0.912	0.655	0.773	8	中级协调
2020	0.899	0.698	0.792	8	中级协调

基于 2005 年、2011 年、2020 年的耦合协调度数据，运用 ArcGIS 10.7 软件对喀斯特山区耕地资源利用效率与小麦全要素耦合协调度的测度值进行空间可视化处理，剖析其空间分布特征。

2001—2020 年喀斯特山区耕地资源利用效率与小麦全要素耦合协调度各

省（区、市）空间异质性显著，但随着时间推移，其空间异质性不断缩小，耦合协调等级空间分布呈现明显的大范围集聚分布特征，其耦合协调度相对高等级区位于北部四川省较稳定。具体而言，2005 年喀斯特山区耕地资源利用效率与小麦全要素耦合协调度空间分布差异尤为突出，耦合协调最高值区分布于喀斯特山区北部，其最高值是四川省，耦合协调度为 0.722，最低值位于喀斯特山区西南部云南省，耦合协调度为 0.384。与此同时，2005 年喀斯特山区耕地资源利用效率与小麦全要素耦合协调类型共有 5 种，其中四川省、贵州省处于协调状态，重庆市处于过渡协调阶段，而云南省、广西壮族自治区两省（区）均处于失调状态。此阶段云南省和广西壮族自治区两省（区）耕地利用综合效率分别为 0.411、0.639，耕地利用效率均为低效率区，加之两省（区）小麦全要素处于较低水平，分别为 0.257、0.140，喀斯特山区小麦生产水平低下，小麦生产方式较为传统，小麦产能增长较缓慢，其对两省（区）耕地资源利用效率与小麦全要素形成良性协调发展产生了极大的阻碍。至 2011 年，喀斯特山区各省（区、市）间的耦合协调度整体有所上升，各省（区、市）耦合协调度等级也有所变化，耦合协调度高值区集中分布于北部的四川省，耦合协调度达 0.842，耦合协调度低值区集中分布于西南部云南省，耦合协调度为 0.448；而 2011 年喀斯特山区耕地资源利用效率与小麦全要素耦合协调度囊括 4 种类型，其中处于初级协调类型及以上的省（区、市）有 3 个，表明 2001—2011 年喀斯特山区耕地资源利用效率与小麦全要素耦合协调性有明显提高，但整体仍处于较低水平。具体来看，云南省由轻度失调转变为濒临失调，广西壮族自治区由濒临失调转变为勉强协调，贵州省仍为初级协调，重庆市由勉强协调转为初级协调，四川省由中级协调转变为良好协调。2020 年，喀斯特山区各省（区、市）耦合协调度值总体进一步提升，耦合协调度类型区位差异也有所减小，耦合协调度相对低值区集中分布于云南省、贵州省、重庆市及广西壮族自治区，耦合协调度分别为 0.773、0.766、0.731、0.789，耦合协调度相对高值区集中分布于北部的四川省，耦合协调度达 0.903；而喀斯特山区耕地资源利用效率与小麦全要素耦合协调度涉及 2 种类型，其中处于中级协调水平的省（区、市）为 4 个，处于优质协调水平的省（区、市）为 1 个，耦合协调等级为中级协调类型以上的 100% 覆盖喀斯特山区。具体而言，云南省由濒临失调跃升为中级协调类型，广西壮族自治区由勉强协调上升为中级协调类型，的耦合协调水平也有所上升，由初级协调转变为中级协调类型，四川省由良好协调转为优质协调类型，总体上，耦合协调度呈现"北高南低"的空间分异规律的空间集聚特征。

2. 驱动因素时空演化特征

本研究在构建 3 个时间截面上的时空地理加权回归模型时，为保证纳入模型的变量都是对两者系统具有显著贡献的因素，同时为降低模型冗余，根据各年份地理探测结果，分别选择显著性水平 $P<0.05$、q 值排序前 3 的关键驱动因素参与模型构建。具体如下，采用地理探测器和时空地理加权回归对喀斯特山区耕地资源利用效率与小麦全要素的耦合协调度的驱动力因素进行研究，将其耦合协调度作为被解释变量，结合实际情况构建环境受灾程度（$X1$）、机械化水平（$X2$）、灌溉设施水平（$X3$）、涉农财政支出水平（$X4$）、农村经济发展水平（$X5$）、石漠化面积（$X6$）共 6 个变量为耦合协调度影响因素的解释变量，见表 4-3-21。

表 4-3-21　驱动因素指标体系

指标	指标说明	单位
环境受灾程度（$X1$）	受灾面积与农作物总播种面积的比值	%
机械化水平（$X2$）	单位农作物播种面积的农用机械总动力	千瓦
灌溉设施水平（$X3$）	有效灌溉面积	公顷
涉农财政支出水平（$X4$）	政府的农林水务支出与年度总支出的比值	%
农村经济发展水平（$X5$）	农村居民人均可支配收入	元
石漠化面积（$X6$）	各等级石漠化耕地的面积之和	公顷

（1）多重共线性检验

为避免多重共线性的问题存在，运用 SPSS 软件对 2001—2020 年喀斯特山区耕地资源利用效率与小麦全要素耦合协调的影响因素进行相关分析，发现容差均小于 1、方差膨胀因子均在 10 以内，显示没有明显的多重共线影响，可进行回归分析。结果如表 4-3-22 所示。

表 4-3-22　多重共线性检验结果

变量	容差	VIF	变量	容差	VIF
$X1$	0.446	2.243	$X4$	0.374	2.672
$X2$	0.288	3.477	$X5$	0.235	4.254
$X3$	0.789	1.267	$X6$	0.379	2.638

（2）影响因子地理探测结果

首先采用 ArcGIS 10.7 自然最佳断裂点分级法对选取自变量进行分层，将其由数值量转为类型量。然后借助地理探测器进行因子探测。得到的结果中 6 个变量 q 值均通过 0.05 水平的显著性检验，表明喀斯特山区耕地资源利用效率与小麦全要素耦合协调度的空间分布受环境受灾程度（$X1$）、机械化水平（$X2$）、灌溉设施水平（$X3$）、涉农财政支出水平（$X4$）、农村经济发展水平（$X5$）、石漠化面积（$X6$）等因素影响。从表 4-3-23 分析可知，2005 年各因子对喀斯特山区耕地资源利用效率与小麦全要素耦合协调度解释力排名前 3 的为：灌溉设施水平（$X3$）>机械化水平（$X2$）>环境受灾程度（$X1$）；2011 年各因子对喀斯特山区耕地资源利用效率与小麦全要素耦合协调度解释力排名前 3 的为：环境受灾程度（$X1$）>涉农财政支出水平（$X4$）>灌溉设施水平（$X3$）；2020 年各因子对喀斯特山区耕地资源利用效率与小麦全要素耦合协调度解释力排名前 3 的为：涉农财政支出水平（$X4$）>灌溉设施水平（$X3$）>环境受灾程度（$X1$）。

表 4-3-23　耦合协调度时序演进驱动因素探测结果

时间	$X1$	$X2$	$X3$	$X4$	$X5$	$X6$
2005	0.862***	0.876***	0.890***	0.765***	0.841***	0.765***
2011	0.896***	0.808***	0.834***	0.876***	0.804***	0.741***
2020	0.895***	0.751***	0.897***	0.899***	0.751***	0.870***

注：＊＊＊表示 0.001 水平上显著相关

（3）时空地理加权回归结果

基于地理探测器结果，分别研究 3 个时间截面上 q 值排名前 3 的关键驱动因素，引入 GTWR 模型进行各影响因素在不同格网的作用差异的局部空间回归分析。拟合系数为正值时，表示对因变量有促进的影响，且绝对值越大，影响越大；拟合系数为负值时，表示对因变量有抑制的影响，且绝对值越大，影响越大。GTWR 模型拟合结果显示，整体结果显示校正后 $R2$ 为 0.991，拟合效果优，见表 4-3-24。

表 4-3-24 GTWR 模型拟合结果

因变量	Sigma	AICc	R2	R2Adjusted	Spatio-temporal Distance Ratio	Trace of SMatrix
D 值	0.011	-1023.430	0.995	0.991	0.269	13.466

2001—2020 年 GTWR 模型驱动因素系数时空分化。其中，2005 年，灌溉设施水平对喀斯特山区耕地资源利用效率与小麦全要素耦合协调度呈显著正向关系，其中最大值区域为重庆市，最小值区域位于广西壮族自治区。机械化水平对喀斯特山区耕地资源利用效率与小麦全要素耦合协调度呈显著正、负向关，正向绝对最高值区域位于四川省，负向绝对最大值区域位于贵州省。环境受灾程度对喀斯特山区耕地资源利用效率与小麦全要素耦合协调度在空间上分异明显，呈显著正、负向关，正向绝对最大值区域分布在贵州省，负向绝对最大值区域位于四川省。2011 年，环境受灾程度对喀斯特山区耕地资源利用效率与小麦全要素耦合协调度呈显著正、负向关系，正向绝对最大值区域位于贵州省，负向绝对最大值区域位于四川省。涉农财政支出水平对喀斯特山区耕地资源利用效率与小麦全要素耦合协调度呈显著正向关系，绝对最大值区域集中分布在广西壮族自治区，最小值区域位于四川省。灌溉设施水平对喀斯特山区耕地资源利用效率与小麦全要素耦合协调度呈显著正向关系，绝对最大值区域主要分布在重庆市，绝对最小值区域位于广西壮族自治区。2020 年涉农财政支出水平对喀斯特山区耕地资源利用效率与小麦全要素耦合协调度呈显著正向关系，绝对最大值区域集中分布在广西壮族自治区，绝对最小值区域位于四川省。灌溉设施水平对喀斯特山区耕地资源利用效率与小麦全要素耦合协调度呈显著正向关系，正向绝对最大值区域集中于重庆市，正向绝对最小值区域位于广西壮族自治区。环境受灾程度对喀斯特山区耕地资源利用效率与小麦全要素耦合协调呈显著正、负向关，正向绝对最大值区域分布在贵州省，负向绝对最大值区域位于四川省。

综上所述，由于各年份探测出的关键驱动因素具有差异性，导致部分模型回归变量在时间尺度上不具有连续性，只能在单一时间节点上观察喀斯特山区耕地资源利用效率与小麦全要素耦合协调度的影响。从不同时间截面上各关键因素回归系数的空间分布特征可以发现，各因素与喀斯特山区耕地资源利用效率与小麦全要素耦合协调度存在显著空间异质性，且同一关键驱动因素对喀斯特山区耕地资源利用效率与小麦全要素耦合协调度的影响强度在时间和空间两个维度上均存在较大差异，主要表现在涉农财政支出水平、灌溉设施水平及环境受灾程度这几个因素上，为此，在制定促进两者耦合协调发展的措施时应该充分考虑因素影响的时空异质性。

涉农财政支出水平对耕地资源利用效率与小麦全要素耦合协调的影响始终为正相关，其回归系数在0.0126~0.0261。涉农财政支出水平的提升有利于农村地区基础设施建设、改善人居环境、提升农民知识水平与管理效率（刘鹏凌，2022），从客观上提高小麦产量与经济效益，进而提高耕地利用效率，在这过程中也可对农户进行转移支付，弥补农产品市场价格波动与自然灾害对其产生的不利影响，从而稳定农户生产粮食的积极性（刘鹏凌，2022）。

灌溉设施水平对喀斯特山区耕地资源利用效率与小麦全要素耦合协调的影响为正相关。从回归系数来看，灌溉设施水平系数在0.0990~0.5999。灌溉是农作物生长的不可或缺的公共基础条件，灌溉率的提升，不仅可以改善土壤的质量，从而促进农作物新品种和新技术的采纳，实现耕地技术进步，还可有效降低农业自然灾害带来的粮食灾损量和额外投入，降低耕地生产成本和提升粮食产量，促使耕地生产效率和小麦全要素水平的同步提升，对两者的耦合协调性产生有益影响。

环境受灾程度对喀斯特山区耕地资源利用效率与小麦全要素耦合协调的影响呈正、负相关。其回归系数在 -0.9673~0.0881，说明环境受灾程度在不同研究区域的作用强度及方向存在差别。喀斯特山区频繁的农业灾害极大地破坏了耕地生产的基础，降低了耕地生产的经济效益，但如果做好减灾技术管理，发挥科学技术在农业减灾中的积极作用，同时加大农业基础设施创建力度，将会最大限度地降低灾害影响，为耕地的安全生产提供有力保障。因此，各省（区、市）在耕地资源利用的过程中面临的自然灾害不同，应对处理方式的不同，对耕地进行生产的影响也就有利有弊。

（四）结论

本书通过构建喀斯特山区耕地资源利用效率与小麦全要素耦合协调理论框架，并基于2001—2020年喀斯特山区五省（区、市）数据的实证分析，探讨了其时空演变格局，用地理探测器和时空地理加权回归模型检验了其驱动机制，得出以下主要结论：

1. 从时间上来看，2001—2020年喀斯特山区耕地资源利用效率与小麦全要素的耦合度及协调度整体均呈波动升高态势，其中耦合度均值 C 为 0.879，整体处于高强度耦合阶段，表明耕地资源利用效率与小麦全要素关联性较强，系统进入良性耦合。而协调度均值 D 为 0.644，整体处于初级协调阶段，未来仍有很大的优化空间。喀斯特山区 2001—2020 年耦合协调度由 0.539 上升到 0.792，由研究前期的勉强协调阶段逐渐步入中级协调阶段，年均增长率达 2.0%，整体协调性随时间推移呈现上升趋势，表明喀斯特山区对耕地资源利用效率与小麦全要素两个系统的耦合协调效应不断趋于良好。

2. 从空间上来看，2001—2020 年喀斯特山区耕地资源利用效率与小麦全要素耦合协调度各省（区、市）空间异质性显著，但随着时间推移，其空间异质性不断缩小，耦合协调等级空间分布呈现明显的大范围集聚分布特征，其耦合协调度相对高等级区位于北部四川省较稳定。至 2020 年，喀斯特山区耕地资源利用效率与小麦全要素耦合协调度涉及两种类型，耦合协调度类型区位差异有所减小，耦合协调度相对低值区集中分布于云南省、贵州省、重庆市及广西壮族自治区，耦合协调度分别为 0.773、0.766、0.731、0.789，耦合协调度相对高值区集中分布于北部的四川省，耦合协调度达 0.903，总体上，耦合协调度呈现"北高南低"的空间分异规律的空间集聚特征。

3. 根据地理探测结果和时空地理加权回归模型结果可知，从不同时间截面上各关键因素回归系数的空间分布特征可以发现，各因素与喀斯特山区耕地资源利用效率与小麦全要素耦合协调度存在显著空间异质性，且同一关键驱动因素对喀斯特山区耕地资源利用效率与小麦全要素耦合协调度的影响强度在时间和空间两个维度上均存在较大差异，主要表现在涉农财政支出水平、灌溉设施水平及环境受灾程度这几个因素上，其中涉农财政支出水平、灌溉设施水平表现为促进作用，环境受灾程度在不同研究区域的作用强度及方向上存在差别，为此在制定促进两者耦合协调发展的措施时应该充分考虑因素影响的时空异质性。

四、喀斯特山区耕地资源利用效率与薯类全要素耦合

（一）数据来源

本书基于喀斯特山区五个省（区、市）为研究对象，数据主要源于 2001—2020 年《中国农村统计年鉴》《中国能源统计年鉴》以及各省（区、市）统计年鉴、统计局官网。石漠化面积数据源于各省（区、市）林业部门、发展和改革部门、农业农村部门以及全国岩溶地区 3 次石漠化监测结果。

（二）研究方法

1. 耕地资源利用效率评价指标体系

本研究基于耕地资源利用效率意蕴内涵，并参考谢花林（2016）和孙嘉阳（2021）相关研究成果，结合耕地资源利用效率的理论要求以及喀斯特地区耕地资源发展的实际状况（喀斯特地区农业生态环境、资源禀赋、经济水平的特殊性），构建耕地资源利用效率测算指标体系，见表 4-3-25。

表 4-3-25　耕地资源利用效率测算指标体系

指标类别	指标名称	衡量指标	单位
投入指标	土地投入	农业耕种面积	公顷
	劳动力投入	农业从业人员	人
	化肥投入	农用化肥施用（折纯量）	吨
	机械投入	农用机械化总动力	千瓦
	农药投入	农药的使用量	吨
	农膜投入	农用塑料薄膜的使用量	吨
	灌溉投入	有效灌溉面积	公顷
产出指标	期望产出	农业总产值	元
		粮食总产量	吨

2. 薯类全要素评价指标体系

基于薯类全要素意蕴内涵，并参考刘洋（2010）和胡贤辉（2022）相关研究成果，本书从薯类生产投入强度、利用程度、产出效益 3 个维度构建喀斯特山区薯类全要素评价指标体系（表 4-3-26 所示）。薯类生产投入强度反映薯类生产过程中各类生产要素投入的基本情况，以薯类播种面积、单位劳动力投入、单位化肥投入及单位机械投入为表征；利用程度反映农户对耕地资源的开发利用状况以及应对喀斯特山区自然灾害的韧性，以灌溉指数、稳产指数为表征；薯类产出效益反映各类薯类生产要素投入后所产生的效益，产出效益越高，薯类生产潜力挖掘程度越高，以地均产值、劳均产值为表征。

由于宏观数据中无法获得单独衡量薯类全要素方面的数据，本书考虑到数据的可得性和准确性，需要对薯类全要素的相关数据指标进行处理。本书借鉴马文杰（2010）使用的权重系数法，将薯类从农作物生产的要素投入剥离出来；所用的两种权重系数分别为：

$$A = (a/b) \times (c/d) \qquad (1)$$

$$B = a/b \qquad (2)$$

式中，A 和 B 代表薯类生产要素投入的权重系数，a 代表薯类播种面积，b 代表农作物播种面积，c 代表薯类产值，d 代表农业产值。

表 4-3-26　喀斯特山区薯类全要素评价指标体系

目标层	准则层	指标层	指标说明	权重
薯类全要素	投入强度	薯类土地投入（hm²）	薯类播种面积	0.259
		单位劳动力投入（人/hm²）	薯类从业人数①/ 薯类播种面积	0.156
		单位化肥投入（t/hm²）	薯类化肥施用量②/薯类播种面积	0.085
		单位机械投入（kW/hm²）	薯类机械总动力③/ 薯类播种面积	0.076
	利用程度	灌溉指数（%）	薯类有效灌溉面积④/薯类播种面积	0.049
		稳产指数（%）	年末未受灾面积⑤/农作物总播种面积	0.040
	产出效益	地均产值（10⁴元/hm²）	薯类产值/薯类播种面积	0.143
		劳均产值（10⁴元/人）	薯类产值/薯类从业人数	0.192

注：①薯类从业人数=第一产业从业人员 * A；②薯类化肥施用量=化肥施用量 * B；③薯类机械总动力=农业机械总动力 * B；④薯类有效灌溉面积=有效灌溉面积 * B；⑤薯类受灾面积=农作物受灾面积 * B

3. 构建模型

（1）数据包络分析

数据包络分析是一种非参数技术效率分析方法，通过投入和产出来估计生产前沿面（王海力，2018）。采用数据包络分析中的规模收益不变假设，对喀斯特山区 2001—2020 年耕地利用综合效率进行测算，该模型为投入导向型模型，由 Charnes（1978）等研究所得，模型规划式（王海力，2018）如下：

CCR 模型为：
$$\begin{cases} \text{Min}[\theta - \varepsilon(e^T S^+ + \hat{e}^T s^-)] \\ s.t. \sum_{j=1}^{n} X_{jm} \lambda_j + s^- = \theta X_0 (m=1,2,3,\cdots,M) \\ \sum_{j=1}^{n} Y_{jr} \lambda_j + s^- = Y_0 (r=1,2,3,\cdots,R) \\ \lambda_j \geqslant 0, s^+ \geqslant 0, s^- \geqslant 0 \end{cases} \qquad (3)$$

式中，j 表示待评价单元数量，即研究区中有 $j(j=1,2,\cdots,n)$ 个省（区、市）行政单元，每个省（区、市）行政单元都有 m 种与耕地利用效率

有关的投入变量和 r 种产出变量；X_{jm} 为 j 省（区、市）中第 m 种投入总量；Y_{jr} 为 j 省（区、市）的第 r 种产出变量。λ_j 为将各省（区、市）连接起来形成有效前沿面，用于判断区域空间耕地利用状况的权重变量。θ 为耕地投入产出的综合效率，值域为 $[0, 1]$，值越大，则耕地综合利用效率越大。s^+ 为剩余变量，s^- 为松弛变量；ε 为非阿基米德无穷小量；e^T 和 $\hat{e}^T$ 分别为隶属于 E^r 和 E^m 的单位空间向量，综合技术效率包含了规模效率的成分（王海力，2018）。

当在 CRS 模型的约束条件中加入前提假设条件 $\sum\limits_{j=1}^{1} \lambda_j = 1$，模型（3）可转化为规模报酬可变模型，得出的技术效率排除了规模的影响，即纯技术效率（BANKER，1984）。通过 VRS 模型可把综合效率（TE）分解成纯技术效率（PTE）和规模效率（SE），且 $TE = PET \times SE$（刘佳，2015）。VRS 模型基于规模报酬可变，所得到的技术效率排除了规模的影响，从而得到纯技术效率指数 $\theta_b \in (0, 1]$。最后，基于综合效率和纯技术效率，可估算规模效率（王海力，2018），具体公式为：

$$SE = \theta / \theta_b (SE \in (0, 1])$$

（2）薯类全要素是一个多种生产要素相互作用的复杂综合过程，因此，本研究参考杨丽（2015）采用多因素综合评价法对喀斯特山区薯类全要素水平进行测度，具体计算公式如下：

$$F_i = \sum_{i=1}^{n} x_{qij} w_j, \ w_j = f_j / \sum f_j$$

$$f_j = 1 + \ln(rn) \sum_q \sum_i \frac{x_{qij}}{\sum_q \sum_i x_{qij}} \ln \sum_i \frac{x_{qij}}{\sum_q i \sum x_{qij}}$$

（4）

式中，F_i 为省域 i 的薯类全要素评价指数；x_{qij} 为第 q 年省域 i 在第 j 个指标上的标准化值，指标的标准化采用最大化值法、最小化值法进行；w_j 为第 j 个指标的权重，为避免权重确定的主观性，采用熵值法确定，由于传统的熵值法只能针对截面数据，而本研究基于的是面板数据，因此采用加入时间变量的熵值法进行权重的确定。f_j 为第 j 个指标的信息冗余度，r、n 分别为研究时限和省（区、市）评价单元数量。

（3）耦合协调度计算

①耦合度模型

基于喀斯特山区耕地资源利用效率与薯类全要素耦合机理分析可知，两者为彼此独立但又相互作用的系统。因此，本研究借助物理学中容量耦合系数模型，以揭示两系统间的相互作用及相互影响的内在耦合机制。参考廖重斌（1999）对耦合协调度的定义和计算方法，构建耕地资源利用效率与薯类全要素的耦合度模型，即式（5）：

$$C = \left[\frac{CI \times CE}{[(CI + CE/2)]^2} \right]^K \tag{5}$$

式中，C 为耕地资源利用效率与薯类全要素的耦合度，$0 \leqslant C \leqslant 1$，$C$ 值越大，表明耕地资源利用效率与薯类全要素两系统间相互作用越强；CI 及 CE 分别表示耕地资源利用效率与薯类全要素水平；K 为调节系数，$K \geqslant 2$，本研究取 $K = 2$。

②耦合协调度模型

C 值只能反映耕地资源利用效率与薯类全要素两系统间的耦合度，但未能进一步表明两系统之间是处于相互促进状态，还是相互制约状态。因此，本研究参考廖重斌（1999）引入耦合协调度模型，衡量耕地资源利用效率与薯类全要素两系统间的耦合协调程度，其计算公式如下：

$$D = \sqrt{C \times T}, \ T = \alpha CI + \beta CE \tag{6}$$

式中，D 为耦合协调度，D 值越大，表明两系统间越协调；T 为耕地资源利用效率与薯类全要素的综合协调指数，α，β 为待定参数，$\alpha + \beta = 1$，本书认为耕地资源利用效率与薯类全要素两者是同等重要的，且 α，β 值的设计不会对两者复合系统的演变规律产生影响，因此，取 $\alpha = \beta = 0.5$。

为判定耦合质量，参考廖重斌（1999）、赵芳（2009）和刘敏（2021）等相关研究成果，并综合耕地资源利用效率与薯类全要素的耦合协调度，本书按照协调发展度的大小（0<D<1）以 0.1 为间隔点将二者耦合协调发展状况依次划分为极度失调（0-0.1）、严重失调［0.1-0.2）、中度失调［0.2-0.3）、轻度失调［0.3-0.4）、濒临失调［0.4-0.5）、勉强协调［0.5-0.6）、初级协调［0.6-0.7）、中级协调［0.7-0.8）、良好协调［0.8-0.9）和优质协调［0.9-1）10 个等级（刘敏，2021；田凯，2021），见表4-3-27。

表4-3-27　耦合协调度等级划分

协调等级	协调程度	协调等级	协调程度
1	极度失调	6	勉强协调
2	严重失调	7	初级协调

续表

协调等级	协调程度	协调等级	协调程度
3	中度失调	8	中级协调
4	轻度失调	9	良好协调
5	濒临失调	10	优质协调

（三）结果与分析

1. 喀斯特山区耕地资源利用效率与薯类全要素耦合协调度时空演化特征

由图 4-3-4 可知，2001—2020 年喀斯特山区耕地资源利用效率与薯类全要素的耦合度及协调度整体均呈波动升高态势，其中耦合度均值 C 为 0.837，整体处于高强度耦合阶段，表明耕地资源利用效率与薯类全要素关联性较强，系统进入良性耦合。而协调度均值 D 为 0.676，整体处于初级协调阶段，未来仍有很大的优化空间。由于耦合度只能判别系统间互相作用的强弱程度和方向特征，当不同系统均处于较低水平时，也可能会出现较高耦合度（肖黎明，2019），因此本书着重对二者的协调度进行分析。

从整体时序来看，喀斯特山区 2001—2020 年耦合协调度由 0.735 下降到 0.276，由研究前期的中级协调阶段逐渐步入中度失调阶段，年均增长率为 -5.0%，整体协调性随时间呈现不断下降趋势，表明喀斯特山区对耕地资源利用效率与薯类全要素两个系统的耦合协调效应不断恶化。进一步根据协调度

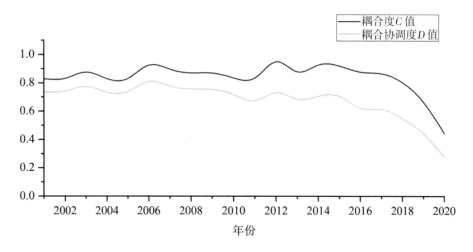

图 4-3-4 喀斯特山区耕地资源利用与薯类全要素耦合协调度时序

波动幅度和变化趋势可将其大致分为两个阶段，2001—2011 年二者耦合度处于协调阶段，究其原因，可能是由于特殊的地理地貌和农业生产条件影响薯类生产的资本投入水平，导致薯类生产效率低下，而农村耕地管理方式与技术措施的不合理，也使得耕地利用效率低下，耕地利用效率与全要素水平两者呈匹配现象，是其处于协调的原因。2011—2020 年，二者耦合协调度整体呈波动下降态势，最终 2020 年上升到中度失调阶段，随着社会经济发展水平的提高，耕地管理方式与技术措施渐趋合理，耕地利用效率得到了显著提升，但由于粮食比较优势，一般农户会优先选择种植水稻、小麦、玉米等产量较大、经济效益较好的谷物，这些大宗农作物逐步取代了部分薯类种植面积，对薯类生产造成负面影响，跟不上耕地资源利用效率发展的节奏，二者呈不匹配现象，耦合协调程度不断降低。

表 4-3-28　喀斯特山区耕地资源利用与薯类全要素耦合协调程度

年份	耦合度 C 值	协调指数 T 值	耦合协调度 D 值	协调等级	耦合协调程度
2001	0.829	0.652	0.735	8	中级协调
2002	0.832	0.661	0.742	8	中级协调
2003	0.875	0.683	0.773	8	中级协调
2004	0.829	0.647	0.732	8	中级协调
2005	0.831	0.655	0.738	8	中级协调
2006	0.924	0.710	0.810	9	良好协调
2007	0.896	0.674	0.777	8	中级协调
2008	0.870	0.657	0.756	8	中级协调
2009	0.869	0.650	0.752	8	中级协调
2010	0.835	0.614	0.716	8	中级协调
2011	0.835	0.543	0.673	7	初级协调
2012	0.949	0.563	0.731	8	中级协调
2013	0.879	0.532	0.684	7	初级协调
2014	0.927	0.538	0.706	8	中级协调
2015	0.919	0.538	0.704	8	中级协调
2016	0.877	0.440	0.621	7	初级协调
2017	0.865	0.433	0.612	7	初级协调

续表

年份	耦合度 C 值	协调指数 T 值	耦合协调度 D 值	协调等级	耦合协调程度
2018	0.802	0.375	0.548	6	勉强协调
2019	0.662	0.295	0.442	5	濒临失调
2020	0.443	0.172	0.276	3	中度失调

基于 2005 年、2011 年、2020 年的耦合协调度数据，运用 ArcGIS 10.7 软件对喀斯特山区耕地资源利用效率与薯类全要素耦合协调度的测度值进行空间可视化处理，剖析其空间分布特征。

2001—2020 年喀斯特山区耕地资源利用效率与薯类全要素耦合协调度各省（区、市）空间异质性显著，但随着时间推移其空间异质性不断缩小，耦合协调度也逐渐处于失调状态。具体而言，2005 年喀斯特山区耕地资源利用效率与薯类全要素耦合协调度空间分布差异尤为突出，耦合协调最高值区分布于喀斯特山区西南部的云南省，耦合协调度为 0.934，最低值是位于喀斯特山区中部贵州省，耦合协调度达 0.307。与此同时，2005 年喀斯特山区耕地资源利用效率与薯类全要素耦合协调类型共有 4 种，除贵州省处于失调状态以外，其余 4 省（区、市）均处于协调状态。此阶段贵州省耕地利用综合效率为 1.000，为高效率区，但贵州省薯类全要素处于较低水平，仅为 0.188，严重阻碍了贵州省薯类育种业的发展，对耕地资源利用效率与薯类全要素形成良性协调发展产生了极大的阻碍。至 2011 年，喀斯特山区各省（区、市）间的耦合协调度整体有所下降，各省（区、市）耦合协调度等级也有所变化，耦合协调度最高值区集中分布于西南部的云南省，耦合协调度达 0.914，耦合协调度最低值区集中分布于中部贵州省，耦合协调度为 0.309；而 2011 年喀斯特山区耕地资源利用效率与薯类全要素耦合协调度囊括 4 种类型，其中处于初级协调类型的省（区、市）有 1 个，处于中级协调类型的省（区、市）有 2 个，处于优质协调类型的省（区、市）有 1 个，表明 2001—2011 年喀斯特山区耕地资源利用效率与薯类全要素耦合协调性有所降低。具体来看，云南省仍为优质协调类型，广西壮族自治区由良好协调转变为中级协调，贵州省仍为轻度失调，重庆市由良好协调下降为中级协调，四川省由中级协调转变为初级协调。2020 年，喀斯特山区各省（区、市）耦合协调度值总体进一步下降，耦合协调度类型区位差异也有所减小，大部分省（区、市）耦合协调度处于失调状态，其中四川省失调最为严重，属于严重失调类型，耦合协调度为0.108；而喀斯特山区耕地资源利用效率与薯类全要素耦合协调度涉及3种类型，其中属于濒临失调类型的省（区、市）为1个，属于中度失调类型的省（区、市）为3个，属于严重失调类型的省（区、市）有1个，耦合协调等级为失调状态的覆盖喀斯特山区80%。具体而言，云南省由优质协调降为濒临失调类型，广西壮族自治区由中级协调下降为中级失调类型，贵州省、重庆市的耦合协调水平也有所下降，由轻度失调、中级协调转变为中度失调类型，四川省由初级协调转为严重失调类型，总体上，耦合协调度呈现"南高北低""西高东低"的空间分异集聚特征。

2. 驱动因素时空演化特征

本研究在构建3个时间截面上的时空地理加权回归模型时，为保证纳入模型的变量都是对两者系统具有显著贡献的因素，同时为降低模型冗余，根据各年份地理探测结果，分别选择显著性水平$P<0.05$、q值排序前3的关键驱动因素参与模型构建。具体如下，采用地理探测器和时空地理加权回归对喀斯特山区耕地资源利用效率与薯类全要素耦合协调度的驱动力因素进行研究，将其耦合协调度作为被解释变量，结合实际情况构建环境受灾程度（$X1$）、机械化水平（$X2$）、灌溉设施水平（$X3$）、涉农财政支出水平（$X4$）、农村经济发展水平（$X5$）、石漠化面积（$X6$）共6个变量为耦合协调度影响因素的解释变量，见表4-3-29。

表4-3-29　驱动因素指标体系

指标	指标说明	单位
环境受灾程度（$X1$）	受灾面积与农作物总播种面积的比值	%
机械化水平（$X2$）	单位农作物播种面积的农用机械总动力	千瓦
灌溉设施水平（$X3$）	有效灌溉面积	公顷
涉农财政支出水平（$X4$）	政府的农林水务支出与年度总支出的比值	%
农村经济发展水平（$X5$）	农村居民人均可支配收入	元
石漠化面积（$X6$）	各等级石漠化耕地的面积之和	公顷

（1）多重共线性检验

为避免多重共线性的问题存在，运用SPSS软件对2001—2020年喀斯特山区耕地资源利用效率与薯类全要素耦合协调度的影响因素进行相关分析，发现容差均小于 1、方差膨胀因子均在 10 以内，显示没有明显的多重共线影响，可进行回归分析。结果如表 4-3-30 所示。

表 4-3-30　多重共线性检验结果

变量	容差	VIF	变量	容差	VIF
$X1$	0.446	2.243	$X4$	0.374	2.672
$X2$	0.288	3.477	$X5$	0.235	4.254
$X3$	0.789	1.267	$X6$	0.379	2.638

（2）影响因子地理探测结果

首先采用 ArcGIS 10.7 自然最佳断裂点分级法对选取自变量进行分层，将其由数值量转为类型量。然后借助地理探测器进行因子探测。得到的结果中 6 个变量 q 值均通过 0.05 水平的显著性检验，表明喀斯特山区耕地资源利用效率与薯类全要素耦合协调度的空间分布受环境受灾程度（$X1$）、机械化水平（$X2$）、灌溉设施水平（$X3$）、涉农财政支出水平（$X4$）、农村经济发展水平（$X5$）、石漠化面积（$X6$）等因素影响。从表 4-3-31 分析可知，2005 年各因子对喀斯特山区耕地资源利用效率与薯类全要素耦合协调度解释力排名前 3 的为：环境受灾程度（$X1$）>灌溉设施水平（$X3$）>机械化水平（$X2$）；2011 年各因素对喀斯特山区耕地资源利用效率与薯类全要素耦合协调度解释力排名前 3 的为：环境受灾程度（$X1$）>农村经济发展水平（$X5$）>灌溉设施水平（$X3$）；2020 年各因子对喀斯特山区耕地资源利用效率与薯类全要素耦合协调度解释力排名前 3 的为：环境受灾程度（$X1$）>石漠化面积（$X6$）>涉农财政支出水平（$X4$）。

表 4-3-31　耦合协调度时序演进驱动因素探测结果

时间	$X1$	$X2$	$X3$	$X4$	$X5$	$X6$
2005	0.899***	0.874***	0.887***	0.066	0.862***	0.066
2011	0.913***	0.669***	0.830***	0.503***	0.856***	0.136**
2020	0.946***	0.663***	0.806***	0.811***	0.769***	0.831***

注：***表示 0.001 水平上显著相关

（3）时空地理加权回归结果

基于地理探测器结果，分别研究 3 个时间截面上 q 值排名前 3 的关键驱动因素，引入 GTWR 模型进行各影响因素在不同格网作用差异的局部空间回归分析。拟合系数为正值时，表示对因变量有促进的影响，且绝对值越大，影响越大；拟合系数为负值时，表示对因变量有抑制的影响，且绝对值越大，影响越大。GTWR 模型拟合结果显示，整体结果显示校正后 $R2$ 为 0.995，拟合效果优，见表 4-3-32。

表 4-3-32　GTWR 模型拟合结果

因变量	Sigma	AICc	$R2$	$R2$Adjusted	Spatio-temporal Distance Ratio	Trace of SMatrix
D 值	0.015	-713.238	0.997	0.995	0.269	13.699

2001—2020 年 GTWR 模型驱动因素系数时空分化。其中，2005 年，环境受灾程度对喀斯特山区耕地资源利用效率与薯类全要素耦合协调度呈显著负向关，其中最大值区域为四川省，绝对最小值区域位于广西壮族自治区。灌溉设施水平对喀斯特山区耕地资源利用效率与薯类全要素耦合协调度呈显著正、负向关，正向绝对最大值区域位于广西壮族自治区，负向绝对最大值区域位于重庆市。机械化水平对喀斯特山区耕地资源利用效率与薯类全要素耦合协调度呈显著正向关，绝对最大值区域分布在重庆市，绝对最小值区域位于云南省。2011 年，环境受灾程度对喀斯特山区耕地资源利用效率与薯类全要素耦合协调度呈显著负向关，绝对最大值区域位于云南省，绝对最小值区域位于广西壮族自治区。农村经济发展水平对喀斯特山区耕地资源利用效率与薯类全要素耦合协调度呈显著负向关，绝对最大值区域集中分布在重庆市，绝对最小值区域位于云南省。灌溉设施水平对喀斯特山区耕地资源利用效率与薯类全要素耦合协调度在空间上分异明显，呈显著正、负向关，正向绝对最大值区域主要分布于广西壮族自治区，负向绝对最大值区域位于重庆市。2020 年，环境受灾程度对喀斯特山区耕地资源利用效率与薯类全要素耦合协调度呈显著负向关，绝对最大值区域集中分布在四川省，绝对最小值区域位于贵州省。石漠化面积对喀斯特山区耕地资源利用效率与薯类全要素耦合协调度呈显著正、负向关，正向绝对最大值区域集中于四川省，负向绝对最大值区域位于广西壮族自治区。涉农财政支出水平对喀斯特山区耕地资源利用效率与薯类全要素耦合协调呈显著正、负向关，正向绝对最大值区域分布在

云南省，负向绝对最大值区域位于四川省。

综上所述，由于各年份探测出的关键驱动因素具有差异性，导致部分模型回归变量在时间尺度上不具有连续性，只能在单一时间节点上观察喀斯特山区耕地资源利用效率与薯类全要素耦合协调度的影响。从不同时间截面上各关键因素回归系数的空间分布特征可以发现，各因素与喀斯特山区耕地资源利用效率与薯类全要素耦合协调度存在显著空间异质性，且同一关键驱动因素对喀斯特山区耕地资源利用效率与薯类全要素耦合协调度的影响强度在时间和空间两个维度上均存在较大差异，主要表现在环境受灾程度、石漠化面积及灌溉设施水平这几个因素上，为此在制定促进两者耦合协调发展的措施时应该充分考虑因素影响的时空异质性。

环境受灾程度对喀斯特山区耕地资源利用效率与薯类全要素耦合协调的影响呈正、负相关，其回归系数在$-0.5326 \sim 0.0367$，说明环境受灾程度的提升对于两者耦合协调发展具有抑制作用，主要是因为喀斯特山区生态环境脆弱，气象灾害、地质灾害、农作物病虫害等自然农业灾害频发，给喀斯特山区的薯类生产带来了巨大经济损失和严重危害，薯类生产跟不上耕地资源利用效率发展的节奏，导致两者的耦合协调性不断恶化。

石漠化面积对喀斯特山区耕地资源利用效率与薯类全要素耦合协调的影响呈正、负相关，其回归系数在$-0.3223 \sim 0.1118$。石漠化导致喀斯特山区生态环境失衡、土地生产力衰退、可耕种土地稀少、农作物广种薄收，严重阻滞了喀斯特山区耕地可持续利用。在合理开发与治理石漠化土地相结合下，喀斯特山区运用科技手段有序推进石漠化综合治理工程与发展农村地区经济，坚持发展和生态两条底线，提高潜在石漠化生产潜力和保持坡耕地永续利用的耕作措施，将薯类产业逐步从传统、粗放、低效性向现代、集约、精细、高效型转变，促进薯类产业的健康快速发展，推进耕地资源利用与薯类的深度融合和协同发展。

灌溉设施水平对喀斯特山区耕地资源利用效率与薯类全要素耦合协调的影响呈正相关。从回归系数来看，灌溉设施水平系数在$-0.7246 \sim 0.4627$。灌溉设施越来越成为粮食产量稳定增长的主体力量，也使得人类抗御干旱灾害的能力在很大程度上得到提高，增强了农业综合生产能力，但由于灌溉技术发展迟缓以及灌溉监督力度有限，薯类灌溉的效果较差，水资源浪费严重，农作物的收成受此影响，进而影响二者协调发展。

（四）结论

本书通过构建喀斯特山区耕地资源利用效率与薯类全要素耦合协调理论框架，并基于2001—2020年喀斯特山区五省（区、市）数据的实证分析，探讨了其时空演变格局，用地理探测器和时空地理加权回归模型检验了其驱动机制，得出以下主要结论：

1. 从时间上来看，2001—2020年喀斯特山区耕地资源利用效率与薯类全要素的耦合度及协调度整体均呈波动升高态势，其中耦合度均值 C 为0.837，整体处于高强度耦合阶段，表明耕地资源利用效率与薯类全要素关联性较强，系统进入良性耦合。而协调度均值 D 为0.676，整体处于初级协调阶段，未来仍有很大的优化空间。喀斯特山区2001—2020年耦合协调度由0.735下降到0.276，由研究前期的中级协调阶段逐渐步入中度失调阶段，年均增长率为−5.0%，整体协调性随时间推移呈现不断下降趋势，表明喀斯特山区对耕地资源利用效率与薯类全要素两个系统的耦合协调效应不断恶化。

2. 从空间上来看，2001—2020年喀斯特山区耕地资源利用效率与薯类全要素耦合协调度各省（区、市）空间异质性显著，但随着时间推移其空间异质性不断缩小，耦合协调度也逐渐处于失调状态。至2020年，耦合协调度类型区位差异也有所减小，大部分省（区、市）耦合协调度处于失调状态，其中四川省失调最为严重，属于严重失调类型，耦合协调度为0.108；而喀斯特山区耕地资源利用效率与薯类全要素耦合协调度涉及3种类型，其中属于濒临失调类型的省（区、市）为1个，属于中度失调类型的省（区、市）为3个，属于严重失调类型的省（区、市）有1个，耦合协调等级为失调状态的覆盖喀斯特山区80%，总体上，耦合协调度呈现"南高北低""西高东低"的空间分异集聚特征。

3. 根据地理探测结果和时空地理加权回归模型结果可知，从不同时间截点上各关键因素回归系数的空间分布特征可以发现，各因素与喀斯特山区耕地资源利用效率与薯类全要素耦合协调度存在显著空间异质性，且同一关键驱动因素对喀斯特山区耕地资源利用效率与薯类全要素耦合协调度的影响强度在时间和空间两个维度上均存在较大差异，主要表现在环境受灾程度、石漠化面积及灌溉设施水平这几个因素上，在不同研究区域的作用强度及方向存在差别，为此，在制定促进两者耦合协调发展的措施时，应该充分考虑因素影响的时空异质性。

第四节　喀斯特山区耕地资源绿色利用效率与粮食全要素耦合

一、喀斯特山区耕地资源绿色利用效率与水稻全要素耦合

（一）数据来源

本书基于喀斯特山区五个省（区、市）为研究对象，数据主要源于2001—2020年《中国农村统计年鉴》《中国能源统计年鉴》以及各省（区、市）统计年鉴、统计局官网。耕地碳排放总量、农业生产碳汇量等相关数据出自《中国能源统计年鉴》；碳排放相关系数参考相关研究与 IPCC 国家温室气体清单指南等。石漠化面积数据源于各省（区、市）林业部门、发展和改革部门、农业农村部门以及全国岩溶地区 3 次石漠化监测结果。

（二）研究方法

1. 耕地资源绿色利用效率评价指标体系

借鉴 Zhang C Z（2020）和姜晗（2020）相关研究，本书基于喀斯特山区耕地资源发展的实际状况（喀斯特山区耕地资源禀赋、区域经济发展水平、生态环境）构建耕地绿色利用效率测算指标体系，见表 4-4-1。

表 4-4-1　喀斯特山区耕地绿色利用效率测算指标体系

标准层	要素层	指标层	单位
投入	土地	耕地面积	公顷
	劳动力	农业产业人数	人
	资本	农用化肥施用（折纯）量	吨
		农用机械化总动力	千瓦
		农药使用量	吨
		农用塑料薄膜使用量	吨
		有效灌溉面积	公顷

标准层	要素层	指标层	单位
期望产出	经济效益	农业总产值	亿元
	社会效益	粮食总产量	吨
	生态效益	耕地碳吸收量（包括稻谷、小麦、玉米、豆类、薯类等农作物）	吨
非期望产出	碳排放	耕地碳排放量	吨
	环境污染	农业面源污染排放量	吨
	耕地石漠化	耕地各等级石漠化面积之和	公顷

（1）投入指标

耕地生产的投入指标选取土地、劳动力、资本3个维度作为表征变量。其中①土地投入：以实际耕地面积作为表征标量反映真实的耕地投入量；②劳动力投入：选取农业从业人员表征；③化肥投入：以耕地生产过程中的农用化肥的实际折纯量作为代理变量；④机械投入：选用耕地利用过程中农业机械总动力作为机械投入量；⑤农药投入：选取农药实际使用量作为代理变量；⑥农膜投入：选取喀斯特山区农用塑料薄膜的使用总量表征；⑦灌溉投入：采取有效灌溉面积作为投入指标。

（2）产出指标

产出指标包括期望产出和非期望产出。

①期望产出：选取农业总产值、粮食总产量和耕地碳吸收量（主要包括稻谷、小麦、玉米、豆类、薯类等农作物）作为期望产出指标因子。其中，耕地碳吸收量是指农作物光合作用形成的净初级生产量，即生物产量，具体的计算式引自田云（2019）等方法，具体表示如下：

$$C = \sum_{i=1}^{k} C_i = \sum_{i=1}^{k} c_i \cdot Y_i \cdot (1 - r)/HI_i$$

式中，C为农作物碳吸收总量；C_i为某种农作物的碳吸收量；k为农作物种类数；c_i为农作物通过光合作用合成单位有机质所需吸收的碳；Y_i为农作物的经济产量；r为农作物经济产品部分的含水量；HI_i为农作物经济系数。各类农作物的碳吸收率与经济系数主要引自王修兰（1996）和韩召迎（2012）等相关文献，见表4-4-2。

表 4-4-2 中国主要农作物经济系数与碳吸收率

品种	经济系数	含水量（%）	碳吸收率	品种	经济系数	含水量（%）	碳吸收率
水稻	0.45	12	0.414	薯类	0.70	70	0.423
小麦	0.40	12	0.485	甘蔗	0.50	50	0.450
玉米	0.40	13	0.471	甜菜	0.70	75	0.407
豆类	0.34	13	0.450	蔬菜	0.60	90	0.450
油菜籽	0.25	10	0.450	瓜类	0.70	90	0.450
花生	0.43	10	0.450	烟草	0.55	85	0.450
向日葵	0.30	10	0.450	其他农作物	0.40	12	0.450
棉花	0.10	8	0.450				

数据来源：《中国农业生产净碳效应分异研究》

②非期望产出：选用耕地碳排放总量和农业面源污染排放量表示。

碳排放总量：在参考田云（2013，2015）等的研究基础上选取碳排放总量由农用化肥施用折纯量、农药使用量、农用塑料薄膜使用量、农用柴油使用量、有效灌溉面积、农作物种植过程中土壤 N_2O 的排放量（转化为 CO_2）、牲畜养殖碳排放以及稻田 CH_4 排放（转化为 CO_2）8 种碳排放源数量乘以各自碳排放系数的总和。在借鉴宋德勇等（2009）和张秀梅等（2010）碳排放方程建立方法的基础上，耕地碳排放核算模型规划式如下：

$$E = \sum E_i = \sum (T_i \cdot \delta_i)$$

式中，E 为耕地生产过程中碳排放总量，E_i 为各类碳源碳排放量，T_i 为各碳排放源的量，δ_i 为的是各种碳源所对应的碳排放系数。从农药、化肥、农用塑料薄膜、柴油、灌溉所产生碳源的量以及土壤、稻田、牲畜养殖确定具体碳源因子及其所对应的碳排放系数，见表4-4-3—表4-4-6。

表 4-4-3 主要农用物资碳排放系数

碳源	碳排放系数	参考来源
化肥	0.8956 kg C · kg^{-1}	美国橡树岭国家实验室
农药	4.9341 kg C · kg^{-1}	美国橡树岭国家实验室
农膜	5.18 kg C · kg^{-1}	IREEA（南京农业大学农业资源与生态环境研究所）

续表

碳源	碳排放系数	参考来源
柴油	0.5927 kg C·kg^{-1}	IPCC
灌溉	266.48 kg C·hm^{-2}	段华平等

表 4-4-4　农作物各品种的土壤 N$_2$O 排放系数

农作物品种	N$_2$O 排放系数/（kg/hm^2）	参考来源
水稻	0.24	王智平
小麦	0.40	于克伟等
豆类	0.77	熊正琴等
玉米	2.532	王少彬等
蔬菜类	4.21	邱炜红等
其他农作物	0.95	王智平

表 4-4-5　喀斯特山区水稻生长周期内的 CH$_4$ 排放系数（g/m^2）

早稻	晚稻	中季稻
5.10	21.00	22.05

数据来源：《中国农业生产净碳效应分异研究》

表 4-4-6　喀斯特山区主要牲畜品种对应的碳排放系数 ［（kg/（头·a））］

碳源	肠道发酵	粪便排放		参考来源	碳源	肠道发酵	粪便排放		参考来源
	CH$_4$	CH$_4$	N$_2$O			CH$_4$	CH$_4$	N$_2$O	
奶牛	61	18.00	1.00	IPCC	骡	10	0.90	1.39	IPCC
水牛	55	2.00	1.34	IPCC	骆驼	46	1.92	1.39	IPCC
黄牛	47	1.00	1.39	IPCC	猪	1	4.00	0.53	IPCC
马	18	1.64	1.39	IPCC	山羊	5	0.17	0.33	IPCC
驴	10	0.90	1.39	IPCC	绵羊	5	0.15	0.33	IPCC

农业面源污染排放量，参考陈敏鹏（2006）和现有其他文献的研究成果，选用农业面源污染的核算模型规划式如下：

$$E = \sum_i EU_i P_i C_i(EU_i, S)$$

式中，E 为农业面源污染排放量，EU_i 为污染单元 i 的统计量，P_i 为污染单

元 i 的产生系数，C_i 为污染单元 i 的流失系数，它由污染单元以及污染单元所在区域的自然条件决定（张佳卓，2019）。本书选取农业生产经营活动中最主要的两个农业面源污染类型——化肥施用和畜禽养殖，并选择氮肥、磷肥折纯量作为化肥施用污染单元；选择猪当年出栏量，牛年末存栏量，羊年末存栏量以及家禽当年出栏量作为畜禽养殖污染单元，最后以清单分析法为基础确定污染单元产生的总氮（TN）、总磷（TP）污染物排放量（张佳卓，2019），公式如下所示：

表 4-4-7　喀斯特山区农业面源污染单元污染物排放量计算公式表

污染单元	计算公式
氮肥	总氮（TN）排放量＝氮肥折纯施用量×氮肥流失系数
磷肥	总磷（TP）排放量＝磷肥折纯施用量×磷肥流失系数
猪	猪污染物排放量（总氮、总磷）＝猪当年出栏量×猪饲养周期×猪粪尿日排泄系数×猪粪尿污染物含量×猪粪尿污染物流失系数
牛	牛污染物排放量（总氮、总磷）＝牛年末存栏量×牛饲养周期×牛粪尿日排泄系数×牛粪尿污染物含量×牛粪尿污染物流失系数
羊	羊污染物排放量（总氮、总磷）＝羊年末存栏量×羊饲养周期×羊粪便日排泄系数×羊粪便污染物含量×羊粪便污染物流失系数
家禽	家禽污染物排放量（总氮、总磷）＝家禽当年出栏量×家禽的饲养周期×家禽粪便日排泄系数×家禽粪便污染物含量×家禽粪便污染物流失系数

相关污染单元产排污系数、化肥流失系数、畜禽污染单元相应系数见表 4-4-8—表 4-4-13。

表 4-4-8　喀斯特山区农业面源污染定量核算所需要的产排污系数表

污染源	定量核算所需要的产排污系数
化肥施用（折纯）量	氮肥流失系数（%）
	磷肥流失系数（%）
畜禽养殖	畜禽养殖周期（天）
	单位畜禽日排泄粪尿系数（千克/头，只）
	单位畜禽日排泄粪尿氮、磷含量（千克/头，只）
	畜禽粪尿氮、磷流失系数（%）

表 4-4-9　喀斯特山区氮肥、磷肥流失系数表

地区	氮流失系数（%）	磷流失系数（%）
喀斯特山区	0.923	0.438

数据来源：《中国农业面源污染区域差异及其影响因素分析》

表 4-4-10　畜禽饲养周期（单位：天/年）

项目	猪	牛	羊	家禽
时间	199	365	365	210

数据来源：《浙江省农业面源污染时空特征及经济驱动因素分析》

表 4-4-11　喀斯特山区畜禽粪尿日排泄系数表（单位：千克/天）

项目	猪	牛	羊	家禽
粪	2	20	2.6	0.125
尿	3.3	10	—	—

数据来源：2002 年国家环境保护总局公布数据

表 4-4-12　中国畜禽粪尿中污染物平均含量（单位：千克/吨）

项目	猪粪	猪尿	牛粪	牛尿	羊粪	家禽粪便
TN	52	9	31	6	4.63	45.65
TP	3.41	0.52	1.18	0.4	2.6	5.79

数据来源：2002 年国家环境保护总局公布数据

表 4-4-13　南方畜禽氮磷流失系数（%）

项目	猪粪	牛粪	羊粪	家禽粪便	猪尿	牛尿	羊尿	家禽尿
流失系数	8	8	8	20	35	35	—	—

数据来源：《中国农业面源污染区域差异及其影响因素分析》

石漠化耕地。各等级石漠化耕地的面积之和，即轻度石漠化耕地面积、中度石漠化耕地面积、重度石漠化耕地面积以及极重度石漠化耕地面积之和。其表达式如下：

$$S = \sum_{i=i}^{4} S_i \qquad (i = 1、2、3、4)$$

其中，S 为石漠化耕地面积，S_1 为轻度石漠化耕地面积，S_2 为中度石漠化耕地面积，S_3 为重度石漠化耕地面积，S_4 为极重度石漠化耕地面积。

2. 水稻全要素评价指标体系

基于水稻全要素意蕴内涵，并参考蔡涛（2018）和胡贤辉（2022）相关研究成果，本书从水稻生产投入强度、利用程度、产出效益 3 个维度构建喀斯特山区水稻全要素评价指标体系（表 4-4-14 所示）。水稻生产投入强度反映在水稻生产过程中各类生产要素投入的基本情况，以水稻播种面积、单位劳动力投入、单位化肥投入及单位机械投入为表征；利用程度反映农户对耕地资源的开发利用状况以及应对喀斯特山区自然灾害的韧性，以灌溉指数、稳产指数为表征；水稻产出效益反映各类水稻生产要素投入后所产生的效益，产出效益越高，水稻生产潜力挖掘程度越高，以地均产值、劳均产值为表征。

由于宏观数据中无法获得部分单独衡量水稻全要素方面的数据，考虑数据的可得性和准确性，需要对水稻全要素的指标相关数据进行处理。本书借鉴马文杰（2010）使用的权重系数法，将水稻从农作物生产的要素投入剥离出来，所用的两种权重系数分别为：

$$A = (a/b) \times (c/d) \qquad (1)$$

$$B = a/b \qquad (2)$$

式中，A 和 B 代表水稻生产要素投入的权重系数，a 代表水稻播种面积，b 代表农作物播种面积，c 代表水稻产值，d 代表农业产值。

表 4-4-14　喀斯特山区水稻全要素评价指标体系

目标层	准则层	指标层	指标说明	权重
水稻全要素	投入强度	水稻土地投入（hm²）	水稻播种面积	0.417
		单位劳动力投入（人/hm²）	水稻从业人数①/ 水稻播种面积	0.077
		单位化肥投入（t/hm²）	水稻化肥施用量②/水稻播种面积	0.060
		单位机械投入（kW/hm²）	水稻机械总动力③/ 水稻播种面积	0.081
	利用程度	灌溉指数（%）	水稻有效灌溉面积④/水稻播种面积	0.052
		稳产指数（%）	年末未受灾面积⑤/农作物总播种面积	0.043
	产出效益	地均产值（10⁴元/hm²）	水稻产值/水稻播种面积	0.102
		劳均产值（10⁴元/人）	水稻产值/水稻从业人数	0.169

注：①水稻从业人数＝第一产业从业人员＊A；②水稻化肥施用量＝化肥施用量＊B；③水稻机械总动力＝农业机械总动力＊B；④水稻有效灌溉面积＝有效灌溉面积＊B；⑤水稻受灾面积＝农作物受灾面积＊B

3. 构建模型

（1）松弛效率模型

传统径向 DEA 模型只包含所有的投入（产出）径向改进，却未包括松弛改进，部分的局限性及环境因素的产出问题会造成效率结果的失真，未真实反映耕地绿色利用效率，以非径向测算为基础的松弛效率模型弥补了这一缺陷并被相关领域研究学者广泛采用。因此，本书选择 SBM 模型，将多个非期望产出指标（耕地碳排放、农业面源污染、耕地石漠化）纳入到耕地绿色利用效率评价体系中，以便更加全面科学合理评价喀斯特山区耕地绿色利用效率。现对 SBM 模型简单介绍如下：

假设考察样本中有 K（$K = 1, 2, \cdots k$）个决策单元，每个决策单元有 3 个要素：投入向量 $\boldsymbol{x}$、期望产出向量 $\boldsymbol{y}$、非期望产出向量 $\boldsymbol{u}$（$x \in R^M$，$y \in R^N$，$u \in R^I$，M、N、I 分别为每个决策单元投入、期望产出、非期望产出的数量）。参考 Tone 等（2001）的研究成果，考虑非期望产出的 SBM 模型可表述为：

$$\rho^* = \min \frac{1 - \dfrac{1}{M} \sum_{m=1}^{M} \dfrac{S_i^x}{x_m^k}}{1 + \dfrac{1}{N+I}\left(\sum_{n=1}^{N} \dfrac{S_n^k}{y_n^k} + \sum_{i=1}^{I} \dfrac{S_u^k}{u_i^k} \right)}$$

$$s.t. \begin{cases} x_m^k = \sum_{k=1}^{K} \lambda_k x_m^k + s_m^x \\ y_n^k = \sum_{k=1}^{K} \lambda_k y_n^k - s_n^y \\ u_i^k = \sum_{k=1}^{K} \lambda_k x_i^k + s_i^u \\ s_m^x \geqslant 0, \ s_n^y \geqslant 0, \ s_i^u \geqslant 0, \ \lambda_k \geqslant 0 \end{cases} \tag{3}$$

式中，s^x、s^y、s^u 分别代表投入松弛变量（衡量投入过剩）、期望产出松弛变量（衡量期望产出不足）、非期望产出松弛变量（衡量非期望产出不足），λ_k 为各个决策单元的权重。等式右侧的分子分母分别为决策单元实际投入、产出到生产前沿面的平均距离，即投入无效率程度和产出无效率程度。目标函数 $\rho^* \in [0, 1]$，当 $\rho^* = 1$ 时，表明决策单元生产有效率；当 $\rho^* < 1$ 时，则表明决策单元存在效率损失，在投入产出上可进一步改进。

（2）水稻全要素是一个多种生产要素相互作用的复杂综合过程，因此，本研究参考杨丽（2015）采用多因素综合评价法对喀斯特山区水稻全要素水平进行测度，具体计算公式如下：

$$F_i = \sum_{i=1}^{n} x_{qij} w_j, \quad w_j = f_j / \sum f_j$$

$$f_j = 1 + \ln(rn) \sum_q \sum_i \frac{x_{qij}}{\sum_q \sum_i x_{qij}} \ln \sum_i \frac{x_{qij}}{\sum_q i \sum x_{qij}} \tag{4}$$

式中，F_i 为省域 i 的水稻全要素评价指数；x_{qij} 为第 q 年省域 i 在第 j 个指标上的标准化值，指标的标准化采用最大化值法、最小化值法进行；w_j 为第 j 个指标的权重，为避免权重确定的主观性，采用熵值法确定，由于传统的熵值法只能针对截面数据，而本研究基于的是面板数据，因此采用加入时间变量的熵值法进行权重的确定。f_j 为第 j 个指标的信息冗余度，r、n 分别为研究时限和省（区、市）评价单元数量。

（3）耦合协调度计算

①耦合度模型

基于喀斯特山区耕地资源绿色利用效率与水稻全要素耦合机理分析可知，两者为彼此独立但又相互作用的系统。因此，本研究借助物理学中容量耦合系数模型，以揭示两系统间的相互作用及相互影响的内在耦合机制。参考廖重斌（1999）对耦合协调度的定义和计算方法，构建耕地资源绿色利用效率与水稻全要素的耦合度模型，即式（5）：

$$C = \left[\frac{CI \times CE}{[(CI + CE/2)]^2} \right]^K \tag{5}$$

式中，C 为耕地资源绿色利用效率与水稻全要素的耦合度，$0 \le C \le 1$，C 值越大，表明耕地资源绿色利用效率与水稻全要素两系统间相互作用越强，CI 及 CE 分别为耕地资源绿色利用效率与水稻全要素水平，K 为调节系数，$K \ge 2$，本研究取 $K = 2$。

②耦合协调度模型

C 值只能反映耕地资源绿色利用效率与水稻全要素两系统间的耦合度，但未能进一步表明两系统之间是处于相互促进状态，还是相互制约状态。因此，本研究参考廖重斌（1999）引入耦合协调度模型衡量耕地资源绿色利用效率与水稻全要素两系统间的耦合协调程度，其计算公式如下：

$$D = \sqrt{C \times T}, \quad T = \alpha CI + \beta CE \tag{6}$$

式中，D 为耦合协调度，D 值越大，表明两系统间越协调；T 为耕地资源绿色利用效率与水稻全要素的综合协调指数，α，β 为待定参数，$\alpha + \beta = 1$，本书认为耕地资源绿色利用效率与水稻全要素两者是同等重要的，且 α，β 值的设计不会对两者复合系统的演变规律产生影响，因此，取 $\alpha = \beta = 0.5$。

为判定耦合质量，参考廖重斌（1999）、赵芳（2009）和刘敏（2021）相关研究成果，并综合耕地资源绿色利用效率与水稻全要素的耦合协调度，本书按照协调发展度的大小（0<D<1）以 0.1 为间隔点将二者耦合协调发展状况依次划分为极度失调（0.0-0.1）、严重失调［0.1-0.2）、中度失调［0.2-0.3）、轻度失调［0.3-0.4）、濒临失调［0.4-0.5）、勉强协调［0.5-0.6）、初级协调［0.6-0.7）、中级协调［0.7-0.8）、良好协调［0.8-0.9）和优质协调［0.9-1.0）10 个等级，见表 4-4-14。

表 4-4-15 耦合协调度等级划分

协调等级	协调程度	协调等级	协调程度
1	极度失调	6	勉强协调
2	严重失调	7	初级协调
3	中度失调	8	中级协调
4	轻度失调	9	良好协调
5	濒临失调	10	优质协调

（三）结果与分析

1. 喀斯特山区耕地资源绿色利用效率与水稻全要素耦合协调度时空演化特征

由图 4-4-1 可知，2001—2020 年喀斯特山区耕地资源绿色利用效率与水稻全要素的耦合度及协调度整体均呈波动上升态势，其中耦合度均值 C 为 0.818，整体处于较高强度耦合阶段，表明耕地资源绿色利用效率与水稻全要素关联性较强，系统整体进入良性耦合。而协调度均值 D 为 0.597，整体处于勉强协调阶段，未来仍有很大的优化空间。由于耦合度只能判别系统间互相作用的强弱程度和方向特征，当不同系统均处于较低水平时，也可能会出现较高耦合度（肖黎明，2019），因此本书着重对二者的协调度进行分析。

从整体时序来看，喀斯特山区 2001—2020 年耦合协调度由 0.451 变化为 0.788，由研究前期的濒临失调阶段逐渐步入中级协调阶段，年均增长率为

3.0%，整体协调性随时间推移呈现波动上升趋势，表明喀斯特山区对耕地资源绿色利用效率与水稻全要素两个系统的耦合协调效应不断趋于良好。进一步根据协调度波动幅度和变化趋势可将其大致分为两个阶段，第一阶段，2001—2005年二者耦合协调性较差，整体处于失调阶段，究其原因，可能受城市化、工业化的影响，喀斯特山区农村人口不断外流，农业劳动力显著减少，农业劳动力老龄化现象日益凸显。而喀斯特山区水稻生产方式以粗放式为主，还没有转变为水稻生产精细化，即过度依赖农药和化肥等投入，在粮食生产过程产生大量生态环境恶化现象，加之区域内部的土地类型复杂，地块细碎，不具备比较单一的农业专业化生产集中优势，对挖掘耕地生产潜力具有负面影响，制约着喀斯特山区耕地资源绿色利用效率与水稻全要素耦合协调发展。第二阶段为2006—2020年，二者耦合协调度整体呈上升态势，最终2020年上升到中级协调阶段。受农业比较效益偏低、耕种条件差、农民外出务工等因素影响，耕地撂荒日益加剧喀斯特山区粮食安全危机，喀斯特山区通过研发和引进先进技术，创新管理模式及技术水平，从要素投入产出率、要素的配置和技术水平等方面（张瑞涛，2016），改善喀斯特山区耕地种植效率，二者耦合协调性有了明显的优化。

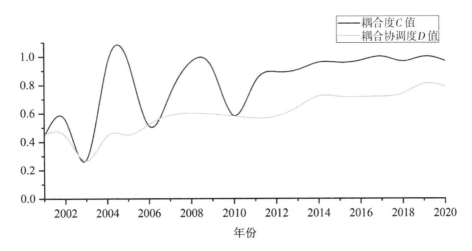

图 4-4-1 喀斯特山区耕地资源绿色利用效率与水稻全要素耦合协调度时序

表 4-4-16 喀斯特山区耕地资源绿色利用与水稻全要素耦合协调程度

年份	耦合度 C 值	协调指数 T 值	耦合协调度 D 值	协调等级	耦合协调程度
2001	0.440	0.462	0.451	5	濒临失调

续表

年份	耦合度 C 值	协调指数 T 值	耦合协调度 D 值	协调等级	耦合协调程度
2002	0.555	0.354	0.443	5	濒临失调
2003	0.273	0.263	0.268	3	中度失调
2004	0.948	0.207	0.443	5	濒临失调
2005	0.971	0.209	0.450	5	濒临失调
2006	0.513	0.533	0.523	6	勉强协调
2007	0.734	0.469	0.587	6	勉强协调
2008	0.965	0.374	0.601	7	初级协调
2009	0.919	0.385	0.595	6	勉强协调
2010	0.584	0.580	0.582	6	勉强协调
2011	0.824	0.390	0.567	6	勉强协调
2012	0.893	0.377	0.580	6	勉强协调
2013	0.907	0.454	0.642	7	初级协调
2014	0.959	0.544	0.722	8	中级协调
2015	0.958	0.538	0.718	8	中级协调
2016	0.973	0.527	0.716	8	中级协调
2017	1.000	0.517	0.719	8	中级协调
2018	0.967	0.568	0.741	8	中级协调
2019	1.000	0.654	0.809	9	良好协调
2020	0.969	0.641	0.788	8	中级协调

基于 2005 年、2011 年、2020 年的耦合协调度数据，运用 ArcGIS 10.7 软件对喀斯特山区耕地资源绿色利用效率与水稻全要素耦合协调度的测度值进行空间可视化处理，剖析其空间分布特征。

2001—2020 年喀斯特山区耕地资源绿色利用效率与水稻全要素耦合协调度各省（区、市）空间异质性显著，耦合协调等级空间分布呈现明显的小范围集聚分布特征，其耦合协调度相对高等级区稳定在喀斯特山区北部的四川省和东南部的广西壮族自治区。具体而言，2005 年喀斯特山区耕地资源绿色利用效率与水稻全要素耦合协调度空间分布差异尤为突出，耦合协调度最低值区集中分布在喀斯特山区中部的贵州省，耦合协调度为 0.433，最高值区则分布于喀斯特山区东南部的广西壮族自治区，耦合协调度达 0.731；与此同时，2005 年喀斯特山区耕地资源绿色利用效率与水稻全要素耦合协调类型共有 3 种，广西壮族自治区、四川省及重庆市处于协调状态，云南省、贵州省处于失调状态，此阶段云南省、贵州省耕地资源绿色利用效率平均值为 0.682，处于低效率水平，其两省水稻全要素处于低水平，仅为 0.203，进而导致耕地资源绿色利用效率与水稻全要素难以形成良性协调发展。至 2011 年，喀斯特山区各省（区、市）间的耦合协调度整体有所上升，各省（区、市）耦合协调度等级也有所变化，耦合协调度低值区集中分布于中部和东北部的贵州省、云南省，耦合协调度分别为 0.203、0.423，耦合协调度高值区集中分布于北部和东南部的四川省、广西壮族自治区，耦合协调度分别达 0.796、0.727；而 2011 年喀斯特山区耕地资源绿色利用效率与水稻全要素耦合协调度囊括 4 种类型，其中处于初级协调类型以上的省（区、市）有 3 个，表明 2001—2011 年喀斯特山区耕地资源绿色利用效率与水稻全要素耦合协调性有所提高，但整体仍处于较低水平。具体来看，云南省、广西壮族自治区未发生类型转变，仍分别为濒临失调、中级协调，贵州省由濒临失调下降为中度失调，重庆市由勉强协调转变为初级协调，四川省仍为中级协调。2020 年，喀斯特山区各省（区、市）耦合协调度值进一步提升，耦合协调度低值区集中分布于西南部、中部地区的云南省和贵州省，耦合协调度分别为 0.656、0.794，耦合协调度高值区集中分布于北部的四川省、东北部的重庆市和东南部的广西壮族自治区，耦合协调度分别达 0.825、0.824、0.842；而喀斯特山区耕地资源绿色利用效率与水稻全要素耦合协调度涉及 3 种类型，其中处于初级协调水平的省（区、市）为 1 个，处于中级协调水平的省（区、市）为 1 个，处于良好协调水平的省（区、市）为 3 个，耦合协调等级为良好协调类型以上的覆盖喀斯特山区 60%。具体而言，云南省由濒临失调转变为初级协调，广西壮族自治区则由中级协调转变为良好协调，贵州省、重庆市的耦合协调水平也有所上升，贵州省由中度失调跃升到中级协调，重庆市由初级协调转变为良好协调，四川省由中级协调转变为良好协调，总体上，耦合协调度呈现"东高西低""北高南低"的空间分异规律的空间集聚特征。随着我国耕地保护政策的不断革新和农户绿色环保意识的提高，农业生产条件改善和管理水平提高，推进山地高效生态农业由单一的追求经济高速增长逐渐转变为追求环境友好经济发展模式，降低社会经济活动对生态环境的不利影响，引领耕地资源绿色利用效率与水稻全要素向耦合协调良性发展。

2. 驱动因素时空演化特征

本研究在构建 3 个时间截点上的时空地理加权回归模型时，为保证纳入模型的变量都是对两者系统具有显著贡献的因素，同时为降低模型冗余，根据各年份地理探测结果，分别选择显著性水平 $P<0.05$、q 值排序前 3 的关键驱动因素参与模型构建。具体如下，采用地理探测器和时空地理加权回归对喀斯特山区耕地资源绿色利用效率与水稻全要素的耦合协调度的驱动力因素进行研究，将其耦合协调度作为被解释变量，结合喀斯特山区实际情况，构建环境受灾程度（$X1$）、机械化水平（$X2$）、涉农财政支出水平（$X3$）、农村经济发展水平（$X4$）、石漠化面积（$X5$）、耕地碳排放总量（$X6$）共 6 个变量为耦合协调度影响因素的解释变量，见表 4-4-17。

表 4-4-17　驱动因素指标体系

指标	指标说明	单位
环境受灾程度（$X1$）	受灾面积与农作物总播种面积的比值	％
机械化水平（$X2$）	单位农作物播种面积的农用机械总动力	千瓦
涉农财政支出水平（$X3$）	政府的农林水务支出与年度总支出的比值	％
农村经济发展水平（$X4$）	农村居民人均可支配收入	元
石漠化面积（$X5$）	各等级石漠化耕地的面积之和	公顷
耕地碳排放总量（$X6$）	8 种碳排放源数量乘以各自的碳排放系数的总和	吨

（1）多重共线性检验

为避免多重共线性的问题，本书运用 SPSS 软件对 2001—2020 年喀斯特山区耕地资源绿色利用效率与水稻全要素耦合协调度的影响因素进行相关分析，发现容差均小于 1、方差膨胀因子均在 10 以内，显示没有明显的多重共线影响，可进行回归分析。结果如表 4-4-18 所示。

表 4-4-18　多重共线性检验结果

变量	容差	VIF	变量	容差	VIF
$X1$	0.444	2.254	$X4$	0.211	4.748
$X2$	0.269	3.716	$X5$	0.397	2.520
$X3$	0.417	2.400	$X6$	0.804	1.244

（2）影响因子地理探测结果

首先采用 ArcGIS 10.7 自然最佳断裂点分级法对选取的自变量进行分层，将其由数值量转为类型量。然后借助地理探测器进行因子探测。得到的结果中 6 个变量 q 值均通过 0.05 水平的显著性检验，表明喀斯特山区耕地资源绿色利用效率与水稻全要素耦合协调度的空间分布受环境受灾程度（$X1$）、机械化水平（$X2$）、涉农财政支出水平（$X3$）、农村经济发展水平（$X4$）、石漠化面积（$X5$）、耕地碳排放总量（$X6$）等因素影响。从表 4-4-19 分析可知：2005 年各因子对喀斯特山区耕地资源绿色利用效率与水稻全要素耦合协调度解释力排名前三的为：耕地碳排放总量（$X6$）>石漠化面积（$X5$）>涉农财政支出水平（$X3$）；2011 年各因子对喀斯特山区耕地资源绿色利用效率与水稻全要素耦合协调度解释力排名前 3 的为：耕地碳排放总量（$X6$）>环境受灾程度（$X1$）>农村经济发展水平（$X4$）；2020 年各因子对喀斯特山区耕地资源绿色利用效率与水稻全要素耦合协调度解释力排名前 3 的为：耕地碳排放总量（$X6$）>农村经济发展水平（$X4$）>机械化水平（$X2$）。

综上，随着时间演化，各因子对喀斯特山区耕地资源绿色利用效率与水稻全要素耦合协调度的解释度在不同时期存在差异，但影响力最强的因素即农业碳排放量（$X6$）具有相对稳定性特征。

表 4-4-19 耦合协调度时序演进驱动因素探测结果

时间	$X1$	$X2$	$X3$	$X4$	$X5$	$X6$
2005	0.803***	0.518***	0.854***	0.826***	0.869***	0.903***
2011	0.871***	0.302***	0.589***	0.853***	0.612***	0.927***
2020	0.746***	0.804***	0.393***	0.862***	0.733***	0.948***

注：***表示 0.001 水平上显著相关

（3）时空地理加权回归结果

基于地理探测器结果，分别研究 3 个时间截面上 q 值排名前 3 的关键驱动因素，引入 GTWR 模型进行各影响因子在不同格网作用差异的局部空间回归分析。拟合系数为正值时，表示对因变量有促进的影响，且绝对值越大，影响越大；拟合系数为负值时，表示对因变量有抑制的影响，且绝对值越大，影响越大。GTWR 模型拟合结果显示，校正后 $R2$ 为 0.991，拟合效果优，见表 4-4-20。

表 4-4-20　GTWR 模型拟合结果

因变量	Sigma	AICc	R2	R2Adjusted	Spatio-temporal Distance Ratio	Trace of SMatrix
D 值	0.014	-1368.160	0.995	0.991	4.893	13.335

本书利用 Huang 等（2010）制作的时空地理加权回归中的 ArcGIS 10.7 软件的插件，对时空地理加权回归结果进行可视化，分别得出 2001—2020 年 GTWR 模型驱动因素系数时空分化。2005 年，耕地碳排放总量对喀斯特山区耕地资源绿色利用效率与水稻全要素耦合协调度在空间上分异明显，影响为正效应，最大值区域集中在云南省，最小值区域分布在重庆市。石漠化面积对喀斯特山区耕地资源绿色利用效率与水稻全要素耦合协调度的影响为负效应，绝对最大值区域位于重庆市，绝对最小值区域位于云南省。涉农财政支出水平对喀斯特山区耕地资源绿色利用效率与水稻全要素耦合协调度的影响为负效应，绝对最大值区域集中分布在云南省，绝对最小值区域分布在重庆市。2011 年，耕地碳排放总量对喀斯特山区耕地资源绿色利用效率与水稻全要素耦合协调度的影响为正效应，正向最大值区域位于广西壮族自治区，正向最小值区域位于重庆市。环境受灾程度对喀斯特山区耕地资源绿色利用效率与水稻全要素耦合协调度影响为负效应，绝对最大值区域在贵州省、广西壮族自治区，绝对最小值区域在四川省、云南省。农村经济发展水平对喀斯特山区耕地资源绿色利用效率与水稻全要素耦合协调度的影响为负效应，绝对最大值区域位于重庆市，绝对最小值区域分布在云南省。与 2011 年相比，2020 年耕地碳排放总量在空间分布格局上有明显变化，对喀斯特山区耕地资源绿色利用效率与水稻全要素耦合协调度为正效应，正向最大值区域分布在广西壮族自治区，正向最小值区域位于贵州省。农村经济发展水平对喀斯特山区耕地资源绿色利用效率与水稻全要素耦合协调度的影响为负效应，绝对最大值区域分布在广西壮族自治区，绝对最小值区域位于重庆市。机械化水平对喀斯特山区耕地资源绿色利用效率与水稻全要素耦合协调度的影响为正效应，最大值区域分布在贵州省，最小值区域位于广西壮族自治区。

综上所述，从不同时间截点上各关键因素回归系数的空间分布特征可以发现，各因素与喀斯特山区耕地资源绿色利用效率与水稻全要素耦合协调度存在显著空间异质性，且同一关键驱动因素对喀斯特山区耕地资源绿色利用效率与水稻全要素耦合协调度的影响强度在时间和空间两个维度上均存在差异，主要表现在耕地碳排放总量、机械化水平、农村经济发展水平 3 个因素上，为此在制定促进两者耦合协调发展的措施时，应该充分考虑因素影响的时空异质性。

耕地碳排放总量对喀斯特山区耕地资源绿色利用效率与水稻全要素耦合协调的影响。耕地碳排放总量回归系数在 0.0989~2.5491，对喀斯特山区耕地资源绿色利用效率与水稻全要素耦合协调产生了积极影响，促进效应强度在空间上的差异较小。可能原因是喀斯特山区因其耕地资源特殊性使得社会经济发展限制因素尤为突出，制约着喀斯特山区耕地资源绿色利用效率与水稻全要素耦合协调发展，而耕地碳排放总量的升高是保障喀斯特山区耕地资源发展与应对全球气候变暖的矛盾所在。因此，喀斯特山区需加强科技投入强度和优化生产要素资金配置，走低碳农业可持续发展路径，促进喀斯特山区耕地资源的生产效率和生产规模逐步提高，助推耕地资源向绿色方向变革，对耕地资源绿色利用效率与水稻全要素耦合协调性产生有益影响。

农村经济发展水平对喀斯特山区耕地资源绿色利用效率与水稻全要素耦合协调的影响。农村经济发展水平回归系数在 -0.0946~0.0890，对喀斯特山区耕地资源绿色利用效率与水稻全要素耦合协调有显著时空异质性，发生了以正向影响为主到以负向影响为主的转变，其在 2020 年空间上表现出南高北低的态势。2005 年农村经济发展水平对喀斯特山区耕地资源绿色利用效率与水稻全要素耦合协调的影响系数主要为正值，可能原因是此时喀斯特山区正处于经济起步阶段，可以为喀斯特山区水稻产业提供生产要素和物质基础并做出重要贡献。而到了 2011 年、2020 年，受农业比较效益偏低、耕种条件差、农民外出务工等因素引发的耕地利用非粮化、粗放化、边际化等问题日益突出，这对耕地生产效率的提升产生了不利影响，降低了二者的耦合协调水平。

机械化水平对喀斯特山区耕地资源绿色利用效率与水稻全要素耦合协调的影响。机械化水平回归系数在 0.0142~0.0784，效应在空间上的差异较为显著，对二者耦合协调影响为正。社会的进步和科学技术的优化，提升了喀斯特山区机械化水平，有效驱动科研成果转化为生产力，提升区域粮食生产能力以及耕地经济效益，促进耕地资源的合理利用与粮食高质量生产，保障国家粮食安全，促进农业健康可持续发展，最终促进耕地资源绿色利用效率与水稻全要素协调发展。

（四）结论

本书通过构建喀斯特山区耕地资源绿色利用效率与水稻全要素耦合协调

理论框架，并基于 2001—2020 年喀斯特山区五省（区、市）数据的实证分析，探讨了其时空演变格局，用地理探测器和时空地理加权回归模型检验了其驱动机制，得出以下主要结论：

1. 从时间上来看，2001—2020 年喀斯特山区耕地资源绿色利用效率与水稻全要素的耦合度及协调度整体均呈波动上升态势，其中耦合度均值 C 为 0.818，整体处于较高强度耦合阶段，表明耕地资源绿色利用效率与水稻全要素关联性较强，系统整体进入良性耦合。而协调度均值 D 为 0.597，整体处于勉强协调阶段，未来仍有很大的优化空间。喀斯特山区 2001—2020 年耦合协调度由 0.451 变化为 0.788，由研究前期的濒临失调阶段逐渐步入中级协调阶段，年均增长率为 3.0%，整体协调性随时间推移呈现波动上升趋势，表明喀斯特山区对耕地资源绿色利用效率与水稻全要素两个系统的耦合协调效应不断趋于良好。

2. 从耦合协调类型的空间划分来看，2001—2020 年喀斯特山区耕地资源绿色利用效率与水稻全要素耦合协调度各省（区、市）空间异质性显著，耦合协调等级空间分布呈现明显的小范围集聚分布特征，其耦合协调度相对高等级区稳定在喀斯特山区北部的四川省和东南部的广西壮族自治区。具体而言，2020 年，喀斯特山区耦合协调度低等级区集中分布于西南部、中部地区的云南省和贵州省，耦合协调度分别为 0.656、0.794，耦合协调度高值区集中分布于北部的四川省、东北部的重庆市和东南部的广西壮族自治区，耦合协调度分别达 0.825、0.824、0.842；总体上，耦合协调度呈现"东高西低""北高南低"的空间分异规律的空间集聚特征。

3. 由地理探测器和时空地理加权回归模型得出，从不同时间截点上各关键因素回归系数的空间分布特征可以发现，影响力最强的因素即农业碳排放量（$X6$）具有相对稳定性特征，各因素与喀斯特山区耕地资源绿色利用效率与水稻全要素耦合协调度存在显著空间异质性，且同一关键驱动因素对喀斯特山区耕地资源绿色利用效率与水稻全要素耦合协调度的影响强度在时间和空间两个维度上均存在差异，主要表现在耕地碳排放总量、农村经济发展水平、机械化水平这几个因素上，其中耕地碳排放总量和机械化水平表现为促进作用，农村经济发展水平有着显著时空异质性，发生了以正向影响为主到以负向影响为主的转变，为此在制定促进两者耦合协调发展的措施时应该充分考虑因素影响的时空异质性。

二、喀斯特山区耕地资源绿色利用效率与玉米全要素耦合

（一）数据来源

本书基于喀斯特山区五个省（区、市）为研究对象，数据主要源于2001—2020年《中国农村统计年鉴》《中国能源统计年鉴》以及各省（区、市）统计年鉴、统计局官网。耕地碳排放总量、农业生产碳汇量等相关数据出自《中国能源统计年鉴》；碳排放相关系数参考相关研究与IPCC、国家温室气体清单指南等。石漠化面积数据源于各省（区、市）林业部门、发展和改革部门、农业农村部门以及全国岩溶地区3次石漠化监测结果。

（二）研究方法

1. 耕地资源绿色利用效率评价指标体系

借鉴 Zhang C Z（2020）和姜晗（2020）相关研究，本书基于喀斯特山区耕地资源发展的实际状况（喀斯特山区耕地资源禀赋、区域经济发展水平、生态环境）构建耕地绿色利用效率测算指标体系，见表4-4-21。

表 4-4-21　喀斯特山区耕地绿色利用效率测算指标体系

标准层	要素层	指标层	单位
投入	土地	耕地面积	公顷
	劳动力	农业产业人数	人
	资本	农用化肥施用（折纯量）	吨
		农用机械化总动力	千瓦
		农药使用量	吨
		农用塑料薄膜使用量	吨
		有效灌溉面积	公顷
期望产出	经济效益	农业总产值	亿元
	社会效益	粮食总产量	吨
	生态效益	耕地碳吸收量（包括稻谷、小麦、玉米、豆类、薯类等作物）	吨
非期望产出	碳排放	耕地碳排放量	吨
	环境污染	农业面源污染排放量	吨
	耕地石漠化	耕地各等级石漠化面积之和	公顷

（1）投入指标

耕地生产的投入指标选取土地、劳动力、资本3个维度作为表征变量。其中①土地投入：以实际耕地面积作为表征标量反映真实的耕地投入量；②劳动力投入：选取农业从业人员为表征；③化肥投入：以耕地生产过程中农用化肥的实际折纯量作为代理变量；④机械投入：选用耕地利用过程中农业机械总动力作为机械投入量；⑤农药投入：选取农药实际施用量作为代理变量；⑥农膜投入：选取喀斯特山区农用塑料薄膜的使用总量表征；⑦灌溉投入：采取有效灌溉面积作为投入指标。

（2）产出指标

产出指标包括期望产出和非期望产出。

①期望产出：选取农业总产值、粮食总产量和耕地碳吸收量（主要包括稻谷、小麦、玉米、豆类、薯类等农作物）作为期望产出指标因素。其中，耕地碳吸收量是指农作物光合作用形成的净初级生产量，即生物产量，具体的计算式引自田云等（2019）的方法，具体表示如下：

$$C = \sum_{i=1}^{k} C_i = \sum_{i=1}^{k} c_i \cdot Y_i \cdot (1 - r) / HI_i$$

式中，C 为农作物碳吸收总量，C_i 为某种农作物的碳吸收量，k 为农作物种类数，c_i 为农作物通过光合作用合成单位有机质所需吸收的碳，Y_i 为农作物的经济产量，r 为农作物经济产品部分的含水量，HI_i 为农作物经济系数。各类农作物的碳吸收率与经济系数主要引自王修兰（1996）和韩召迎等（2012）相关文献，见表4-4-22。

表4-4-22　中国主要农作物经济系数与碳吸收率

品种	经济系数	含水量（%）	碳吸收率	品种	经济系数	含水量（%）	碳吸收率
水稻	0.45	12	0.414	薯类	0.70	70	0.423
小麦	0.40	12	0.485	甘蔗	0.50	50	0.450
玉米	0.40	13	0.471	甜菜	0.70	75	0.407
豆类	0.34	13	0.450	蔬菜	0.60	90	0.450
油菜籽	0.25	10	0.450	瓜类	0.70	90	0.450
花生	0.43	10	0.450	烟草	0.55	85	0.450
向日葵	0.30	10	0.450	其他农作物	0.40	12	0.450
棉花	0.10	8	0.450				

数据来源：《中国农业生产净碳效应分异研究》

②非期望产出：选用耕地碳排放总量和农业面源污染排放量表示。

碳排放总量：参考田云等（2013；2015）的研究基础上选取碳排放总量，由农用化肥施用折纯量、农药使用量、农用塑料薄膜使用量、农用柴油使用量、有效灌溉面积、农作物种植过程中土壤 N_2O 的排放量（转化为 CO_2）、牲畜养殖碳排放以及稻田 CH_4 排放（转化为 CO_2）8 种碳排放源数量乘以各自的碳排放系数的总和。在借鉴宋德勇等（2009）和张秀梅等（2010）碳排放方程建立方法的基础上，耕地碳排放核算模型规划式如下：

$$E = \sum E_i = \sum (T_i \cdot \delta_i)$$

式中，E 为耕地生产过程中碳排放总量，E_i 为各类碳源碳排放量，T_i 为各碳排放源的量，δ_i 为各种碳源所对应的碳排放系数。从农药、化肥、农用塑料薄膜、柴油、灌溉所产生碳源的量以及土壤、稻田、牲畜养殖确定具体碳源因子及其所对应的碳排放系数，见表 4-4-23—表 4-4-26。

表 4-4-23　主要农用物资碳排放系数

碳源	碳排放系数	参考来源
化肥	0.8956 kg C·kg^{-1}	美国橡树岭国家实验室
农药	4.9341 kg C·kg^{-1}	美国橡树岭国家实验室
农膜	5.18 kg C·kg^{-1}	IREEA（南京农业大学农业资源与生态环境研究所）
柴油	0.5927 kg C·kg^{-1}	IPCC
灌溉	266.48 kg C·hm^{-2}	段华平等

表 4-4-24　农作物各品种的土壤 N_2O 排放系数

农作物品种	N_2O 排放系数/（kg/hm^2）	参考来源
水稻	0.24	王智平
小麦	0.40	于克伟等
豆类	0.77	熊正琴等
玉米	2.532	王少彬等
蔬菜类	4.21	邱炜红等
其他农作物	0.95	王智平

表 4-4-25　喀斯特山区水稻生长周期内的 CH₄ 排放系数（g/m²）

早稻	晚稻	中季稻
5.10	21.00	22.05

数据来源：《中国农业生产净碳效应分异研究》

表 4-4-26　喀斯特山区主要牲畜品种对应的碳排放系数 ［（kg/（头·a）］

碳源	肠道发酵	粪便排放		参考来源	碳源	肠道发酵	粪便排放		参考来源
	CH₄	CH₄	N₂O			CH₄	CH₄	N₂O	
奶牛	61	18.00	1.00	IPCC	骡	10	0.90	1.39	IPCC
水牛	55	2.00	1.34	IPCC	骆驼	46	1.92	1.39	IPCC
黄牛	47	1.00	1.39	IPCC	猪	1	4.00	0.53	IPCC
马	18	1.64	1.39	IPCC	山羊	5	0.17	0.33	IPCC
驴	10	0.90	1.39	IPCC	绵羊	5	0.15	0.33	IPCC

农业面源污染排放量参考陈敏鹏（2006）和现有其他文献的研究成果，选用农业面源污染的核算模型规划式如下：

$$E = \sum_i EU_i P_i C_i (EU_i, S)$$

式中，E 为农业面源污染排放量，EU_i 为污染单元 i 的统计量，P_i 为污染单元 i 的产生系数，C_i 为污染单元 i 的流失系数，它由污染单元以及污染单元所在区域的自然条件决定（张佳卓，2019）。本书选取农业生产经营活动中最主要的两个农业面源污染类型——化肥施用和畜禽养殖，并选择氮肥、磷肥折纯量作为化肥施用污染单元；选择猪当年出栏量，牛年末存栏量，羊年末存栏量以及家禽当年出栏量作为畜禽养殖污染单元，最后以清单分析法为基础确定污染单元产生的总氮（TN）、总磷（TP）污染物排放量（张佳卓，2019），公式如下所示：

表 4-4-27　喀斯特山区农业面源污染单元污染物排放量计算公式表

污染单元	计算公式
氮肥	总氮（TN）排放量=氮肥折纯施用量×氮肥流失系数
磷肥	总磷（TP）排放量=磷肥折纯施用量×磷肥流失系数
猪	猪污染物排放量（总氮、总磷）=猪当年出栏量×猪饲养周期×猪粪尿日排泄系数×猪粪尿污染物含量×猪粪尿污染物流失系数

污染单元	计算公式
牛	牛污染物排放量（总氮、总磷）＝牛年末存栏量×牛饲养周期×牛粪尿日排泄系数×牛粪尿污染物含量×牛粪尿污染物流失系数
羊	羊污染物排放量（总氮、总磷）＝羊年末存栏量×羊饲养周期×羊粪便日排泄系数×羊粪便污染物含量×羊粪便污染物流失系数
家禽	家禽污染物排放量（总氮、总磷）＝家禽当年出栏量×家禽的饲养周期×家禽粪便日排泄系数×家禽粪便污染物含量×家禽粪便污染物流失系数

相关污染单元产排污系数、化肥流失系数、畜禽污染单元相应系数（张佳卓，2019），见表4-4-28—表4-4-33。

表4-4-28 喀斯特山区农业面源污染定量核算所需要的产排污系数表

污染源	定量核算所需要的产排污系数
化肥施用（折纯量）	氮肥流失系数（%）
	磷肥流失系数（%）
畜禽养殖	畜禽养殖周期（天）
	单位畜禽日排泄粪尿系数（千克/头，只）
	单位畜禽日排泄粪尿氮、磷含量（千克/头，只）
	畜禽粪尿氮、磷流失系数（%）

表4-4-29 喀斯特山区氮肥、磷肥流失系数表

地区	氮流失系数（%）	磷流失系数（%）
喀斯特山区	0.923	0.438

数据来源：《中国农业面源污染区域差异及其影响因素分析》

表4-4-30 畜禽饲养周期（单位：天/年）

项目	猪	牛	羊	家禽
	199	365	365	210

数据来源：《浙江省农业面源污染时空特征及经济驱动因素分析》

表 4-4-31　喀斯特山区畜禽粪尿日排泄系数表（单位：千克/天）

项目	猪	牛	羊	家禽
粪	2	20	2.6	0.125
尿	3.3	10	—	—

数据来源：2002 年国家环境保护总局公布数据

表 4-4-32　中国畜禽粪尿中污染物平均含量（单位：千克/吨）

项目	猪粪	猪尿	牛粪	牛尿	羊粪	家禽粪便
TN	52	9	31	6	4.63	45.65
TP	3.41	0.52	1.18	0.4	2.6	5.79

数据来源：2002 年国家环境保护总局公布数据

表 4-4-33　南方畜禽氮磷流失系数（%）

项目	猪粪	牛粪	羊粪	家禽粪便	猪尿	牛尿	羊尿	家禽尿
流失系数	8	8	8	20	35	35	—	—

数据来源：《中国农业面源污染区域差异及其影响因素分析》

石漠化耕地，各等级石漠化耕地的面积之和，即轻度石漠化耕地面积、中度石漠化耕地面积、重度石漠化耕地面积以及极重度石漠化耕地面积之和。其表达式如下：

$$S = \sum_{i=i}^{4} S_i \qquad (i = 1、2、3、4)$$

其中，S 为石漠化耕地面积，S_1 为轻度石漠化耕地面积，S_2 为中度石漠化耕地面积，S_3 为重度石漠化耕地面积，S_4 为极重度石漠化耕地面积。

2. 玉米全要素评价指标体系

基于玉米全要素意蕴内涵，并参考李明文（2019）和胡贤辉（2022）相关研究成果，本书从玉米生产投入强度、利用程度、产出效益 3 个维度构建喀斯特山区玉米全要素评价指标体系（表 4-4-33 所示）。玉米生产投入强度反映在玉米生产过程中各类生产要素投入的基本情况，以玉米播种面积、单位劳动力投入、单位化肥投入及单位机械投入为表征；利用程度反映农户对耕地资源的开发利用状况以及应对喀斯特山区自然灾害的韧性，以灌溉指数、稳产指数为表征；玉米产出效益反映各类玉米生产要素投入后所产生的效益，产出效益越高，玉米生产潜力挖掘程度越高，以地均产值、劳均产值为表征。

由于宏观数据中无法获得部分单独衡量玉米全要素方面的数据，考虑数据的可得性和准确性，需要对玉米全要素的指标相关数据进行处理。本书借鉴马文杰（2010）使用的权重系数法，将玉米从农作物生产的要素投入剥离出来，所用的两种权重系数分别为：

$$A = (a/b) \times (c/d) \tag{1}$$

$$B = a/b \tag{2}$$

式中，A 和 B 代表玉米生产要素投入的权重系数，a 代表玉米播种面积，b 代表农作物播种面积，c 代表玉米产值，d 代表农业产值。

表 4-4-34　喀斯特山区玉米全要素评价指标体系

目标层	准则层	指标层	指标说明	权重
玉米全要素	投入强度	玉米土地投入（hm²）	玉米播种面积	0.336
		单位劳动力投入（人/hm²）	玉米从业人数①/玉米播种面积	0.125
		单位化肥投入（t/hm²）	玉米化肥施用量②/玉米播种面积	0.052
		单位机械投入（kW/hm²）	玉米机械总动力③/玉米播种面积	0.071
	利用程度	灌溉指数（%）	玉米有效灌溉面积④/玉米播种面积	0.046
		稳产指数（%）	年末未受灾面积⑤/农作物总播种面积	0.038
	产出效益	地均产值（10⁴元/hm²）	玉米产值/玉米播种面积	0.112
		劳均产值（10⁴元/人）	玉米产值/玉米从业人数	0.221

注：①玉米从业人数＝第一产业从业人员 * A；②玉米化肥施用量＝化肥施用量 * B；③玉米机械总动力＝农业机械总动力 * B；④玉米有效灌溉面积＝有效灌溉面积 * B；⑤玉米受灾面积＝农作物受灾面积 * B

3. 构建模型

（1）松弛效率模型

传统径向 DEA 模型只包含所有的投入（产出）径向改进，却未包括松弛改进，部分的局限性及环境因素的产出问题会造成效率结果的失真，未真实反映耕地绿色利用效率，以非径向测算为基础的松弛效率模型弥补了这一缺陷并被相关领域研究学者广泛采用。因此，本书选择 SBM 模型，将多个非期望产出指标（耕地碳排放、农业面源污染、耕地石漠化）纳入到耕地绿色利用效率评价体系中，以便更加全面科学合理评价喀斯特山区耕地绿色利用效率。现对 SBM 模型简单介绍如下：

假设考察样本中有 K（$K = 1$，2，$\cdots k$）个决策单元，每个决策单元有 3 个要素：投入向量 x、期望产出向量 y、非期望产出向量 u（$x \in R^M$，$y \in R^N$，$u \in R^I$，M、N、I 分别为每个决策单元投入、期望产出、非期望产出的数量）。参考 Tone 等（2001）的研究成果，考虑非期望产出的 SBM 模型可表述为：

$$\rho^* = \min \frac{1 - \dfrac{1}{M} \displaystyle\sum_{m=1}^{M} \dfrac{S_i^x}{x_m^k}}{1 + \dfrac{1}{N+I}\left(\displaystyle\sum_{n=1}^{N} \dfrac{S_n^k}{y_n^k} + \displaystyle\sum_{i=1}^{I} \dfrac{S_u^k}{u_i^k} \right)}$$

$$s.t. \begin{cases} x_m^k = \displaystyle\sum_{k=1}^{K} \lambda_k x_m^k + s_m^x \\ y_n^k = \displaystyle\sum_{k=1}^{K} \lambda_k y_n^k - s_n^y \\ u_i^k = \displaystyle\sum_{k=1}^{K} \lambda_k x_i^k + s_i^u \\ s_m^x \geqslant 0,\ s_n^y \geqslant 0,\ s_i^u \geqslant 0,\ \lambda_k \geqslant 0 \end{cases} \tag{3}$$

式中，s^x、s^y、s^u 分别为投入松弛变量（衡量投入过剩）、期望产出松弛变量（衡量期望产出不足）、非期望产出松弛变量（衡量非期望产出不足），λ_k 为各个决策单元的权重。等式右侧的分子分母分别为决策单元实际投入、产出到生产前沿面的平均距离，即投入无效率程度和产出无效率程度。目标函数 $\rho^* \in [0, 1]$，当 $\rho^* = 1$ 时，表明决策单元生产有效率；当 $\rho^* < 1$ 时，则表明决策单元存在效率损失，在投入产出上可进一步改进。

（2）玉米全要素是一个多种生产要素相互作用的复杂综合过程，因此，本研究参考杨丽（2010）采用多因素综合评价法对喀斯特山区玉米全要素水平进行测度，具体计算公式如下：

$$F_i = \sum_{i=1}^{n} x_{qij} w_j,\ w_j = f_j / \sum f_j$$

$$f_j = 1 + \ln(rn) \sum_q \sum_i \frac{x_{qij}}{\displaystyle\sum_q \sum_i x_{qij}} \ln \sum_i \frac{x_{qij}}{\displaystyle\sum_q i \sum x_{qij}} \tag{4}$$

式中，F_i 为省域 i 的玉米全要素评价指数；x_{qij} 为第 q 年省域 i 在第 j 个指标上的标准化值，指标的标准化采用最大化值法、最小化值法进行；w_j 为第 j

个指标的权重，为避免权重确定的主观性，采用熵值法确定，由于传统的熵值法只能针对截面数据，而本研究基于的是面板数据，因此采用加入时间变量的熵值法进行权重的确定。f_j 为第 j 个指标的信息冗余度，r、n 分别为研究时限和省（区、市）评价单元数量。

（3）耦合协调度计算

①耦合度模型

基于喀斯特山区耕地资源绿色利用效率与玉米全要素耦合机理分析可知，两者为彼此独立但又相互作用的系统。因此，本研究借助物理学中容量耦合系数模型，以揭示两系统间的相互作用及相互影响的内在耦合机制。参考廖重斌（1999）对耦合协调度的定义和计算方法，构建耕地资源绿色利用效率与玉米全要素的耦合度模型，即式（5）：

$$C = \left[\frac{CI \times CE}{[(CI + CE/2)]^2} \right]^K \tag{5}$$

式中，C 为耕地资源绿色利用效率与玉米全要素的耦合度，$0 \leq C \leq 1$，C 值越大，表明耕地资源绿色利用效率与玉米全要素两系统间相互作用越强，CI 及 CE 分别表示耕地资源绿色利用效率与玉米全要素水平，K 为调节系数，$K \geq 2$，本研究取 $K = 2$。

②耦合协调度模型

C 值只能反映耕地资源绿色利用效率与玉米全要素两系统间的耦合度，但未能进一步表明两系统之间是处于相互促进状态，还是相互制约状态。因此，本研究参考廖重斌（1999）引入耦合协调度模型衡量耕地资源绿色利用效率与玉米全要素两系统间的耦合协调程度，其计算公式如下：

$$D = \sqrt{C \times T}, \quad T = \alpha CI + \beta CE \tag{6}$$

式中，D 为耦合协调度，D 值越大，表明两系统间越协调；T 为耕地资源绿色利用效率与玉米全要素的综合协调指数，α，β 为待定参数，$\alpha + \beta = 1$，本书认为耕地资源绿色利用效率与玉米全要素两者是同等重要的，且 α，β 值的设计不会对两者复合系统的演变规律产生影响，因此，取 $\alpha = \beta = 0.5$。

为判定耦合质量，参考廖重斌（1999）、赵芳（2009）相关研究成果，并综合喀斯特山区耕地资源绿色利用效率与玉米全要素的耦合协调度，本书按照协调发展度的大小（0<D<1）以 0.1 为间隔点将二者耦合协调发展状况依次划分为极度失调（0.0-0.1）、严重失调 [0.1-0.2）、中度失调 [0.2-0.3）、轻度失调 [0.3-0.4）、濒临失调 [0.4-0.5）、勉强协调 [0.5-0.6）、

初级协调［0.6-0.7）、中级协调［0.7-0.8）、良好协调［0.8-0.9）和优质协调［0.9-1.0）10个等级（刘敏，2021；田凯，2021），见表4-4-35。

表4-4-35　耦合协调度等级划分

协调等级	协调程度	协调等级	协调程度
1	极度失调	6	勉强协调
2	严重失调	7	初级协调
3	中度失调	8	中级协调
4	轻度失调	9	良好协调
5	濒临失调	10	优质协调

（三）结果与分析

1. 喀斯特山区耕地资源绿色利用效率与玉米全要素耦合协调度时空演化特征

由图4-4-2可知，2001—2020年喀斯特山区耕地资源绿色利用效率与玉米全要素的耦合度及协调度整体均呈波动上升态势，其中耦合度均值C为0.836，整体处于较高强度耦合阶段，表明耕地资源绿色利用效率与玉米全要素关联性较强，系统整体进入良性耦合。而协调度均值D为0.611，整体处于初级协调阶段，未来仍有很大的优化空间。由于耦合度只能判别系统间互相作用的强弱程度和方向特征，当不同系统均处于较低水平时，也可能会出现较高耦合度（肖黎明，2019），因此本书着重对二者的协调度进行分析。

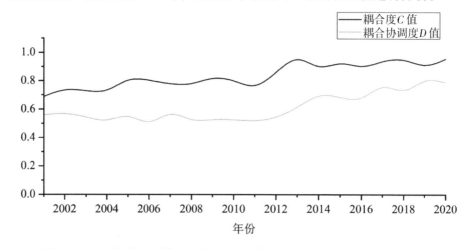

图4-4-2　喀斯特山区耕地资源绿色利用效率与玉米全要素耦合协调度时序

从整体时序来看，喀斯特山区 2001—2020 年耦合协调度由 0.559 变化为 0.789，由研究前期的勉强协调阶段逐渐步入中级协调阶段，年均增长率为 1.8%，整体协调性随时间推移呈现波动上升趋势，表明喀斯特山区对耕地资源绿色利用效率与玉米全要素两个系统的耦合协调效应不断趋于良好。本书进一步根据协调度波动幅度和变化趋势可将其大致分为两个阶段：第一阶段为 2001—2012 年，二者耦合协调度整体处于向协调发展的过渡阶段。由于这一时间段喀斯特山区以追求高产量、高利润为目的的农业生产活动，其耕地生产方式主要表现为高投入、高消耗、低收益特征，如化肥、农药、农膜等使用不当或过度对耕地的土壤环境构成威胁，受污染的土壤导致土壤肥力下降，产生了波及范围广、治理难度大、持续时间长的农业面源污染，且这一时期的玉米产量也较低，耕地资源绿色利用效率与玉米产量呈不匹配现象，因此二者协调程度较低（杨青林，2022）。第二阶段为 2013—2020 年，二者耦合协调度由过渡类型转变为协调类型，二者耦合协调性有着明显优化，整体呈不断波动上升态势，最终 2020 年上升到中级协调阶段。随着喀斯特山区不断以科技创新赋予耕地发展新动能，以科技引领生态农业、绿色农业发展，积极开展农业面源污染的防控治理工作（陈素琼，2022），保证粮食稳定供给，耕地生产更加注重绿色、低碳、高效，耕地绿色利用效率与粮食安全也不断向优质协调方向发展。

表 4-4-36 喀斯特山区耕地资源绿色利用与玉米全要素耦合协调程度

年份	耦合度 C 值	协调指数 T 值	耦合协调度 D 值	协调等级	耦合协调程度
2001	0.688	0.454	0.559	6	勉强协调
2002	0.734	0.440	0.568	6	勉强协调
2003	0.729	0.406	0.544	6	勉强协调
2004	0.734	0.374	0.524	6	勉强协调
2005	0.802	0.374	0.548	6	勉强协调
2006	0.803	0.325	0.511	6	勉强协调
2007	0.779	0.407	0.563	6	勉强协调
2008	0.780	0.356	0.527	6	勉强协调
2009	0.815	0.339	0.526	6	勉强协调
2010	0.799	0.345	0.525	6	勉强协调
2011	0.767	0.353	0.520	6	勉强协调

续表

年份	耦合度 C 值	协调指数 T 值	耦合协调度 D 值	协调等级	耦合协调程度
2012	0.860	0.347	0.546	6	勉强协调
2013	0.951	0.398	0.615	7	初级协调
2014	0.903	0.532	0.693	7	初级协调
2015	0.922	0.507	0.684	7	初级协调
2016	0.904	0.513	0.681	7	初级协调
2017	0.937	0.607	0.754	8	中级协调
2018	0.947	0.570	0.735	8	中级协调
2019	0.913	0.699	0.799	8	中级协调
2020	0.956	0.651	0.789	8	中级协调

基于 2005 年、2011 年、2020 年的耦合协调度数据，运用 ArcGIS 10.7 软件对喀斯特山区耕地资源绿色利用效率与玉米全要素耦合协调度的测度值进行空间可视化处理，剖析其空间分布特征。

2001—2020 年喀斯特山区耕地资源绿色利用效率与玉米全要素耦合协调度各省（区、市）空间异质性显著，耦合协调等级空间分布呈现明显的小范围集聚分布特征，其耦合协调度相对高等级区稳定在喀斯特山区北部的四川省。具体而言，2005 年喀斯特山区耕地资源绿色利用效率与玉米全要素耦合协调度空间分布差异尤为突出，耦合协调度最低值区集中分布在喀斯特山区东南部的广西壮族自治区，耦合协调度为 0.470，最高值区则分布于喀斯特山区北部的四川省，耦合协调度达 0.674；与此同时，2005 年喀斯特山区耕地资源绿色利用效率与玉米全要素耦合协调类型共有 3 种，贵州省、四川省、云南省及重庆市处于协调状态，广西壮族自治区处于失调状态，由于此阶段广西壮族自治区耕地资源绿色利用效率为 1.000，处于高效率水平，但玉米全要素处于低水平，仅为 0.138，进而导致耕地资源绿色利用效率与玉米全要素难以形成良性协调发展。至 2011 年，喀斯特山区各省（区、市）间的耦合协调度整体有所下降，各省（区、市）耦合协调度等级也有所变化，耦合协调度低值区集中分布于中部和西南部的贵州省、云南省，耦合协调度分别为 0.205、0.421，耦合协调度高值区集中分布于北部的四川省，耦合协调度达 0.743；而 2011 年喀斯特山区耕地资源绿色利用效率与玉米全要素耦合协调度囊括 5 种类型,其中处于失调类型的省(区、市)有 2 个,处于协调类型的省(区、市)有 3 个,表明 2001—2011 年喀斯特山区耕地资源绿色利用效率与玉米全要素耦合协调性有所下降,但整体仍处于较低水平。具体来看,云南省、贵州省由勉强协调转变为濒临失调、中度失调,广西壮族自治区由濒临失调转变为勉强协调,重庆市由勉强协调转变为初级协调,四川省由初级协调转为中级协调。2020 年,喀斯特山区各省(区、市)耦合协调度值进一步提升,耦合协调度低值区集中分布于西南部、中部地区的云南省和贵州省,耦合协调度分别为 0.628、0.775,耦合协调度高值区集中分布于北部的四川省、东北部的重庆市和东南部的广西壮族自治区,耦合协调度分别达 0.850、0.867、0.824;而喀斯特山区耕地资源绿色利用效率与玉米全要素耦合协调度涉及 3 种类型,其中处于初级协调水平的省(区、市)为 1 个,处于中级协调水平的省(区、市)为 1 个,处于良好协调水平的省(区、市)为 3 个,耦合协调等级为良好协调类型以上的覆盖喀斯特山区 60% 。具体而言,云南省由濒临失调转变为初级协调,广西壮族自治区则由勉强协调转变为良好协调,贵州省、重庆市的耦合协调水平也有所上升,贵州省由中度失调跃升到中级协调类型,重庆市由初级协调转变为良好协调类型,四川省由中级协调转变为良好协调类型,总体上,耦合协调度呈现"东高西低""北高南低"的空间分异规律的空间集聚特征。近几年,喀斯特山区为实现生态环境保护和农业高质量发展,建立绿色发展体系,深入推进喀斯特山区农业面源污染综合治理的实际需求,不断完善农业低碳政策和低碳技术,在各省(区、市)深入开展化肥农药使用量零增长行动,大力实施节水灌溉工程,运用农业科技创新提高耕地绿色利用效率,所以在研究期内,大多数省(区、市)的耦合协调度由"失调"向"良好协调"扩散(杨青林,2022)。

2. 驱动因素时空演化特征

本研究在构建 3 个时间截点上的时空地理加权回归模型时,为保证纳入模型的变量都是对两者系统具有显著贡献的因素,同时为降低模型冗余,根据各年份地理探测结果,分别选择显著性水平 $P<0.05$、q 值排序前 3 的关键驱动因素参与模型构建。具体如下,采用地理探测器和时空地理加权回归对喀斯特山区耕地资源绿色利用效率与玉米全要素耦合协调度的驱动力因素进行研究,将其耦合协调度作为被解释变量,结合喀斯特山区实际情况,构建环境受灾程度($X1$)、机械化水平($X2$)、涉农财政支出水平($X3$)、农村经济发展水平($X4$)、石漠化面积($X5$)、耕地碳排放总量($X6$)共 6 个变量

为耦合协调度影响因素的解释变量，见表 4-4-37。

表 4-4-37　驱动因素指标体系

指标	指标说明	单位
环境受灾程度（X1）	受灾面积与农作物总播种面积的比值	%
机械化水平（X2）	单位农作物播种面积的农用机械总动力	千瓦
涉农财政支出水平（X3）	政府的农林水务支出与年度总支出的比值	%
农村经济发展水平（X4）	农村居民人均可支配收入	元
石漠化面积（X5）	各等级石漠化耕地的面积之和	公顷
耕地碳排放总量（X6）	8 种碳排放源数量乘以各自的碳排放系数的总和	吨

（1）多重共线性检验

为避免多重共线性的问题，本书运用 SPSS 软件对 2001—2020 年喀斯特山区耕地资源绿色利用效率与玉米全要素耦合协调度的影响因素进行相关分析，发现容差均小于 1、方差膨胀因子均在 10 以内，显示没有明显的多重共线影响，可进行回归分析。结果如表 4-4-38 所示。

表 4-4-38　多重共线性检验结果

变量	容差	VIF	变量	容差	VIF
X1	0.444	2.254	X4	0.211	4.748
X2	0.269	3.716	X5	0.397	2.520
X3	0.417	2.400	X6	0.804	1.244

（2）影响因素地理探测结果

首先采用 ArcGIS 10.7 自然最佳断裂点分级法对选取的自变量进行分层，将其由数值量转为类型量。然后借助地理探测器进行因子探测。得到的结果中 6 个变量 q 值均通过 0.05 水平的显著性检验，表明喀斯特山区耕地资源绿色利用效率与玉米全要素耦合协调度的空间分布受环境受灾程度（X1）、机械化水平（X2）、涉农财政支出水平（X3）、农村经济发展水平（X4）、石漠化面积（X5）、耕地碳排放总量（X6）等因素影响。从表 4-4-39 分析可知：2005 年各因子对喀斯特山区耕地资源绿色利用效率与玉米全要素耦合协调度解释力排名前 3 的为：耕地碳排放总量（X6）>石漠化面积（X5）>涉农财政支出水平（X3）；2011 年各因子对喀斯特山区耕地资源绿色利用效率与玉米全要素耦合协调度解释力排名前 3 的为：耕地碳排放总量（$X6$）>农村经济发展水平（$X4$）>环境受灾程度（$X1$）；2020 年各因子对喀斯特山区耕地资源绿色利用效率与玉米全要素耦合协调度解释力排名前 3 的为：耕地碳排放总量（$X6$）>农村经济发展水平（$X4$）>机械化水平（$X2$）。

综上，随时间演化，各因素对喀斯特山区耕地资源绿色利用效率与玉米全要素耦合协调度的解释度在不同时期存在差异，但影响力最强的因素即耕地碳排放总量（$X6$）具有相对稳定性特征。

表 4-4-39　耦合协调度时序演进驱动因素探测结果

时间	$X1$	$X2$	$X3$	$X4$	$X5$	$X6$
2005	0.804***	0.833***	0.859***	0.781***	0.897***	0.900***
2011	0.863***	0.249***	0.689***	0.897***	0.789***	0.932***
2020	0.825***	0.871***	0.570***	0.898***	0.707***	0.949***

注：***表示 0.001 水平上显著相关

（3）时空地理加权回归结果

基于地理探测器结果，分别研究 3 个时间截面上 q 值排名前 3 的关键驱动因素，引入 GTWR 模型进行各影响因子在不同格网作用差异的局部空间回归分析。拟合系数为正值时，表示对因变量有促进的影响，且绝对值越大，影响越大；拟合系数为负值时，表示对因变量有抑制的影响，且绝对值越大，影响越大。GTWR 模型拟合结果显示，校正后 $R2$ 为 0.994，拟合效果优，见表 4-4-40。

表 4-4-40　GTWR 模型拟合结果

因变量	Sigma	AICc	$R2$	$R2$Adjusted	Spatio-temporal Distance Ratio	Trace of SMatrix
D 值	0.011	-1374.230	0.997	0.994	4.861	13.336

2001—2020 年 GTWR 模型驱动因素系数时空分化。2005 年，耕地碳排放总量对喀斯特山区耕地资源绿色利用效率与玉米全要素耦合协调度在空间上分异明显，影响为正效应，正值最大值区域集中在四川省，最小值区域分布在云南省。石漠化面积对喀斯特山区耕地资源绿色利用效率与玉米全要素耦合协调度的影响为负效应，绝对最大值区域位于云南省、广西壮族自治区，绝对最小值区域位于四川省、贵州省及重庆市。涉农财政支出水平对喀斯特

山区耕地资源绿色利用效率与玉米全要素耦合协调度的影响为正效应，绝对最大值区域集中分布在云南省、贵州省及广西壮族自治区，绝对最小值区域分布在四川省、重庆市。2011 年，耕地碳排放总量对喀斯特山区耕地资源绿色利用效率与玉米全要素耦合协调度的影响为负效应，绝对最大值区域位于重庆市，绝对最小值区域位于云南省。农村经济发展水平对喀斯特山区耕地资源绿色利用效率与玉米全要素耦合协调度的影响为正效应，绝对最大值区域位于四川省，绝对最小值区域分布在贵州省。环境受灾程度对喀斯特山区耕地资源绿色利用效率与玉米全要素耦合协调度影响为负效应，绝对最大值区域在贵州省、重庆市及广西壮族自治区，绝对最小值区域在四川省、云南省。与 2011 年相比，2020 年耕地碳排放总量在空间分布格局上有明显变化，对喀斯特山区耕地资源绿色利用效率与玉米全要素耦合协调度为负效应，绝对最大值区域分布在广西壮族自治区，绝对最小值区域位于重庆市。农村经济发展水平对喀斯特山区耕地资源绿色利用效率与玉米全要素耦合协调度的影响为负效应，绝对最大值区域分布在云南省，绝对最小值区域位于重庆市。机械化水平对喀斯特山区耕地资源绿色利用效率与玉米全要素耦合协调度的影响为正、负效应，正向绝对最大值区域分布在云南省，负向绝对最大值区域位于重庆市。

综上所述，从不同时间截点上各关键因素回归系数的空间分布特征可以发现，各因素与喀斯特山区耕地资源绿色利用效率与玉米全要素耦合协调度存在显著空间异质性，且同一关键驱动因素对喀斯特山区耕地资源绿色利用效率与玉米全要素耦合协调度的影响强度在时间和空间两个维度上均存在差异，主要表现在耕地碳排放总量、机械化水平、农村经济发展水平 3 个因素上，为此在制定促进两者耦合协调发展的措施时应该充分考虑因素影响的时空异质性。

耕地碳排放总量对喀斯特山区耕地资源绿色利用效率与玉米全要素耦合协调的影响。耕地碳排放总量回归系数在 -0.3622~1.0278，对喀斯特山区耕地资源绿色利用效率与玉米全要素耦合协调产生了正、负效应的时空异质性，2005 年，耕地碳排放总量对各省（区、市）表现为促进作用，在 2011 年、2020 年表现为抑制作用。喀斯特山区因其地理环境特殊性使得社会经济发展限制因素尤为突出，早期农业财富的增值与累积对化肥、农药等农用物资的依赖度过高，客观上碳排放总量所起的助推作用不容忽视，随着时间的推进，高强度的化学投入边际效益开始下降，随之而来的是环境问题的日益突出

（金书秦，2021），为平衡喀斯特山区碳减排与经济发展，需继续保持目前绿色转型发展的势头，减少环境污染，同时兼顾扩大耕地经营规模及改善耕作制度，在一定程度上将加快推进低碳农业发展进程。

农村经济发展水平对喀斯特山区耕地资源绿色利用效率与玉米全要素耦合协调的影响。农村经济发展水平回归系数在−0.0253~0.2011，对喀斯特山区耕地资源绿色利用效率与玉米全要素耦合协调有着显著时空异质性，发生了以正向影响为主到以负向影响为主的转变，其2020年空间上表现出南高北低的态势。2005年农村经济发展水平对喀斯特山区耕地资源绿色利用效率与玉米全要素耦合协调的影响系数主要为正值，可能原因在于此时喀斯特山区正处于经济起步阶段，对农村居民人均可支配收入的增长起到了提供生产要素投入和物质基础的作用，但随着时间的演化，耕地资源受城镇化、工业化进程以及粮食比较效益偏低等因素影响，耕地非农化、非粮化现象愈发严重，耕地的要素投入结构变动差异逐渐明显，粮食生产经营方式及管理水平低效，耕地整体要素投入结构不佳，导致耕地未能得到高效利用（刘蒙罢，2022），因此抑制二者的耦合协调。

机械化水平对喀斯特山区耕地资源绿色利用效率与玉米全要素耦合协调的影响。机械化水平回归系数在−0.0608~0.0007，效应在空间上的差异较为显著，对二者耦合协调影响为正、负效应。推动机械化水平提高是降低农业生产成本、转变农业发展方式、促进产业可持续发展的必然选择（郭永奇，2020），但农机装备配置的不合理以及农机的过度使用，不仅会造成土地资源的严重破坏和能源的浪费，还会导致环境不断恶化、碳排量持续增长等诸多恶性问题。

（四）结论

本书通过构建喀斯特山区耕地资源绿色利用效率与玉米全要素耦合协调理论框架，并基于2001—2020年喀斯特山区五省（区、市）数据的实证分析，探讨了其时空演变格局，用地理探测器和时空地理加权回归模型检验了其驱动机制，得出以下主要结论：

1. 从时间上来看，2001—2020年喀斯特山区耕地资源绿色利用效率与玉米全要素的耦合度及协调度整体均呈波动上升态势，其中耦合度均值 C 为 0.836，整体处于较高强度耦合阶段，表明耕地资源绿色利用效率与玉米全要素关联性较强，系统整体进入良性耦合。而协调度均值 D 为0.611，整体处于初级协调阶段，未来仍有很大的优化空间。喀斯特山区2001—2020年耦合协调度由0.559变化为0.789，由研究前期的勉强协调阶段逐渐步入中级协调阶段，年均增长率为1.8%，整体协调性随时间推移呈现波动上升趋势，表明喀斯特山区对耕地资源绿色利用效率与玉米全要素两个系统的耦合协调效应不断趋于良好。

2. 从耦合协调类型的空间划分来看，2001—2020年喀斯特山区耕地资源绿色利用效率与玉米全要素耦合协调度各省（区、市）空间异质性显著，耦合协调等级空间分布呈现明显的小范围集聚分布特征，其耦合协调度相对高等级区稳定在喀斯特山区北部的四川省。具体而言，2020年，喀斯特山区耦合协调度低值区集中分布于西南部、中部地区的云南省和贵州省，耦合协调度分别为0.628、0.775，耦合协调度高值区集中分布于北部的四川省、东北部的重庆市和东南部的广西壮族自治区，耦合协调度分别达0.850、0.867、0.824，其中处于初级协调水平的省（区、市）为1个，处于中级协调水平的省（区、市）为1个，处于良好协调水平的省（区、市）为3个，耦合协调等级为良好协调类型以上的覆盖喀斯特山区60%，总体上，耦合协调度呈现"东高西低""北高南低"的空间分异规律的空间集聚特征。

3. 由地理探测器和时空地理加权回归模型得出，从不同时间截面上各关键因素回归系数的空间分布特征可以发现，影响力最强的因子即耕地碳排放总量（X6）具有相对稳定性特征，各因素与喀斯特山区耕地资源绿色利用效率与玉米全要素耦合协调度存在显著空间异质性，且同一关键驱动因素对喀斯特山区耕地资源绿色利用效率与玉米全要素耦合协调度的影响强度在时间和空间两个维度上均存在差异，主要表现在耕地碳排放总量、机械化水平、农村经济发展水平3个因素上，其中耕地碳排放总量和机械化水平发生了以正向影响为主到以负向影响为主的转变，机械化水平作用方向存在区域差异，为此，在制定促进两者耦合协调发展的措施时，应该充分考虑因素影响的时空异质性。

三、喀斯特山区耕地资源绿色利用效率与小麦全要素耦合

（一）数据来源

本书基于喀斯特山区五个省（区、市）为研究对象，数据主要源于2001—2020年《中国农村统计年鉴》《中国能源统计年鉴》以及各省（区、

市）统计年鉴、统计局官网。耕地碳排放总量、农业生产碳汇量等相关数据出自《中国能源统计年鉴》；碳排放相关系数参考相关研究与 IPCC、国家温室气体清单指南等。石漠化面积数据源于各省（区、市）林业部门、发展和改革部门、农业农村部门以及全国岩溶地区 3 次石漠化监测结果。

（二）研究方法

1. 耕地资源绿色利用效率评价指标体系

借鉴 Zhang C Z（2020）和姜晗（2020）相关研究，本书基于喀斯特山区耕地资源发展的实际状况（喀斯特山区耕地资源禀赋、区域经济发展水平、生态环境）构建耕地绿色利用效率测算指标体系，见表 4-4-41。

表 4-4-41　喀斯特山区耕地绿色利用效率测算指标体系

标准层	要素层	指标层	单位
投入	土地	耕地面积	公顷
	劳动力	农业产业人数	人
	资本	农用化肥施用（折纯量）	吨
		农用机械化总动力	千瓦
		农药使用量	吨
		农用塑料薄膜使用量	吨
		有效灌溉面积	公顷
期望产出	经济效益	农业总产值	亿元
	社会效益	粮食总产量	吨
	生态效益	耕地碳吸收量（包括稻谷、小麦、玉米、豆类、薯类等农作物）	吨
非期望产出	碳排放	耕地碳排放量	吨
	环境污染	农业面源污染排放量	吨
	耕地石漠化	各等级石漠化耕地面积之和	公顷

（1）投入指标

耕地生产的投入指标选取土地、劳动力、资本 3 个维度作为表征变量。其中①土地投入：以实际耕地面积作为表征标量反映真实的耕地投入量；②劳动力投入：选取农业从业人员为表征；③化肥投入：以耕地生产过程中的农用化肥的实际折纯量作为代理变量；④机械投入：选用耕地利用过程中农业机械总动力作为机械投入量；⑤农药投入：选取农药实际使用量作为代理变量；⑥农膜投入：选取喀斯特山区农用塑料薄膜的使用总量表示；⑦灌溉投入：采取有效灌溉面积作为投入指标。

（2）产出指标

产出指标包括期望产出和非期望产出。

①期望产出：选取农业总产值、粮食总产量和耕地碳吸收量（主要包括稻谷、小麦、玉米、豆类、薯类等农作物）作为期望产出指标因子。其中，耕地碳吸收量是指农作物光合作用形成的净初级生产量，即生物产量，具体的计算式引自田云等（2019）的方法，具体表示如下：

$$C = \sum_{i=1}^{k} Ci = \sum_{i=1}^{k} ci \cdot Yi \cdot (1 - r)/HIi$$

式中，C 为农作物碳吸收总量；Ci 为某种农作物的碳吸收量；k 为农作物种类数；ci 为农作物通过光合作用合成单位有机质所需吸收的碳；Yi 为农作物的经济产量；r 为农作物经济产品部分的含水量；HIi 为农作物经济系数。各类农作物的碳吸收率与经济系数主要引自王修兰（1996）和韩召迎等（2012）相关文献，见表4-4-42。

表4-4-42　中国主要农作物经济系数与碳吸收率

品种	经济系数	含水量（%）	碳吸收率	品种	经济系数	含水量（%）	碳吸收率
水稻	0.45	12	0.414	薯类	0.70	70	0.423
小麦	0.40	12	0.485	甘蔗	0.50	50	0.450
玉米	0.40	13	0.471	甜菜	0.70	75	0.407
豆类	0.34	13	0.450	蔬菜	0.60	90	0.450
油菜籽	0.25	10	0.450	瓜类	0.70	90	0.450
花生	0.43	10	0.450	烟草	0.55	85	0.450
向日葵	0.30	10	0.450	其他农作物	0.40	12	0.450
棉花	0.10	8	0.450				

数据来源：《中国农业生产净碳效应分异研究》

②非期望产出：选用耕地碳排放总量和农业面源污染排放量表示。

碳排放总量：参考田云（2013；2015）等研究基础上，选取碳排放总量由农用化肥施用折纯量、农药使用量、农用塑料薄膜使用量、农用柴油使用量、有效灌溉面积、农作物种植过程中土壤 N_2O 的排放量（转化为 CO_2）、牲畜养殖碳排放以及稻田 CH_4 排放（转化为 CO_2）8 种碳排放源数量乘以各自的碳排放系数的总和。在借鉴宋德勇等（2009）和张秀梅等（2010）碳排放方程建立方法的基础上，耕地碳排放核算模型规划式如下：

$$E = \sum E_i = \sum (T_i \cdot \delta_i)$$

式中，E 为耕地生产过程中碳排放总量，E_i 为各类碳源碳排放量，T_i 为各碳排放源的量，δ_i 为各种碳源所对应的碳排放系数。从农药、化肥、农用塑料薄膜、柴油、灌溉所产生碳源的量到土壤、稻田、牲畜养殖确定具体碳源因子及其所对应的碳排放系数，见表4-4-43—表4-4-46。

表4-4-43 主要农用物资碳排放系数

碳源	碳排放系数	参考来源
化肥	0.8956 kg C·kg^{-1}	美国橡树岭国家实验室
农药	4.9341 kg C·kg^{-1}	美国橡树岭国家实验室
农膜	5.18 kg C·kg^{-1}	IREEA（南京农业大学农业资源与生态环境研究所）
柴油	0.5927 kg C·kg^{-1}	IPCC
灌溉	266.48 kg C·hm^{-2}	段华平等

表4-4-44 农作物各品种的土壤 N_2O 排放系数

农作物品种	N_2O 排放系数/（kg/hm^2）	参考来源
水稻	0.24	王智平
小麦	0.40	于克伟等
豆类	0.77	熊正琴等
玉米	2.532	王少彬等
蔬菜类	4.21	邱炜红等
其他农作物	0.95	王智平

表 4-4-45　喀斯特山区水稻生长周期内的 CH₄ 排放系数（g/m²）

早稻	晚稻	中季稻
5.10	21.00	22.05

数据来源：《中国农业生产净碳效应分异研究》

表 4-4-46　喀斯特山区主要牲畜品种对应的碳排放系数［（kg/（头·a）］

碳源	肠道发酵	粪便排放		参考来源	碳源	肠道发酵	粪便排放		参考来源
	CH₄	CH₄	N₂0			CH₄	CH₄	N₂0	
奶牛	61	18.00	1.00	IPCC	骡	10	0.90	1.39	IPCC
水牛	55	2.00	1.34	IPCC	骆驼	46	1.92	1.39	IPCC
黄牛	47	1.00	1.39	IPCC	猪	1	4.00	0.53	IPCC
马	18	1.64	1.39	IPCC	山羊	5	0.17	0.33	IPCC
驴	10	0.90	1.39	IPCC	绵羊	5	0.15	0.33	IPCC

　　农业面源污染排放量，参考陈敏鹏（2006）和现有其他文献的研究成果，选用农业面源污染的核算模型规划式如下：

$$E = \sum_i EU_i P_i C_i (EU_i, \ S)$$

　　式中，E 为农业面源污染排放量，EU_i 为污染单元 i 的统计量，P_i 为污染单元 i 的产生系数，C_i 为污染单元 i 的流失系数，它由污染单元以及污染单元所在区域的自然条件决定。本书选取农业生产经营活动中最主要的两个农业面源污染类型——化肥施用和畜禽养殖，并选择氮肥、磷肥折纯量作为化肥施用污染单元；选择猪当年出栏量，牛年末存栏量，羊年末存栏量以及家禽当年出栏量作为畜禽养殖污染单元，最后以清单分析法为基础确定污染单元产生的总氮（TN）、总磷（TP）污染物排放量（张佳卓，2019），公式如下所示：

表 4-4-47　喀斯特山区农业面源污染单元污染物排放量计算公式表

污染单元	计算公式
氮肥	总氮（TN）排放量＝氮肥折纯施用量×氮肥流失系数
磷肥	总磷（TP）排放量＝磷肥折纯施用量×磷肥流失系数

污染单元	计算公式
猪	猪污染物排放量（总氮、总磷）=猪当年出栏量×猪饲养周期×猪粪尿日排泄系数×猪粪尿污染物含量×猪粪尿污染物流失系数
牛	牛污染物排放量（总氮、总磷）=牛年末存栏量×牛饲养周期×牛粪尿日排泄系数×牛粪尿污染物含量×牛粪尿污染物流失系数
羊	羊污染物排放量（总氮、总磷）=羊年末存栏量×羊饲养周期×羊粪便日排泄系数×羊粪便污染物含量×羊粪便污染物流失系数
家禽	家禽污染物排放量（总氮、总磷）=家禽当年出栏量×家禽的饲养周期×家禽粪便日排泄系数×家禽粪便污染物含量×家禽粪便污染物流失系数

相关污染单元产排污系数、化肥流失系数、畜禽污染单元相应系数（张佳卓，2019），见表4-4-48—表4-4-53。

表4-4-48　喀斯特山区农业面源污染定量核算所需要的产排污系数表

污染源	定量核算所需要的产排污系数
化肥施用（折纯量）	氮肥流失系数（%）
	磷肥流失系数（%）
畜禽养殖	畜禽养殖周期（天）
	单位畜禽日排泄粪尿系数（千克/头，只）
	单位畜禽日排泄粪尿氮、磷含量（千克/头，只）
	畜禽粪尿氮、磷流失系数（%）

表4-4-49　喀斯特山区氮肥、磷肥流失系数表

地区	氮流失系数（%）	磷流失系数（%）
喀斯特山区	0.923	0.438

数据来源：《中国农业面源污染区域差异及其影响因素分析》

表4-4-50　畜禽饲养周期（单位：天/年）

项目	猪	牛	羊	家禽
时间	199	365	365	210

数据来源：《浙江省农业面源污染时空特征及经济驱动因素分析》

表 4-4-51　喀斯特山区畜禽粪尿日排泄系数表（单位：千克/天）

项目	猪	牛	羊	家禽
粪	2	20	2.6	0.125
尿	3.3	10	—	—

数据来源：2002 年国家环境保护总局公布数据

表 4-4-52　中国畜禽粪尿中污染物平均含量（单位：千克/吨）

项目	猪粪	猪尿	牛粪	牛尿	羊粪	家禽粪便
TN	52	9	31	6	4.63	45.65
TP	3.41	0.52	1.18	0.4	2.6	5.79

数据来源：2002 年国家环境保护总局公布数据

表 4-4-53　南方畜禽氮磷流失系数（%）

项目	猪粪	牛粪	羊粪	家禽粪便	猪尿	牛尿	羊尿	家禽尿
流失系数	8	8	8	20	35	35	—	—

数据来源：《中国农业面源污染区域差异及其影响因素分析》

石漠化耕地，各等级石漠化耕地的面积之和，即轻度石漠化耕地面积、中度石漠化耕地面积、重度石漠化耕地面积以及极重度石漠化耕地面积之和。其表达式如下：

$$S = \sum_{i=i}^{4} S_i \qquad (i = 1、2、3、4)$$

其中，S 为石漠化耕地面积，S_1 为轻度石漠化耕地面积，S_2 为中度石漠化耕地面积，S_3 为重度石漠化耕地面积，S_4 为极重度石漠化耕地面积。

2. 小麦全要素评价指标体系

基于小麦全要素意蕴内涵，并参考王建华（2020）和胡贤辉（2022）相关研究成果，本书从小麦生产投入强度、利用程度、产出效益 3 个维度构建喀斯特山区小麦全要素评价指标体系（表 4-4-54 所示）。小麦生产投入强度反映在小麦生产过程中各类生产要素投入的基本情况，以小麦播种面积、单位劳动力投入、单位化肥投入及单位机械投入为表征；利用程度反映农户对耕地资源的开发利用状况以及应对喀斯特山区自然灾害的韧性，以灌溉指数、稳产指数为表征；小麦产出效益反映各类小麦生产要素投入后所产生的效益，产出效益越高，小麦生产潜力挖掘程度越高，以地均产值、劳均产值为表征。

由于宏观数据中无法获得部分单独衡量小麦全要素方面的数据，考虑数据的可得性和准确性，需要对小麦全要素的指标相关数据进行处理。本书借鉴马文杰（2010）使用的权重系数法，将小麦从农作物生产的要素投入剥离出来，所用的两种权重系数分别为：

$$A = (a/b) \times (c/d) \tag{1}$$

$$B = a/b \tag{2}$$

式中，A 和 B 代表小麦生产要素投入的权重系数，a 代表小麦播种面积，b 代表农作物播种面积，c 代表小麦产值，d 代表农业产值。

表 4-4-54　喀斯特山区小麦全要素评价指标体系

目标层	准则层	指标层	指标说明	权重
小麦全要素	投入强度	小麦土地投入（hm²）	小麦播种面积	0.286
		单位劳动力投入（人/hm²）	小麦从业人数①/ 小麦播种面积	0.250
		单位化肥投入（t/hm²）	小麦化肥施用量②/ 小麦播种面积	0.082
		单位机械投入（kW/hm²）	小麦机械总动力③/ 小麦播种面积	0.073
小麦全要素	利用程度	灌溉指数（%）	小麦有效灌溉面积④/ 小麦播种面积	0.047
		稳产指数（%）	年末未受灾面积⑤/农作物总播种面积	0.039
	产出效益	地均产值（10⁴元/hm²）	小麦产值 /小麦播种面积	0.085
		劳均产值（10⁴元/ 人）	小麦产值/小麦从业人数	0.140

注：①小麦从业人数＝第一产业从业人员 ∗A；②小麦化肥施用量＝化肥施用量 ∗B；③小麦机械总动力＝农业机械总动力 ∗B；④小麦有效灌溉面积＝有效灌溉面积 ∗B；⑤小麦受灾面积＝农作物受灾面积 ∗B

3. 构建模型

（1）松弛效率模型

传统径向 DEA 模型只包含所有的投入（产出）径向改进，却未包括松弛改进，部分的局限性及环境因素的产出问题会造成效率结果的失真，未真实反映耕地绿色利用效率，以非径向测算为基础的松弛效率模型弥补了这一缺陷并被相关领域研究学者广泛采用。因此，本书选择 SBM 模型将多个非期望产出指标（耕地碳排放、农业面源污染、耕地石漠化）纳入到耕地绿色利用效率评价体系中，以便更加全面科学合理评价喀斯特山区耕地绿色利用效率。现对 SBM 模型简单介绍如下：

假设考察样本中有 K（$K = 1, 2, \cdots k$）个决策单元，每个决策单元有 3 个要素：投入向量 x、期望产出向量 y、非期望产出向量 u（$x \in R^M$，$y \in R^N$，$u \in R^I$，M、N、I 分别为每个决策单元投入、期望产出、非期望产出的数量）。参考 Tone 等（2001）的研究成果，考虑非期望产出的 SBM 模型可表述为：

$$\rho^* = \min \frac{1 - \dfrac{1}{M} \sum_{m=1}^{M} \dfrac{S_i^x}{x_m^k}}{1 + \dfrac{1}{N+I} \left(\sum_{n=1}^{N} \dfrac{S_n^k}{y_n^k} + \sum_{i=1}^{I} \dfrac{S_u^k}{u_i^k} \right)}$$

$$s.t. \begin{cases} x_m^k = \sum_{k=1}^{K} \lambda_k x_m^k + s_m^x \\ y_n^k = \sum_{k=1}^{K} \lambda_k y_n^k - s_n^y \\ u_i^k = \sum_{k=1}^{K} \lambda_k x_i^k + s_i^u \\ s_m^x \geq 0, \ s_n^y \geq 0, \ s_i^u \geq 0, \ \lambda_k \geq 0 \end{cases} \tag{3}$$

式中，s^x、s^y、s^u 分别为投入松弛变量（衡量投入过剩）、期望产出松弛变量（衡量期望产出不足）、非期望产出松弛变量（衡量非期望产出不足），λ_k 为各个决策单元的权重。等式右侧的分子分母分别为决策单元实际投入、产出到生产前沿面的平均距离，即投入无效率程度和产出无效率程度。目标函数 $\rho^* \in [0, 1]$，当 $\rho^* = 1$ 时，表明决策单元生产有效率；当 $\rho^* < 1$ 时，则表明决策单元存在效率损失，在投入产出上可进一步改进。

（2）小麦全要素是一个多种生产要素相互作用的复杂综合过程，因此，本研究参考杨丽（2015）采用多因素综合评价法对喀斯特山区小麦全要素水平进行测度，具体计算公式如下：

$$F_i = \sum_{i=1}^{n} x_{qij} w_j, \ w_j = f_j \Big/ \sum f_j$$

$$f_j = 1 + \ln(rn) \sum_q \sum_i \frac{x_{qij}}{\sum_q \sum_i x_{qij}} \ln \sum_i \frac{x_{qij}}{\sum_q i \sum x_{qij}} \tag{4}$$

式中，F_i 为省域 i 的小麦全要素评价指数；x_{qij} 为第 q 年省域 i 在第 j 个指标上的标准化值，指标的标准化采用最大化值法、最小化值法进行；w_j 为第 j 个指标的权重，为避免权重确定的主观性，采用熵值法确定，由于传统的熵值法只能针对截面数据，而本研究基于的是面板数据，因此采用加入时间变量的熵值法进行权重的确定。f_j 为第 j 个指标的信息冗余度，r、n 分别为研究时限和省（区、市）评价单元数量。

（3）耦合协调度计算

①耦合度模型

基于喀斯特山区耕地资源绿色利用效率与小麦全要素耦合机理分析可知，两者为彼此独立但又相互作用的系统。因此，本研究借助物理学中容量耦合系数模型，以揭示两系统间的相互作用及相互影响的内在耦合机制。参考廖重斌（1999）对耦合协调度的定义和计算方法，构建耕地资源绿色利用效率与小麦全要素的耦合度模型，即式（5）：

$$C = \left[\frac{CI \times CE}{[(CI + CE/2)]^2} \right]^K \qquad (5)$$

式中，C 为耕地资源绿色利用效率与小麦全要素的耦合度，$0 \leq C \leq 1$，C 值越大，表明耕地资源绿色利用效率与小麦全要素两系统间相互作用越强；CI 及 CE 分别表示耕地资源绿色利用效率与小麦全要素水平；K 为调节系数，$K \geq 2$，本研究取 $K = 2$。

②耦合协调度模型

C 值只能反映耕地资源绿色利用效率与小麦全要素两系统间的耦合度，但未能进一步表明两系统之间是处于相互促进状态，还是相互制约状态。因此，本研究参考廖重斌（1999）引入耦合协调度模型衡量耕地资源绿色利用效率与小麦全要素两系统间的耦合协调程度，其计算公式如下：

$$D = \sqrt{C \times T}, \quad T = \alpha CI + \beta CE \qquad (6)$$

式中，D 为耦合协调度，D 值越大，表明两系统间越协调；T 为耕地资源绿色利用效率与小麦全要素的综合协调指数，α、β 为待定参数，$\alpha + \beta = 1$，本书认为耕地资源绿色利用效率与小麦全要素两者是同等重要的，且 α、β 值的设计不会对两者复合系统的演变规律产生影响，因此，$\alpha = \beta = 0.5$。

为判定耦合质量，参考廖重斌（1999）和赵芳（2009）相关研究成果，并综合耕地资源绿色利用效率与小麦全要素的耦合协调度，本书按照协调发展度的大小（0<D<1）以 0.1 为间隔点将二者耦合协调发展状况依次划分为极度失调（0.0-0.1）、严重失调［0.1-0.2）、中度失调［0.2-0.3）、轻度失调［0.3-0.4）、濒临失调［0.4-0.5）、勉强协调［0.5-0.6）、初级协调［0.6-0.7）、中级协调［0.7-0.8）、良好协调［0.8-0.9）和优质协调

［0.9－1.0） 10 个等级，见表 4-4-55。

表 4-4-55　耦合协调度等级划分

协调等级	协调程度	协调等级	协调程度
1	极度失调	6	勉强协调
2	严重失调	7	初级协调
3	中度失调	8	中级协调
4	轻度失调	9	良好协调
5	濒临失调	10	优质协调

（三）结果与分析

1. 喀斯特山区耕地资源绿色利用效率与小麦全要素耦合协调度时空演化特征

由图 4-4-3 可知，2001—2020 年喀斯特山区耕地资源绿色利用效率与小麦全要素的耦合度及协调度整体均呈波动上升态势，其中耦合度均值 C 为 0.900，整体处于较高强度耦合阶段，表明耕地资源绿色利用效率与小麦全要素关联性较强，系统整体进入良性耦合，而协调度均值 D 为 0.680，整体处于初级协调阶段，未来仍有很大的优化空间。由于耦合度只能判别系统间互相作用的强弱程度和方向特征，当不同系统均处于较低水平时，也可能会出现较高耦合度（肖黎明，2019），因此本书着重对二者的协调度进行分析。

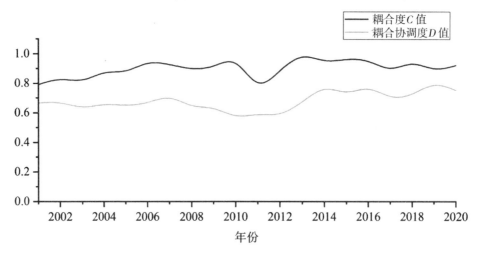

图 4-4-3　喀斯特山区耕地资源绿色利用效率与小麦全要素耦合协调度时序

从整体时序来看，喀斯特山区 2001—2020 年耦合协调度由 0.666 变化为 0.752，由研究前期的初级协调阶段逐渐步入中级协调阶段，年均增长率为 0.6%，整体协调性随时间推移呈现波动上升趋势，表明喀斯特山区对耕地资源绿色利用效率与小麦全要素两个系统的耦合协调效应不断趋于良好。本书进一步根据协调度波动幅度和变化趋势可将其大致分为两个阶段：第一阶段为 2001—2012 年，二者耦合协调度整体处于下降态势，可能与这一阶段小麦生产中如化肥、农药、农膜等过度投入而不优化要素配置、以牺牲环境为代价的生产模式有关，这不仅压缩了小麦种植户收益，还导致了面源污染、土壤肥力下降等问题，降低了小麦产能，削弱了粮食可持续生产能力，表明耕地绿色利用的效率是限制其协调发展的主要因素，因此二者呈不匹配现象，其协调程度也逐渐降低。第二阶段为 2013—2020 年，二者耦合协调度由过渡类型转变为协调类型，二者耦合协调性有着明显的优化，整体呈递增趋势，最终 2020 年上升到中级协调阶段。随着喀斯特山区强化农业科技创新与推广、推行绿色生产方式、大力实施化肥农药零增长行动、加强重大生态环保建设，以此增强粮食可持续发展能力，促进耕地绿色利用效率与粮食安全不断向优质协调方向发展。

表 4-4-56 喀斯特山区耕地资源绿色利用与小麦全要素耦合协调程度

年份	耦合度 C 值	协调指数 T 值	耦合协调度 D 值	协调等级	耦合协调程度
2001	0.792	0.560	0.666	7	初级协调
2002	0.825	0.538	0.666	7	初级协调
2003	0.824	0.497	0.640	7	初级协调
2004	0.869	0.492	0.654	7	初级协调
2005	0.885	0.480	0.652	7	初级协调
2006	0.934	0.481	0.670	7	初级协调
2007	0.926	0.526	0.698	7	初级协调
2008	0.900	0.469	0.650	7	初级协调
2009	0.917	0.430	0.628	7	初级协调
2010	0.934	0.361	0.581	6	勉强协调
2011	0.805	0.428	0.587	6	勉强协调
2012	0.885	0.400	0.595	6	勉强协调

续表

年份	耦合度 C 值	协调指数 T 值	耦合协调度 D 值	协调等级	耦合协调程度
2013	0.977	0.466	0.675	7	初级协调
2014	0.955	0.602	0.758	8	中级协调
2015	0.961	0.573	0.742	8	中级协调
2016	0.948	0.609	0.760	8	中级协调
2017	0.903	0.561	0.712	8	中级协调
2018	0.930	0.570	0.728	8	中级协调
2019	0.900	0.688	0.787	8	中级协调
2020	0.922	0.613	0.752	8	中级协调

基于 2005 年、2011 年、2020 年的耦合协调度数据，运用 ArcGIS 10.7 软件对喀斯特山区耕地资源绿色利用效率与小麦全要素耦合协调度的测度值进行空间可视化处理，剖析其空间分布特征。

2001—2020 年喀斯特山区耕地资源绿色利用效率与小麦全要素耦合协调度各省（区、市）空间异质性显著，耦合协调等级空间分布呈现明显的小范围集聚分布特征，其耦合协调度相对高等级区稳定在喀斯特山区北部的四川省。具体而言，2005 年喀斯特山区耕地资源绿色利用效率与小麦全要素耦合协调度空间分布差异尤为突出，耦合协调度低值区集中分布在喀斯特山区东南部的广西壮族自治区、中部的贵州省、西南部的云南省，耦合协调度分别为 0.541、0.516、0.581，高值区则分布于喀斯特山区北部的四川省，耦合协调度达 0.931；与此同时，2005 年喀斯特山区耕地资源绿色利用效率与小麦全要素耦合协调类型共有 3 种，四川省处于优质协调，重庆市处于初级协调，而云南省、贵州省及广西壮族自治区处于过渡状态，由于此阶段云南省、贵州省及广西壮族自治区耕地资源绿色利用效率分别为 0.677、0.687、1.000，但 3 省（区）小麦全要素处于低水平，均值仅为 0.196，导致耕地资源绿色利用效率与小麦全要素难以形成良性协调发展。至 2011 年，喀斯特山区各省（区、市）间的耦合协调度整体有所下降，各省（区、市）耦合协调度等级也有所变化，耦合协调度低值区集中分布于中部和西南部的贵州省、云南省，耦合协调度分别为 0.241、0.457，耦合协调度高值区集中分布于北部的四川省，耦合协调度达 0.906；而 2011 年喀斯特山区耕地资源绿色利用效率与小麦全要素耦合协调度囊括 5 种类型，其中处于失调类型的省（区、市）有 2 个，处于协调类型的省（区、市）有 3 个，表明 2001—2011 年喀斯特山区耕地资源绿色利用效率与小麦全要素耦合协调性有所下降，但整体仍处于较低水平。具体来看，云南省、贵州省由勉强协调转变为濒临失调、中度失调，广西壮族自治区由勉强协调转变为初级协调，重庆市由初级协调转变为中级协调，四川省仍为优质协调类型。2020 年，喀斯特山区各省（区、市）耦合协调度值进一步提升，耦合协调度低值区集中分布于西南部的云南省，耦合协调度为 0.623，耦合协调度高值区集中分布于北部的四川省，耦合协调度达 0.853；而喀斯特山区耕地资源绿色利用效率与小麦全要素耦合协调度涉及 3 种类型，其中处于初级协调水平的省（区、市）为 1 个，处于中级协调水平的省（区、市）为 3 个，处于良好协调水平的省（区、市）为 1 个，耦合协调等级为中级协调类型以上的覆盖喀斯特山区 80%。具体而言，云南省由濒临失调转变为初级协调，广西壮族自治区则由初级协调转变为中级协调类型，贵州省的耦合协调水平也有所上升，由中度失调跃升到中级协调类型，重庆市仍为中级协调类型，四川省由优质协调转变为良好协调类型，总体上，耦合协调度呈现"东高西低""北高南低"的空间分异规律的空间集聚特征。近几年，喀斯特山区对生态环境保护和粮食安全高度重视，立足绿色创新发展理念，通过强化创新要素供给，推进小麦适度规模经营，能够很好地提高产业集聚效应，提高生产水平，保障农民增收，所以在研究期内，部分省（区、市）的耦合协调度向协调转变，喀斯特山区各省（区、市）耦合协调度得到进一步提升。

2. 驱动因素时空演化特征

本研究在构建 3 个时间截点上的时空地理加权回归模型时，为保证纳入模型的变量都是对两者系统具有显著贡献的因素，同时为降低模型冗余，根据各年份地理探测结果，分别选择显著性水平 $P<0.05$、q 值排序前 3 的关键驱动因素参与模型构建。具体如下，采用地理探测器和时空地理加权回归模型对喀斯特山区耕地资源绿色利用效率与小麦全要素的耦合协调度的驱动力因素进行研究，将其耦合协调度作为被解释变量，结合喀斯特山区实际情况，构建环境受灾程度（$X1$）、机械化水平（$X2$）、涉农财政支出水平（$X3$）、农村经济发展水平（$X4$）、石漠化面积（$X5$）、耕地碳排放总量（$X6$）共 6 个变量为耦合协调度影响因素的解释变量，见表 4-4-57。

表 4-4-57　驱动因素指标体系

指标	指标说明	单位
环境受灾程度（X1）	受灾面积与农作物总播种面积的比值	%
机械化水平（X2）	单位农作物播种面积的农用机械总动力	千瓦
涉农财政支出水平（X3）	政府的农林水务支出与年度总支出的比值	%
农村经济发展水平（X4）	农村居民人均可支配收入	元
石漠化面积（X5）	各等级石漠化耕地的面积之和	公顷
耕地碳排放总量（X6）	8 种碳排放源数量乘以各自的碳排放系数的总和	吨

（1）多重共线性检验

为避免多重共线性的问题存在，本书运用 SPSS 软件对 2001—2020 年喀斯特山区耕地资源绿色利用效率与小麦全要素耦合协调度的影响因素进行相关分析，发现容差均小于 1、方差膨胀因子均在 10 以内，显示没有明显的多重共线影响，可进行回归分析。结果如表 4-4-58 所示。

表 4-4-58　多重共线性检验结果

变量	容差	VIF	变量	容差	VIF
X1	0.444	2.254	X4	0.211	4.748
X2	0.269	3.716	X5	0.397	2.520
X3	0.417	2.400	X6	0.804	1.244

（2）影响因素地理探测结果

首先采用 ArcGIS 10.7 自然最佳断裂点分级法对选取自变量进行分层，将其由数值量转为类型量。然后借助地理探测器进行因素探测。得到的结果中 6 个变量 q 值均通过 0.05 水平的显著性检验，表明喀斯特山区耕地资源绿色利用效率与小麦全要素耦合协调度的空间分布受环境受灾程度（X1）、机械化水平（X2）、涉农财政支出水平（X3）、农村经济发展水平（X4）、石漠化面积（X5）、耕地碳排放总量（X6）等因素影响。从表 4-4-59 分析可知：2005 年各因素对喀斯特山区耕地资源绿色利用效率与小麦全要素耦合协调度解释力排名前 3 的为：耕地碳排放总量（X6）>机械化水平（X2）>石漠化面积（X5）；2011 年各因素对喀斯特山区耕地资源绿色利用效率与小麦全要素耦合协调度解释力排名前 3 的为：耕地碳排放总量（X6）>环境受灾程度（X1）>

农村经济发展水平（X4）；2020年各因素对喀斯特山区耕地资源绿色利用效率与小麦全要素耦合协调度解释力排名前3的为：耕地碳排放总量（X6）> 环境受灾程度（X1）> 农村经济发展水平（X4）。

综上，随时间演化，各因素对喀斯特山区耕地资源绿色利用效率与小麦全要素耦合协调度的解释度在不同时期存在差异，但影响力最强的因素即耕地碳排放总量（X6）具有相对稳定性特征。

表 4-4-59　耦合协调度时序演进驱动因素探测结果

时间	X1	X2	X3	X4	X5	X6
2005	0.769***	0.795***	0.789***	0.703***	0.790***	0.800***
2011	0.893***	0.269***	0.700***	0.870***	0.818***	0.900***
2020	0.897***	0.844***	0.661***	0.874***	0.791***	0.937***

注：***表示0.001水平上显著相关

（3）时空地理加权回归结果

基于地理探测器结果，分别研究3个时间截点上 q 值排名前3的关键驱动因素，引入GTWR模型进行各影响因素在不同格网作用差异的局部空间回归分析。拟合系数为正值时，表示对因变量有促进的影响，且绝对值越大，影响越大；拟合系数为负值时，表示对因变量有抑制的影响，且绝对值越大，影响越大。GTWR模型拟合结果显示，校正后 $R2$ 为0.997，拟合效果优，见表4-4-60。

表 4-4-60　GTWR 模型拟合结果

因变量	Sigma	AICc	R2	R2Adjusted	Spatio-temporal Distance Ratio	Trace of SMatrix
D 值	0.008	-1383.340	0.998	0.997	4.865	13.336

2001—2020年GTWR模型驱动因素系数时空分化。2005年，耕地碳排放总量对喀斯特山区耕地资源绿色利用效率与小麦全要素耦合协调度在空间上分异明显，影响为正效应，正值最大值区域集中在四川省，最小值区域分布在广西壮族自治区。机械化水平对喀斯特山区耕地资源绿色利用效率与小麦全要素耦合协调度的影响为负效应，绝对最大值区域位于广西壮族自治区，绝对最小值区域位于四川省。石漠化面积对喀斯特山区耕地资源绿色利用效率与小麦全要素耦合协调度的影响为负效应，绝对最大值区域分布在四川省，

绝对最小值区域集中分布在云南省、贵州省、广西壮族自治区及重庆市。2011年，耕地碳排放总量对喀斯特山区耕地资源绿色利用效率与小麦全要素耦合协调度的影响为正效应，绝对最大值区域位于四川省，绝对最小值区域位于广西壮族自治区。环境受灾程度对喀斯特山区耕地资源绿色利用效率与小麦全要素耦合协调度影响为负效应，绝对最大值区域在贵州省，绝对最小值区域位于云南省。农村经济发展水平对喀斯特山区耕地资源绿色利用效率与小麦全要素耦合协调度的影响为负效应，绝对最大值区域位于广西壮族自治区，绝对最小值区域分布在四川省。与2011年相比，2020年耕地碳排放总量在空间分布格局上有明显变化，对喀斯特山区耕地资源绿色利用效率与小麦全要素耦合协调度为正效应，绝对最大值区域分布在四川省，绝对最小值区域位于广西壮族自治区。环境受灾程度对喀斯特山区耕地资源绿色利用效率与小麦全要素耦合协调度的影响为负效应，绝对最大值区域分布在四川省，绝对最小值区域位于云南省。农村经济发展水平对喀斯特山区耕地资源绿色利用效率与小麦全要素耦合协调度的影响为负效应，绝对最大值区域分布在云南省，绝对最小值区域位于四川省。

综上所述，从不同时间截点上各关键因素与喀斯特山区耕地资源绿色利用效率与小麦全要素耦合协调度存在显著空间异质性，且同一关键驱动因素对喀斯特山区耕地资源绿色利用效率与小麦全要素耦合协调度的影响强度在时空上均存在差异，主要表现在耕地碳排放总量、农村经济发展水平、环境受灾程度3个因素，因此政府及相关部门在制定促进两者耦合协调发展的措施上，要充分考虑因素影响的时空异质性。

耕地碳排放总量对喀斯特山区耕地资源绿色利用效率与小麦全要素耦合协调的影响。耕地碳排放总量回归系数在0.4541~2.3882，对喀斯特山区耕地资源绿色利用效率与小麦全要素耦合协调产生了正效应。喀斯特山区农用物资投入碳排放是其耕地绿色利用效率碳排放的主要排放源，意味着喀斯特山区以"机械化、电气化、科技化"为标志的现代农业快速发展，大大促进了耕作效率，由此提高了土地生产率，实现了地区小麦种植管理工作的目标，为耕地经济效益、管理效益的共赢奠定了坚实基础。

环境受灾程度对喀斯特山区耕地资源绿色利用效率与小麦全要素耦合协调的影响。环境受灾程度回归系数在-0.1071~0.0086。全球环境变化和喀斯特山区生态环境脆弱性驱动着喀斯特山区自然灾害频发，是导致耕地利用系统脆弱性的最突出因素，而农业灾害救灾管理体制不够完善，使得对自然灾害的防御能力降低，一旦发生农业灾害，造成的间接经济损失巨大，对小麦优质高产稳产造成了极大挑战。

农村经济发展水平对喀斯特山区耕地资源绿色利用效率与小麦全要素耦合协调的影响。农村经济发展水平回归系数在 3 个时期的平均值分别为0.0334、-0.1159、-0.1761，对喀斯特山区耕地资源绿色利用效率与小麦全要素耦合协调有着显著时空异质性，发生了以正向影响为主到以负向影响为主的转变，其 2020 年空间上表现出南高北低的态势。2005 年农村经济发展水平对喀斯特山区耕地资源绿色利用效率与小麦全要素耦合协调的影响系数主要为正值，可能原因是此时小麦生产要素的持续投入是耕地经济收入持续增长的驱动因素，但随着时间的演化，存在过度追求经济水平而忽视环境保护的发展模式，造成了不少的环境负面产出（张佳卓，2019）。随着社会经济的发展，粮食种植综合收益不高，农户生产投入要素结构发生显著变化，小麦整体生产要素投入结构欠佳，喀斯特山区经济发展与粮食安全并未做到很好的匹配。

（四）结论

本书通过构建喀斯特山区耕地资源绿色利用效率与小麦全要素耦合协调理论框架，并基于 2001—2020 年喀斯特山区五省（区、市）数据的实证分析，探讨了其时空演变格局，用地理探测器和时空地理加权回归模型检验了其驱动机制，得出以下主要结论：

1. 2001—2020 年喀斯特山区耕地资源绿色利用效率与小麦全要素的耦合度及协调度整体均呈波动上升态势，其中耦合度均值 C 为 0.900，整体处于较高强度耦合阶段，表明耕地资源绿色利用效率与小麦全要素关联性较强，系统整体进入良性耦合。而协调度均值 D 为 0.680，整体处于初级协调阶段，未来仍有很大的优化空间。喀斯特山区 2001—2020 年耦合协调度由 0.666 变化为 0.752，由研究前期的初级协调阶段逐渐步入中级协调阶段，年均增长率为0.6%，整体协调性随时间推移呈现波动上升趋势，表明喀斯特山区对耕地资源绿色利用效率与小麦全要素两个系统的耦合协调效应不断趋于良好。

2. 从耦合协调类型的空间划分来看，2001—2020 年喀斯特山区耕地资源绿色利用效率与小麦全要素耦合协调度各省（区、市）空间异质性显著，耦合协调等级空间分布呈现明显的小范围集聚分布特征，其耦合协调度相对高等级区稳定在喀斯特山区北部的四川省。具体而言，2020 年，喀斯特山区各省（区、市）耦合协调度低值区集中分布于西南部的云南省，耦合协调度为0.623，耦合协调度高值区集中分布于北部的四川省，耦合协调度达0.853；而喀斯特山区耕地资源绿色利用效率与小麦全要素耦合协调度涉及3种类型，其中处于初级协调水平的省（区、市）为1个，处于中级协调水平的省（区、市）为3个，处于良好协调水平的省（区、市）为1个，耦合协调等级为中级协调类型以上的覆盖喀斯特山区80%，总体上，耦合协调度呈现"东高西低""北高南低"的空间分异规律的空间集聚特征。

3. 由地理探测器和时空地理加权回归模型得出，从不同时间截面上各关键因素回归系数的空间分布特征可以发现，影响力最强的因子即耕地碳排放总量（$X6$）具有相对稳定性特征，各因素与喀斯特山区耕地资源绿色利用效率与小麦全要素耦合协调度存在显著空间异质性，且同一关键驱动因素对喀斯特山区耕地资源绿色利用效率与小麦全要素耦合协调度的影响强度在时间和空间两个维度上均存在差异，主要表现在耕地碳排放总量、环境受灾程度、农村经济发展水平这几个因素上，其中耕地碳排放总量表现为促进作用，环境受灾程度表现为抑制作用，而农村经济发展水平作用存在时空差异性，发生了以正向影响为主到以负向影响为主的转变，为此，在制定促进两者耦合协调发展的措施时应该充分考虑因素影响的时空异质性。

四、喀斯特山区耕地资源绿色利用效率与薯类全要素耦合

（一）数据来源

本书基于喀斯特山区五个省（区、市）为研究对象，数据主要源于2001—2020年《中国农村统计年鉴》《中国能源统计年鉴》以及各省（区、市）统计年鉴、统计局官网。耕地碳排放总量、农业生产碳汇量等相关数据出自《中国能源统计年鉴》；碳排放相关系数参考相关研究与IPCC、国家温室气体清单指南等。石漠化面积数据源于各省（区、市）林业部门、发展和改革部门、农业农村部门以及全国岩溶地区3次石漠化监测结果。

（二）研究方法

1. 耕地资源绿色利用效率评价指标体系

借鉴Zhang C Z（2020）和姜晗（2020）相关研究，本书基于喀斯特山区耕地资源发展的实际状况（喀斯特山区耕地资源禀赋、区域经济发展水平、生态环境）构建耕地绿色利用效率测算指标体系，见表4-4-61。

表 4-4-61 喀斯特山区耕地绿色利用效率测算指标体系

标准层	要素层	指标层	单位
投入	土地	耕地面积	公顷
	劳动力	农业产业人数	人
投入	资本	农用化肥施用（折纯量）	吨
		农用机械化总动力	千瓦
		农药使用量	吨
		农用塑料薄膜使用量	吨
		有效灌溉面积	公顷
期望产出	经济效益	农业总产值	亿元
	社会效益	粮食总产量	吨
	生态效益	耕地碳吸收量（包括稻谷、小麦、玉米、豆类、薯类等农作物）	吨
非期望产出	碳排放	耕地碳排放量	吨
	环境污染	农业面源污染排放量	吨
	耕地石漠化	耕地各等级石漠化面积之和	公顷

（1）投入指标

耕地生产的投入指标选取土地、劳动力、资本 3 个维度作为表征变量。其中①土地投入：以实际耕地面积作为表征标量反映真实的耕地投入量；②劳动力投入：选取农业从业人员为表征；③化肥投入：以耕地生产过程中农用化肥的实际折纯量作为代理变量；④机械投入：选用耕地利用过程中农业机械总动力作为机械投入量；⑤农药投入：选取农药实际施用量作为代理变量；⑥农膜投入：选取喀斯特山区农用塑料薄膜的使用总量为表征；⑦灌溉投入：采取有效灌溉面积作为投入指标。

（2）产出指标

产出指标包括期望产出和非期望产出。

①期望产出：选取农业总产值、粮食总产量和耕地碳吸收量（主要包括稻谷、小麦、玉米、豆类、薯类等农作物）作为期望产出指标因子。其中，耕地碳吸收量是指农作物光合作用形成的净初级生产量，即生物产量，具体的计算式引自田云等（2019）的方法，具体表示如下：

$$C = \sum_{i=1}^{k} Ci = \sum_{i=1}^{k} ci \cdot Yi \cdot (1 - r)/HIi$$

式中，C 为农作物碳吸收总量，Ci 为某种农作物的碳吸收量，k 为农作物种类数，ci 为农作物通过光合作用合成单位有机质所需吸收的碳，Yi 为农作物的经济产量，r 为农作物经济产品部分的含水量，HIi 为农作物经济系数。各类农作物的碳吸收率与经济系数主要引自王修兰（1996）和韩召迎等（2012）相关文献，见表4-4-62。

表4-4-62　中国主要农作物经济系数与碳吸收率

品种	经济系数	含水量（%）	碳吸收率	品种	经济系数	含水量（%）	碳吸收率
水稻	0.45	12	0.414	薯类	0.70	70	0.423
小麦	0.40	12	0.485	甘蔗	0.50	50	0.450
玉米	0.40	13	0.471	甜菜	0.70	75	0.407
豆类	0.34	13	0.450	蔬菜	0.60	90	0.450
油菜籽	0.25	10	0.450	瓜类	0.70	90	0.450
花生	0.43	10	0.450	烟草	0.55	85	0.450
向日葵	0.30	10	0.450	其他农作物	0.40	12	0.450
棉花	0.10	8	0.450				

数据来源：《中国农业生产净碳效应分异研究》

②非期望产出：选用耕地碳排放总量和农业面源污染排放量表示。

碳排放总量参考田云等（2013）研究的基础上，选取碳排放总量由农用化肥施用折纯量、农药使用量、农用塑料薄膜使用量、农用柴油使用量、有效灌溉面积、农作物种植过程中土壤 N_2O 的排放量（转化为 CO_2）、牲畜养殖碳排放以及稻田 CH_4 排放（转化为 CO_2）8 种碳排放源数量乘以各自的碳排放系数的总和。在借鉴宋德勇等（2009）和张秀梅等（2010）碳排放方程建立方法的基础上，耕地碳排放核算模型规划式如下：

$$E = \sum E_i = \sum (T_i \cdot \delta_i)$$

式中，E 为耕地生产过程中碳排放总量，E_i 为各类碳源碳排放量，T_i 为各碳排放源的量，δ_i 为各种碳源所对应的碳排放系数。从农药、化肥、农用塑料薄膜、柴油、灌溉所产生碳源的量以及土壤、稻田、牲畜养殖确定具体碳源因子及其所对应的碳排放系数，见表4-4-63—表4-4-66。

表4-4-63 主要农用物资碳排放系数

碳源	碳排放系数	参考来源
化肥	$0.8956 \ kg \ C \cdot kg^{-1}$	美国橡树岭国家实验室
农药	$4.9341 \ kg \ C \cdot kg^{-1}$	美国橡树岭国家实验室
农膜	$5.18 \ kg \ C \cdot kg^{-1}$	IREEA（南京农业大学农业资源与生态环境研究所）
柴油	$0.5927 \ kg \ C \cdot kg^{-1}$	IPCC
灌溉	$266.48 \ kg \ C \cdot hm^{-2}$	段华平等

表4-4-64 农作物各品种的土壤 N_2O 排放系数

农作物品种	N_2O 排放系数/（kg/hm^2）	参考来源
水稻	0.24	王智平
小麦	0.40	于克伟等
豆类	0.77	熊正琴等
玉米	2.532	王少彬等
蔬菜类	4.21	邱炜红等
其他农作物	0.95	王智平

表4-4-65 喀斯特山区水稻生长周期内的 CH_4 排放系数（g/m^2）

早稻	晚稻	中季稻
5.10	21.00	22.05

数据来源：《中国农业生产净碳效应分异研究》

表4-4-66 喀斯特山区主要牲畜品种对应的碳排放系数 ［（$kg/$（头·a））］

碳源	肠道发酵	粪便排放		参考来源	碳源	肠道发酵	粪便排放		参考来源
	CH_4	CH_4	N_2O			CH_4	CH_4	N_2O	
奶牛	61	18.00	1.00	IPCC	骡	10	0.90	1.39	IPCC
水牛	55	2.00	1.34	IPCC	骆驼	46	1.92	1.39	IPCC
黄牛	47	1.00	1.39	IPCC	猪	1	4.00	0.53	IPCC
马	18	1.64	1.39	IPCC	山羊	5	0.17	0.33	IPCC

碳源	肠道发酵	粪便排放		参考来源	碳源	肠道发酵	粪便排放		参考来源
	CH_4	CH_4	N_2O			CH_4	CH_4	N_2O	
驴	10	0.90	1.39	IPCC	绵羊	5	0.15	0.33	IPCC

农业面源污染排放量参考陈敏鹏（2006）和现有其他文献的研究成果，选用农业面源污染的核算模型规划式如下：

$$E = \sum_i EU_i P_i C_i (EU_i, S)$$

式中，E 为农业面源污染排放量，EU_i 为污染单元 i 的统计量，P_i 为污染单元 i 的产生系数，C_i 为污染单元 i 的流失系数，它由污染单元以及污染单元所在区域的自然条件决定（张佳卓，2019）。本书选取农业生产经营活动中最主要的两个农业面源污染类型——化肥施用和畜禽养殖（张佳卓，2019），并选择氮肥、磷肥折纯量作为化肥施用污染单元；选择猪当年出栏量，牛年末存栏量，羊年末存栏量以及家禽当年出栏量作为畜禽养殖污染单元，最后以清单分析法为基础确定污染单元产生的总氮（TN）、总磷（TP）污染物排放量（张佳卓，2019），公式如下所示：

表 4-4-67　喀斯特山区农业面源污染单元污染物排放量计算公式表

污染单元	计算公式
氮肥	总氮（TN）排放量＝氮肥折纯施用量×氮肥流失系数
磷肥	总磷（TP）排放量＝磷肥折纯施用量×磷肥流失系数
猪	猪污染物排放量（总氮、总磷）＝猪当年出栏量×猪饲养周期×猪粪尿日排泄系数×猪粪尿污染物含量×猪粪尿污染物流失系数
牛	牛污染物排放量（总氮、总磷）＝牛年末存栏量×牛饲养周期×牛粪尿日排泄系数×牛粪尿污染物含量×牛粪尿污染物流失系数
羊	羊污染物排放量（总氮、总磷）＝羊年末存栏量×羊饲养周期×羊粪便日排泄系数×羊粪便污染物含量×羊粪便污染物流失系数
家禽	家禽污染物排放量（总氮、总磷）＝家禽当年出栏量×家禽的饲养周期×家禽粪便日排泄系数×家禽粪便污染物含量×家禽粪便污染物流失系数

相关污染单元产排污系数、化肥流失系数、畜禽污染单元相应系数（张

佳卓，2019），见表4-4-68—表4-4-73。

表4-4-68　喀斯特山区农业面源污染定量核算所需要的产排污系数表

污染源	定量核算所需要的产排污系数
化肥施用（折纯量）	氮肥流失系数（%）
	磷肥流失系数（%）
畜禽养殖	畜禽养殖周期（天）
	单位畜禽日排泄粪尿系数（千克/头，只）
	单位畜禽日排泄粪尿氮、磷含量（千克/头，只）
	畜禽粪尿氮、磷流失系数（%）

表4-4-69　喀斯特山区氮肥、磷肥流失系数表

地区	氮流失系数（%）	磷流失系数（%）
喀斯特山区	0.923	0.438

数据来源：《中国农业面源污染区域差异及其影响因素分析》

表4-4-70　畜禽饲养周期（单位：天/年）

项目	猪	牛	羊	家禽
时间	199	365	365	210

数据来源：《浙江省农业面源污染时空特征及经济驱动因素分析》

表4-4-71　喀斯特山区畜禽粪尿日排泄系数表（单位：千克/天）

项目	猪	牛	羊	家禽
粪	2	20	2.6	0.125
尿	3.3	10	—	—

数据来源：2002年国家环境保护总局公布数据

表4-4-72　中国畜禽粪尿中污染物平均含量（单位：千克/吨）

项目	猪粪	猪尿	牛粪	牛尿	羊粪	家禽粪便
TN	52	9	31	6	4.63	45.65
TP	3.41	0.52	1.18	0.4	2.6	5.79

数据来源：2002年国家环境保护总局公布数据

表 4-4-73　南方畜禽氮磷流失系数（%）

项目	猪粪	牛粪	羊粪	家禽粪便	猪尿	牛尿	羊尿	家禽尿
流失系数	8	8	8	20	35	35	—	—

数据来源：《中国农业面源污染区域差异及其影响因素分析》

石漠化耕地，各等级石漠化耕地的面积之和，即轻度石漠化耕地面积、中度石漠化耕地面积、重度石漠化耕地面积以及极重度石漠化耕地面积之和。其表达式如下：

$$S = \sum_{i=i}^{4} S_i \qquad （ i = 1、2、3、4 ）$$

其中，S 为石漠化耕地面积，S_1 为轻度石漠化耕地面积，S_2 为中度石漠化耕地面积，S_3 为重度石漠化耕地面积，S_4 为极重度石漠化耕地面积。

2. 薯类全要素评价指标体系

基于薯类全要素意蕴内涵，并参考刘洋（2010）和胡贤辉（2022）相关研究成果，本书从薯类生产投入强度、利用程度、产出效益 3 个维度构建喀斯特山区薯类全要素评价指标体系（表 4-4-74 所示）。薯类生产投入强度反映在薯类生产过程中各类生产要素投入的基本情况，以薯类播种面积、单位劳动力投入、单位化肥投入及单位机械投入为表征；利用程度反映农户对耕地资源的开发利用状况以及应对喀斯特山区自然灾害的韧性，以灌溉指数、稳产指数为表征；薯类产出效益反映各类薯类生产要素投入后所产生的效益，产出效益越高，薯类生产潜力挖掘程度越高，以地均产值、劳均产值为表征。

由于宏观数据中无法获得部分单独衡量薯类全要素方面的数据，考虑数据的可得性和准确性，需要对薯类全要素的指标相关数据进行处理。本书借鉴马文杰（2010）使用的权重系数法，将薯类从农作物生产的要素投入剥离出来，所用的两种权重系数分别为：

$$A = （a/b） \times （c/d） \qquad （1）$$
$$B = a/b \qquad （2）$$

式中，A 和 B 代表薯类生产要素投入的权重系数，a 代表薯类播种面积，b 代表农作物播种面积，c 代表薯类产值，d 代表农业产值。

表 4-4-74　喀斯特山区薯类全要素评价指标体系

目标层	准则层	指标层	指标说明	权重
薯类全要素	投入强度	薯类土地投入（hm²）	薯类播种面积	0.259
		单位劳动力投入（人/hm²）	薯类从业人数①/ 薯类播种面积	0.156
		单位化肥投入（t/hm²）	薯类化肥施用量②/薯类播种面积	0.085
		单位机械投入（kW/hm²）	薯类机械总动力③/ 薯类播种面积	0.076
薯类全要素	产出效益	灌溉指数（%）	薯类有效灌溉面积④/薯类播种面积	0.049
		稳产指数（%）	年末未受灾面积⑤/农作物总播种面积	0.040
		地均产值（10⁴元/hm²）	薯类产值 /薯类播种面积	0.143
		劳均产值（10⁴元/人）	薯类产值/薯类从业人数	0.192

注：①薯类从业人数＝第一产业从业人员 * A；②薯类化肥施用量＝化肥施用量 * B；③薯类机械总动力＝农业机械总动力 * B；④薯类有效灌溉面积＝有效灌溉面积 * B；⑤薯类受灾面积＝农作物受灾面积 * B

3. 构建模型

（1）松弛效率模型

传统径向 DEA 模型只包含所有的投入（产出）径向改进，却未包括松弛改进，部分的局限性及环境因素的产出问题会造成效率结果的失真，未真实反映耕地绿色利用效率，以非径向测算为基础的松弛效率模型弥补了这一缺陷并被相关领域研究学者广泛采用。因此，本书选择 SBM 模型将多个非期望产出指标（耕地碳排放、农业面源污染、耕地石漠化）纳入到耕地绿色利用效率评价体系中，以便更加全面科学合理地评价喀斯特山区耕地绿色利用效率。现对 SBM 模型简单介绍如下。

假设考察样本中有 K（$K = 1, 2, \cdots, k$）个决策单元，每个决策单元有 3 个要素：投入向量 $\pmb{x}$、期望产出向量 $\pmb{y}$、非期望产出向量 $\pmb{u}$（$x \in R^M$，$y \in R^N$，$u \in R^I$，M、N、I 分别为每个决策单元投入、期望产出、非期望产出的数量）。参考 Tone（2001）等研究成果，考虑非期望产出的 SBM 模型可表述为：

$$\rho^* = \min \frac{1 - \dfrac{1}{M} \sum_{m=1}^{M} \dfrac{S_i^x}{x_m^k}}{1 + \dfrac{1}{N+I} \left(\sum_{n=1}^{N} \dfrac{S_n^k}{y_n^k} + \sum_{i=1}^{I} \dfrac{S_u^k}{u_i^k} \right)}$$

$$s.t. \begin{cases} x_m^k = \sum_{k=1}^{K} \lambda_k x_m^k + s_m^x \\ y_n^k = \sum_{k=1}^{K} \lambda_k y_n^k - s_n^y \\ u_i^k = \sum_{k=1}^{K} \lambda_k x_i^k + s_i^u \\ s_m^x \geqslant 0, \ s_n^y \geqslant 0, \ s_i^u \geqslant 0, \ \lambda_k \geqslant 0 \end{cases} \tag{3}$$

式中,s^x、s^y、s^u 分别为代表投入松弛变量(衡量投入过剩)、期望产出松弛变量(衡量期望产出不足)、非期望产出松弛变量(衡量非期望产出不足),λ_k 为各个决策单元的权重。等式右侧的分子分母分别为决策单元实际投入、产出到生产前沿面的平均距离,即投入无效率程度和产出无效率程度。目标函数 $\rho^* \in [0, 1]$,当 $\rho^* = 1$ 时,表明决策单元生产有效率;当 $\rho^* < 1$ 时,则表明决策单元存在效率损失,在投入产出上可进一步改进。

(2)薯类全要素是一个多种生产要素相互作用的复杂综合过程,因此,本研究参考杨丽(2015)采用多因素综合评价法对喀斯特山区薯类全要素水平进行测度,具体计算公式如下:

$$F_i = \sum_{i=1}^{n} x_{qij} w_j, \ w_j = f_j / \sum f_j$$

$$f_j = 1 + \ln(rn) \sum_q \sum_i \frac{x_{qij}}{\sum_q \sum_i x_{qij}} \ln \sum_i \frac{x_{qij}}{\sum_q i \sum x_{qij}} \tag{4}$$

式中,F_i 为省域 i 的薯类全要素评价指数;x_{qij} 为第 q 年省域 i 在第 j 个指标上的标准化值,指标的标准化采用最大化值法、最小化值法进行;w_j 为第 j 个指标的权重,为避免权重确定的主观性,采用熵值法确定,由于传统的熵值法只能针对截面数据,而本研究基于的是面板数据,因此采用加入时间变量的熵值法进行权重的确定。f_j 为第 j 个指标的信息冗余度,r、n 分别为研究时限和省(区、市)评价单元数量。

(3)耦合协调度计算

①耦合度模型

基于喀斯特山区耕地资源绿色利用效率与薯类全要素耦合机理分析可知,两者为彼此独立但又相互作用的系统。因此,本研究借助物理学中容量耦合系数模型,以揭示两系统间的相互作用及相互影响的内在耦合机制。参考廖重斌（1999）对耦合协调度的定义和计算方法，构建耕地资源绿色利用效率与薯类全要素的耦合度模型，即式（5）：

$$C = \left[\frac{CI \times CE}{[(CI + CE/2)]^2} \right]^K \tag{5}$$

式中，C 为耕地资源绿色利用效率与薯类全要素的耦合度，$0 \leqslant C \leqslant 1$，$C$ 值越大，表明耕地资源绿色利用效率与薯类全要素两系统间相互作用越强；CI 及 CE 分别表示耕地资源绿色利用效率与薯类全要素水平；K 为调节系数，$K \geqslant 2$，本研究取 $K = 2$。

②耦合协调度模型

C 值只能反映耕地资源绿色利用效率与薯类全要素两系统间的耦合度，但未能进一步表明两系统之间是处于相互促进状态，还是相互制约状态。因此，本研究参考廖重斌（1999）引入耦合协调度模型衡量耕地资源绿色利用效率与薯类全要素两系统间的耦合协调程度，其计算公式如下：

$$D = \sqrt{C \times T}, \ T = \alpha CI + \beta CE \tag{6}$$

式中，D 为耦合协调度，D 值越大，表明两系统间越协调；T 为耕地资源绿色利用效率与薯类全要素的综合协调指数，α，β 为待定参数，$\alpha + \beta = 1$，本书认为耕地资源绿色利用效率与薯类全要素两者是同等重要的，且 α，β 值的设计不会对两者复合系统的演变规律产生影响，因此，$\alpha = \beta = 0.5$。

为判定耦合质量，参考廖重斌（1999）和赵芳（2009）相关研究成果，并综合耕地资源绿色利用效率与薯类全要素的耦合协调度，本书按照协调发展度的大小（0<D<1）以 0.1 为间隔点将二者耦合协调发展状况依次划分为极度失调（0.0-0.1）、严重失调［0.1-0.2）、中度失调［0.2-0.3）、轻度失调［0.3-0.4）、濒临失调［0.4-0.5）、勉强协调［0.5-0.6）、初级协调［0.6-0.7）、中级协调［0.7-0.8）、良好协调［0.8-0.9）和优质协调［0.9-1.0）10 个等级（胡贤辉，2022；刘敏，2021；田凯，2021），见表 4-4-75。

表 4-4-75 耦合协调度等级划分

协调等级	协调程度	协调等级	协调程度
1	极度失调	6	勉强协调
2	严重失调	7	初级协调
3	中度失调	8	中级协调
4	轻度失调	9	良好协调

协调等级	协调程度	协调等级	协调程度
5	濒临失调	10	优质协调

（三）结果与分析

1. 喀斯特山区耕地资源绿色利用效率与薯类全要素耦合协调度时空演化特征

由图 4-4-4 可知，2001—2020 年喀斯特山区耕地资源绿色利用效率与薯类全要素的耦合度及协调度整体均呈波动上升态势，其中耦合度均值 C 为 0.854，整体处于较高强度耦合阶段，表明耕地资源绿色利用效率与薯类全要素关联性较强，系统整体进入良性耦合。而协调度均值 D 为 0.618，整体处于初级协调阶段，未来仍有很大的优化空间。由于耦合度只能判别系统间互相作用的强弱程度和方向特征，当不同系统均处于较低水平时，也可能会出现较高耦合度（肖黎明，2019），因此本书着重对二者的协调度进行分析。

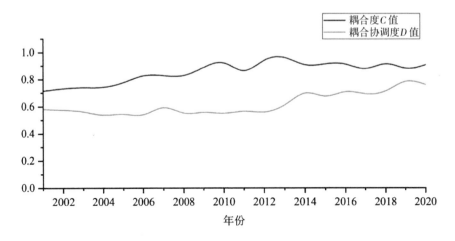

图 4-4-4　喀斯特山区耕地资源绿色利用效率与薯类全要素耦合协调度时序

从整体时序来看，喀斯特山区 2001—2020 年耦合协调度由 0.581 变化为 0.760，由研究前期的勉强协调阶段逐渐步入中级协调阶段，年均增长率为 1.4%，整体协调性随时间推移呈现波动上升趋势，表明喀斯特山区对耕地资源绿色利用效率与薯类全要素两个系统的耦合协调效应不断趋于良好。进一步根据协调度波动幅度和变化趋势可将其大致分为两个阶段：第一阶段为

2001—2012 年，二者耦合协调度整体处于过渡阶段，可能与这一阶段喀斯特山区农业基础薄弱、经济发展水平较低、耕地"非粮化""非农化"、农业灾害频发、耕地质量退化及农业面源污染等问题越发激烈有关，区域内生态环境恶化、耕地资源低效利用且流失严重，成为耕地资源绿色利用效率与薯类全要素协调发展的主要限制性因素。2013—2020 年，二者耦合协调度由过渡类型转变为协调类型，二者耦合协调性有着明显的优化，整体呈递增趋势，最终 2020 年上升到中级协调阶段。可能原因是随着喀斯特山区精准扶贫资金投入多，农业政策落实情况好，政府及相关部门强化农业科技创新与推广、推行绿色生产方式，为薯类生产提供了良好条件，耕地产能也不断提升，促进耕地绿色利用效率与粮食安全不断向优质协调方向发展。

表 4-4-76　喀斯特山区耕地资源绿色利用与薯类全要素耦合协调程度

年份	耦合度 C 值	协调指数 T 值	耦合协调度 D 值	协调等级	耦合协调程度
2001	0.715	0.472	0.581	6	勉强协调
2002	0.733	0.451	0.575	6	勉强协调
2003	0.740	0.427	0.562	6	勉强协调
2004	0.743	0.390	0.538	6	勉强协调
2005	0.777	0.381	0.544	6	勉强协调
2006	0.826	0.353	0.540	6	勉强协调
2007	0.828	0.423	0.592	6	勉强协调
2008	0.829	0.369	0.553	6	勉强协调
2009	0.888	0.349	0.557	6	勉强协调
2010	0.922	0.329	0.551	6	勉强协调
2011	0.864	0.370	0.565	6	勉强协调
2012	0.941	0.333	0.560	6	勉强协调
2013	0.961	0.389	0.611	7	初级协调
2014	0.908	0.537	0.698	7	初级协调
2015	0.914	0.500	0.676	7	初级协调
2016	0.912	0.549	0.708	8	中级协调
2017	0.879	0.547	0.693	7	初级协调
2018	0.914	0.558	0.714	8	中级协调

年份	耦合度 C 值	协调指数 T 值	耦合协调度 D 值	协调等级	耦合协调程度
2019	0.881	0.698	0.784	8	中级协调
2020	0.907	0.637	0.760	8	中级协调

基于 2005 年、2011 年、2020 年的耦合协调度数据，运用 ArcGIS 10.7 软件对喀斯特山区耕地资源绿色利用效率与薯类全要素耦合协调度的测度值进行空间可视化处理，剖析其空间分布特征。

2001—2020 年喀斯特山区耕地资源绿色利用效率与薯类全要素耦合协调度各省（区、市）空间异质性显著，耦合协调等级空间分布呈现明显的小范围集聚分布特征，其耦合协调度相对高等级区稳定在喀斯特山区北部的四川省。具体而言，2005 年喀斯特山区耕地资源绿色利用效率与薯类全要素耦合协调度空间分布差异尤为突出，耦合协调度低值区集中分布在喀斯特山区东南部的广西壮族自治区、中部的贵州省、西南部的云南省，耦合协调度分别为 0.384、0.437、0.494，高值区则分布于喀斯特山区北部的四川省，耦合协调度达 0.800；与此同时，2005 年喀斯特山区耕地资源绿色利用效率与薯类全要素耦合协调类型共有 4 种，四川省处于良好协调，重庆市处于初级协调，而云南省、贵州省及广西壮族自治区处于失调状态，此阶段云南省、贵州省及广西壮族自治区耕地资源绿色利用效率分别为 0.677、0.687、1.000，3 省（区、市）薯类全要素处于低水平，均值仅为 0.187，不利于两者的协调发展。至 2011 年，喀斯特山区各省（区、市）间的耦合协调度整体有所上升，各省（区、市）耦合协调度等级也有所变化，耦合协调度低值区集中分布于中部和西南部的贵州省、云南省，耦合协调度分别为 0.171、0.403，耦合协调度高值区集中分布于北部的四川省，耦合协调度达 0.854；而 2011 年喀斯特山区耕地资源绿色利用效率与薯类全要素耦合协调度囊括 5 种类型，其中处于失调协调类型的省（区、市）有 2 个，处于协调类型的省（区、市）有 3 个，表明 2001—2011 年喀斯特山区耕地资源绿色利用效率与薯类全要素耦合协调性有所上升，但整体仍处于较低水平。具体来看，云南省、贵州省由勉强协调分别转变为濒临失调、严重失调，广西壮族自治区由轻度失调转变为中级协调，重庆市仍为初级协调，四川省仍为良好协调类型。2020 年，喀斯特山区各省（区、市）耦合协调度值进一步提升，耦合协调度低值区集中分布于西南部的云南省，耦合协调度为 0.639，耦合协调度高值区集中分布于北部的四川省，耦合协调度达 0.939；而喀斯特山区耕地资源绿色利用效率与薯类全要素耦合协调度涉及 3 种类型，其中处于初级协调水平的省（区、市）为 1 个，处于中级协调水平的省（区、市）为 3 个，处于优质协调水平的省（区、市）为 1 个，耦合协调等级为中级协调类型以上的覆盖喀斯特山区 80%。具体而言，云南省由濒临失调转变为初级协调，广西壮族自治区仍为中级协调类型，贵州省、重庆市的耦合协调水平也有所上升，贵州省由严重失调跃升到中级协调类型，重庆市由初级协调转变为中级协调类型，四川省由良好协调转变为优质协调类型，总体上，耦合协调度呈现"东高西低""北高南低"的空间分异规律的空间集聚特征。随着喀斯特山区技术市场发展的不断完善，农业科技投入加大，加之可持续发展理念不断深入，更加注重资源的有序利用和环境保护（肖黎明，2019），进一步减少耕地利用过程中的负外部性效应，薯类生产功能增强，耕地绿色利用效率也随之提高，所以在研究期内，部分省（区、市）的耦合协调度向协调转变。

2. 驱动因素时空演化特征

本研究在构建 3 个时间截点上的时空地理加权回归模型时，为保证纳入模型的变量都是对两者系统具有显著贡献的因素，同时为降低模型冗余，根据各年份地理探测结果，分别选择显著性水平 $P<0.05$、q 值排序前 3 的关键驱动因素参与模型构建。具体如下，采用地理探测器和时空地理加权回归模型对喀斯特山区耕地资源绿色利用效率与薯类全要素耦合协调度的驱动力因素进行研究，将其耦合协调度作为被解释变量，结合喀斯特山区实际情况，构建环境受灾程度（$X1$）、机械化水平（$X2$）、涉农财政支出水平（$X3$）、农村经济发展水平（$X4$）、石漠化面积（$X5$）、耕地碳排放总量（$X6$）共 6 个变量为耦合协调度影响因素的解释变量，见表 4-4-77。

表 4-4-77 驱动因子指标体系

指标	指标说明	单位
环境受灾程度（$X1$）	受灾面积与农作物总播种面积的比值	%
机械化水平（$X2$）	单位农作物播种面积的农用机械总动力	千瓦
涉农财政支出水平（$X3$）	政府的农林水务支出与年度总支出的比值	%
农村经济发展水平（$X4$）	农村居民人均可支配收入	元
石漠化面积（$X5$）	各等级石漠化耕地的面积之和	公顷
耕地碳排放总量（$X6$）	8 种碳排放源数量乘以各自的碳排放系数的总和	吨

（1）多重共线性检验

为避免多重共线性的问题存在，本书运用 SPSS 软件对 2001—2020 年喀斯特山区耕地资源绿色利用效率与薯类全要素耦合协调度的影响因素进行相关分析，发现容差均小于 1、方差膨胀因子均在 10 以内，显示没有明显的多重共线影响，可进行回归分析。结果如表 4-4-78 所示。

表 4-4-78　多重共线性检验结果

变量	容差	VIF	变量	容差	VIF
$X1$	0.444	2.254	$X4$	0.201	4.748
$X2$	0.269	3.716	$X5$	0.397	2.520
$X3$	0.418	2.410	$X6$	0.804	1.244

（2）影响因素地理探测结果

首先采用 ArcGIS 10.7 自然最佳断裂点分级法对选取自变量进行分层，将其由数值量转为类型量。然后借助地理探测器进行因子探测。得到的结果中 6 个变量 q 值均通过 0.05 水平的显著性检验，表明喀斯特山区耕地资源绿色利用效率与薯类全要素耦合协调度的空间分布受环境受灾程度（$X1$）、机械化水平（$X2$）、涉农财政支出水平（$X3$）、农村经济发展水平（$X4$）、石漠化面积（$X5$）、耕地碳排放总量（$X6$）等因素影响。从表 4-4-79 可知：2005 年各因子对喀斯特山区耕地资源绿色利用效率与薯类全要素耦合协调度解释力排名前 3 的为：耕地碳排放总量（$X6$）>石漠化面积（$X5$）>涉农财政支出水平（$X3$）；2011 年各因子对喀斯特山区耕地资源绿色利用效率与薯类全要素耦合协调度解释力排名前 3 的为：耕地碳排放总量（$X6$）>环境受灾程度（$X1$）>农村经济发展水平（$X4$）；2020 年各因素对喀斯特山区耕地资源绿色利用效率与薯类全要素耦合协调度解释力排名前 3 的为：耕地碳排放总量（$X6$）>环境受灾程度（$X1$）>石漠化面积（$X5$）。

综上，随时间演化，各因素对喀斯特山区耕地资源绿色利用效率与薯类全要素耦合协调度的解释度在不同时期存在差异，但影响力最强的因素即耕地碳排放总量（$X6$）具有相对稳定性特征。

表 4-4-79 耦合协调度时序演进驱动因子探测结果

时间	$X1$	$X2$	$X3$	$X4$	$X5$	$X6$
2005	0.825***	0.858***	0.867***	0.829***	0.891***	0.900***
2011	0.900***	0.298***	0.678***	0.876***	0.826***	0.936***
2020	0.898***	0.796***	0.840***	0.796***	0.863***	0.951***

注：***表示 0.001 水平上显著相关

（3）时空地理加权回归结果

基于地理探测器结果，本书分别研究 3 个时间截点上 q 值排名前 3 的关键驱动因素，引入 GTWR 模型进行各影响因素在不同格网作用差异的局部空间回归分析。拟合系数为正值时，表示对因变量有促进的影响，且绝对值越大，影响越大；拟合系数为负值时，表示对因变量有抑制的影响，且绝对值越大，影响越大。GTWR 模型拟合结果显示，校正后 $R2$ 为 0.842，拟合效果较优，见表 4-4-80。

表 4-4-80 GTWR 模型拟合结果

因变量	Sigma	AICc	$R2$	$R2$Adjusted	Spatio-temporal Distance Ratio	Trace of SMatrix
D 值	0.062	2.273	0.910	0.842	0.269	7.168

2001—2020 年 GTWR 模型驱动因素系数时空分化。2005 年，耕地碳排放总量对喀斯特山区耕地资源绿色利用效率与薯类全要素耦合协调度在空间上分异明显，影响为正效应，正向最大值区域集中在四川省，最小值区域分布在广西壮族自治区。石漠化面积对喀斯特山区耕地资源绿色利用效率与薯类全要素耦合协调度的影响为负效应，绝对最大值区域位于广西壮族自治区，绝对最小值区域位于四川省。涉农财政支出水平对喀斯特山区耕地资源绿色利用效率与薯类全要素耦合协调度的影响为正效应，绝对最大值区域分布在广西壮族自治区，绝对最小值区域集中分布在四川省。2011 年，耕地碳排放总量对喀斯特山区耕地资源绿色利用效率与薯类全要素耦合协调度的影响为正效应，绝对最大值区域位于四川省，绝对最小值区域位于广西壮族自治区。环境受灾程度对喀斯特山区耕地资源绿色利用效率与薯类全要素耦合协调度影响为负效应，绝对最大值区域在贵州省、重庆市，绝对最小值区域位于云南省。农村经济发展水平对喀斯特山区耕地资源绿色利用效率与薯类全要素

耦合协调度的影响为负效应，绝对最大值区域位于广西壮族自治区，绝对最小值区域分布在四川省。与2011年相比，2020年耕地碳排放总量的空间分布格局无明显变化，对喀斯特山区耕地资源绿色利用效率与薯类全要素耦合协调度为正效应，绝对最大值区域分布在四川省，绝对最小值区域位于广西壮族自治区。环境受灾程度对喀斯特山区耕地资源绿色利用效率与薯类全要素耦合协调度的影响为负效应，绝对最大值区域分布在贵州省、重庆市，绝对最小值区域位于云南省。石漠化面积对喀斯特山区耕地资源绿色利用效率与薯类全要素耦合协调度的影响为负效应，绝对最大值区域分布在广西壮族自治区，绝对最小值区域位于四川省。

综上所述，从不同时间截点上各关键因素与喀斯特山区耕地资源绿色利用效率与薯类全要素耦合协调度存在显著空间异质性，且同一关键驱动因素对喀斯特山区耕地资源绿色利用效率与薯类全要素耦合协调度的影响强度在时空上均存在差异，主要表现在耕地碳排放总量、环境受灾程度、石漠化面积3个因素上。因此政府及相关部门在制定促进两者耦合协调发展的措施时，要充分考虑因素影响的时空异质性。

耕地碳排放总量对喀斯特山区耕地资源绿色利用效率与薯类全要素耦合协调的影响。耕地碳排放总量回归系数在1.0145~1.0417，对喀斯特山区耕地资源绿色利用效率与薯类全要素耦合协调产生了正效应。喀斯特山区耕地生产受地形地貌的限制，耕地资源禀赋较差和经济发展落后问题导致耕地生产缺乏后劲，对化肥、农药等农用物资的依赖度高，客观上也直接导致碳排放量迅速增长，给生态环境造成巨大压力，因此，喀斯特山区需要找到一种既能减少碳排放、农业面源污染，又能保障粮食安全的方式，抑制耕地碳排放，建设生态文明，实现喀斯特山区的可持续发展。

环境受灾程度对喀斯特山区耕地资源绿色利用效率与薯类全要素耦合协调的影响。环境受灾程度回归系数在-0.0057~0.0055。喀斯特山区地貌环境复杂、农业生产环境脆弱，对自然灾害的防御能力较低，一旦发生农业灾害，就会导致粮食产量出现波动，生产布局产生突变，增加耕地生产成本，对耕地生产和农民生活造成了极大的负面影响，严重影响了喀斯特山区耕地资源的可持续利用。

石漠化面积对喀斯特山区耕地资源绿色利用效率与薯类全要素耦合协调的影响。石漠化面积回归系数在-0.1579~0.1550，对喀斯特山区耕地资源绿色利用效率与薯类全要素耦合协调有着显著的抑制作用。耕地生产遭受石漠化的干扰导致留存土壤量极少，致使土地生产力下降，可耕种土地面积缩减，直接影响耕地的产出率，难以满足耕地的生产需要。

（四）结论

本书通过构建喀斯特山区耕地资源绿色利用效率与薯类全要素耦合协调理论框架，并基于 2001—2020 年喀斯特山区五省（区、市）数据的实证分析，探讨了其时空演变格局，用地理探测器和时空地理加权回归模型检验了其驱动机制，得出以下主要结论：

1. 2001—2020 年喀斯特山区耕地资源绿色利用效率与薯类全要素的耦合度及协调度整体均呈波动上升态势，其中耦合度均值 C 为 0.854，整体处于较高强度耦合阶段，表明耕地资源绿色利用效率与薯类全要素关联性较强，系统整体进入良性耦合。而协调度均值 D 为 0.618，整体处于初级协调阶段，未来仍有很大的优化空间。喀斯特山区 2001—2020 年耦合协调度由 0.581 变化为 0.760，由研究前期的勉强协调阶段逐渐步入中级协调阶段，年均增长率为 1.4%，整体协调性随时间推移呈现波动上升趋势，表明喀斯特山区对耕地资源绿色利用效率与薯类全要素两个系统的耦合协调效应不断趋于良好。

2. 从耦合协调水平的空间分布来看，2001—2020 年喀斯特山区耕地资源绿色利用效率与薯类全要素耦合协调度各省（区、市）空间异质性显著，耦合协调等级空间分布呈现明显的小范围集聚分布特征，其耦合协调度相对高等级区稳定在喀斯特山区北部的四川省。具体而言，2020 年，耦合协调度低值区集中分布于西南部的云南省，耦合协调度为 0.639，耦合协调度高值区集中分布于北部的四川省，耦合协调度达 0.939；而喀斯特山区耕地资源绿色利用效率与薯类全要素耦合协调度涉及 3 种类型，其中处于初级协调水平的省（区、市）为 1 个，处于中级协调水平的省（区、市）为 3 个，处于优质协调水平的省（区、市）为 1 个，耦合协调等级为中级协调类型以上的覆盖喀斯特山区 80%，总体上，耦合协调度呈现"东高西低""北高南低"的空间分异规律的空间集聚特征。

3. 由地理探测器和时空地理加权回归模型得出：影响力最强的耕地碳排放总量具有相对稳定性特征，各因素与喀斯特山区耕地资源绿色利用效率与薯类全要素耦合协调度存在显著空间异质性，且同一关键驱动因素对喀斯特山区耕地资源绿色利用效率与薯类全要素耦合协调度的影响强度在时空上均存在差异，主要表现在耕地碳排放总量、环境受灾程度、石漠化面积这几个因素上，其中耕地碳排放总量表现为促进作用，环境受灾程度、石漠化面积表现为抑制作用，为此，政府及相关部门在制定促进两者耦合协调发展的措施时应该充分考虑因素影响的时空异质性。

第五章

农户耕地资源绿色利用行为响应

耕地资源为人类提供了赖以生存的农产品，是粮食安全的根本保障。实行土地承包责任制以来的"高投入、高消耗、高污染、低效益"农业生产方式破坏了农业资源的生态环境，降低了耕地质量水平，导致人类身体健康和粮食安全面临严重的威胁。农户是新时期耕地资源利用最重要的主体之一，其耕地资源利用方式和状况决定着粮食安全、人类身体健康和农业资源环境问题以及耕地资源绿色永续利用。因此，本章内容是农户耕地资源绿色利用行为响应机理及决策影响因素，喀斯特山区农户绿色耕作行为影响因素的区域差异性。

第一节 农户耕地资源绿色利用行为响应机理及决策影响因素

（一）数据来源与统计描述

1. 数据来源

课题组成员根据自然地理特征和经济发展水平情况，在贵州省选择具有典型代表性的安顺市经济开发区、遵义市湄潭县、六盘水市盘州市和黔东南苗族侗族自治州黎平县，每个县（区）选1~2个乡（镇），每个乡（镇）选取2个村的农作物种植农户进行问卷调查和访谈，共发放963份问卷，获得有效问卷950份。其中，调查访谈安顺市经济开发区233户，获得有效问卷230份；调查遵义市湄潭县239户，获得有效问卷235份；调查六盘水市盘州市247户，获得有效问卷245份；调查黔东南苗族侗族自治州黎平县244户，获得有效问卷240份。问卷主要内容包括：户主及家庭基本特征、家庭经济特征、自然条件、其他因素。

2. 数据统计描述

在 950 份农户样本问卷中：（1）户主特征。男性占 75.97%，女性占 24.03%；被访者年龄总体偏大，其中 57.62% 的农户年龄在 46~60 岁；受教育程度普遍不高，有 94.32% 的农户处于小学和初中教育水平；有 63.31% 的农户务农年限在 20 年以上。（2）家庭经济特征。家庭收入来源 46.33% 以农业为主，53.67% 以非农业为主；家庭年收入 2 万元及以下、2 万~6 万元、6 万~10 万元、10 万元以上所占的比例分别为 19.64%、46.51%、23.51%、10.34%。见表 5-1-1。

表 5-1-1 农户基本特征

变量	类别及赋值	人数（个）	占比（%）	均值	标准差
性别	男 = 1	722	75.97	0.76	0.43
	女 = 0	228	24.03		
年龄	30 岁及以下	66	6.98	48.65	11.04
	31~45 岁	238	25.06		
	46~60 岁	547	57.62		
	60 岁以上	99	10.34		
受教育程度	小学及以下 = 1	633	66.67	1.40	0.63
	初中 = 2	262	27.65		
	高中 = 3	44	4.65		
	中专及以上 = 4	11	1.03		
务农年限	5 年及以下 = 1	68	7.23	3.39	0.92
	6~10 年 = 2	98	10.34		
	11~20 年 = 3	181	19.12		
	21 年以上 = 4	603	63.31		
家庭年收入	2 万元及以下 = 1	186	19.64	2.25	0.89
	2 万~6 万元 = 2	441	46.51		
	6 万~10 万元 = 3	223	23.51		
	10 万元以上 = 4	100	10.34		

数据来源：调查问卷整理

（二）研究方法

1. 变量选取

目前，学界对耕地资源绿色利用尚未形成统一的概念，而只是一种抽象的理念。通常情况下，将耕地利用主体在进行农业生产过程中的低碳绿色生产及耕地资源可持续性利用的行为方式称之为耕地资源绿色利用。因此，本书借鉴已有研究和结合调查区域农户耕作行为的实际情况，把种植绿肥、测土配方施肥技术、施用有机肥、减量施用化肥、正确使用农药、正确处理农药瓶、肥料袋子及塑料膜残留回收、农作物合理轮作和秸秆还田界定为耕地资源绿色利用行为，即设定为被解释变量。

解释变量就是影响农户耕地资源绿色利用行为的因素。通常情况下，家庭农业生产决策者与农户基本特征、家庭经济条件、耕地经营状况和基础设施条件4个维度中的一组变量影响农户行为响应。因此，本书将户主年龄、户主性别、户主受教育程度、家庭人口数、劳动力人口数、从事纯农业生产人数、非农收入占比、生计分化、耕地收入比重、农产品商品化、经营耕地面积、经营耕地田块数、地形条件、地块离家距离、地块石漠化等级、土壤前期处理、耕耘和锄草、农田基础设施这18个变量作为解释变量，其变量选择及含义详见表5-1-2。

表5-1-2　研究变量选择及含义

	变量名	含义	符号	均值	标准差
自变量	户主年龄	户主的实际岁数	X1	0.56	0.44
	户主性别	0＝男，1＝女	X2	0.83	0.51
	户主受教育程度	户主受教育年数	X3	0.72	0.61
	家庭人口数	家庭实际总人口数（人）	X4	5.11	1.28
	劳动力人口数	18~60岁劳动力人口数（人）	X5	3.28	0.90
	从事纯农业生产人数	18~60岁在家务农人数（人）	X6	1.95	0.67
	非农收入占比	非农收入/家庭总收入	X7	0.96	1.73
	生计分化	农业＝1；非农业＝0	X8	0.79	0.44
	耕地收入比重	农户耕地收入占家庭总收入比重	X9	1.15	0.98
	农产品商品化	农产品销售量/农产品总产出	X10	0.45	0.70
	经营耕地面积	农户实际耕种的面积	X11	7.85	1.57
	经营耕地田块数	农户实际耕种田块数	X12	5.92	1.31

续表

	变量名	含义	符号	均值	标准差
自变量	地形条件	平地＝1，坡耕地＝0	X13	0.32	0.21
	地块离家距离	从家里到地块走路所花的时间	X14	1.43	0.66
	地块石漠化等级	无石漠化＝0，潜在石漠化＝1，轻度石漠化＝2，中度石漠化＝3，强度石漠化＝4，极强度石漠化＝5	X15	0.62	0.35
	土壤前期处理	劳动力投入天数（天）	X16	1.70	0.49
	耕耘和锄草	劳动力投入天数（天）	X17	3.92	0.44
	农田基础设施	未完备＝0，已完备＝1	X18	0.85	0.23
因变量	种植绿肥	虚拟变量：1＝是，0＝否	Y1	0.46	0.78
	测土配方施肥技术	虚拟变量：1＝是，0＝否	Y2	0.35	0.24
	施用有机肥	虚拟变量：1＝是，0＝否	Y3	1.89	1.06
	减量施用化肥	虚拟变量：1＝是，0＝否	Y4	0.37	0.21
	正确使用农药	虚拟变量：1＝是，0＝否用	Y5	0.69	0.51
	正确处理农药瓶、肥料袋子及塑料膜残留回收	虚拟变量：1＝是，0＝否用	Y6	0.42	0.39
	农作物合理轮作	虚拟变量：1＝是，0＝否	Y7	2.28	0.67
	秸秆还田	虚拟变量：1＝是，0＝否	Y8	0.36	0.42

2. 模型的构建

当回归分析中的被解释变量是二分类变量时，通常采用的多元二项 Logistic 回归分析（Mbaga-Semgalawe Z，2000）。农户生态绿色耕作行为采纳的情况是种植绿肥、测土配方施肥技术、施用有机肥、减量施用化肥、正确使用农药、正确处理农药瓶、肥料袋子及塑料膜残留回收、农作物合理轮作和秸秆还田中某种行为的采用或不采用两种行为的其中一种，所以可看作采用的是"1"，不采用的是"0"的二分类型变量。因此，采用的多元二项 Logistic 回归模型来分析农户生态绿色耕作行为响应与各影响因子之间的关系（谢贤鑫，2019）。表达式如下所示：

$$p = F(y) = F\left(\alpha + \sum_{i=1}^{n} \beta_i X_i\right) = 1 / \left[1 + e^{-\left(\alpha + \sum_{i=1}^{n} \beta_i X_i\right)}\right]$$

式中，p 为农户生态耕作行为概率，α 为常数项，X_i 为第 i 个影响农户生态耕作的自变量，n 为自变量数量，β_i 是自变量回归系数。农户是否采纳绿色耕作行为的概率比值 $p_i / (1 - p_i)$ 为事件发生比。

（三）结果与分析

1. 模型运行结果

本书利用选择的变量和调查数据，并运用 SPSS24.0 分别对农户种植绿肥、测土配方施肥技术、施用有机肥、减量使用化肥、正确使用农药、正确处理农药瓶、肥料袋子及塑料膜残留回收、农作物合理轮作和秸秆还田 8 个二项 Logistic 回归模型进行估计，且基于极大似然估计的逐步筛选策略（Forward：Conditional），经过多次模拟检验后，得到 8 个二项 Logistic 回归分析模型运行结果。详见表 5-1-3—表 5-1-10，其 a 为-2LL（-2 Log likelihood）值，b 为 Cox & Snell R Square 值，c 为 Nagelkerke R Square 值，d 为模型整体预测正确率。

表 5-1-3　农户种植绿肥行为的 **Logistic** 回归模型估计结果

解释变量	代码	回归系数	标准误差	检验值	显著性
户主年龄	X_1	1.039	0.331	7.924	0.005***
户主性别	X_2	−2.017	0.684	3.154	0.5810
户主受教育程度	X_3	3.162	1.574	6.316	0.221
家庭人口数	X_4	0.109	0.065	15.945	0.486
劳动力人口数	X_5	0.283	0.041	13.259	0.722
从事纯农业生产人数	X_6	0.125	0.296	11.891	0.007***
非农收入比例	X_7	−2.165	0.791	10.382	0.116
生计分化	X_8	0.153	0.078	14.214	0.115
耕地收入比重	X_9	−1.469	0.298	17.465	0.002***
农产品商品化	X_{10}	−1.151	1.704	9.170	0.008***
经营耕地面积	X_{11}	−0.100	0.062	11.056	0.143
经营耕地田块数	X_{12}	−0.124	0.053	13.032	0.121
地形条件	X_{13}	0.018	0.136	12.097	0.165
地块离家距离	X_{14}	0.185	0.073	19.394	0.110
地块石漠化等级	X_{15}	0.283	0.183	10.048	1.046
土壤前期处理	X_{16}	0.054	0.031	7.176	0.162

解释变量	代码	回归系数	标准误差	检验值	显著性
耕耘和锄草	X_{17}	0.437	0.094	10.269	0.131
农田基础设施	X_{18}	0.192	0.261	14.594	0.104
常数		1.629	0.063	1.559	2.569

注：$Chi^2 = 18.559$（$Sig = 0.004$），$a = 33.169$，$b = 0.158$，$c = 0.739$，$d = 93.20$

表 5-1-4 农户采用测土配方施肥技术行为的 Logistic 回归模型估计结果

解释变量	代码	回归系数	标准误差	检验值	显著性
户主年龄	X_1	−3.671	0.466	7.179	0.007***
户主性别	X_2	0.094	0.050	11.284	0.161
户主受教育程度	X_3	0.603	0.285	10.478	0.001***
家庭人口数	X_4	0.314	0.075	14.348	0.434
劳动力人口数	X_5	0.510	0.937	14.832	0.795
从事纯农业生产人数	X_6	0.288	0.419	12.716	0.005***
非农收入比例	X_7	−1.778	0.522	11.616	0.511
生计分化	X_8	0.139	0.582	13.097	0.004***
耕地收入比重	X_9	0.494	0.459	18.230	0.041**
农产品商品化	X_{10}	0.939	0.334	17.124	0.005***
经营耕地面积	X_{11}	−0.781	0.640	13.628	0.003***
经营耕地田块数	X_{12}	−0.123	0.066	17.376	0.104
地形条件	X_{13}	0.045	0.144	13.334	0.167
地块离家距离	X_{14}	−0.213	0.378	14.654	0.218
地块石漠化等级	X_{15}	0.223	0.335	11.956	0.229
土壤前期处理	X_{16}	0.036	0.087	5.339	0.002***
耕耘和锄草	X_{17}	0.893	0.233	11.334	0.133
农田基础设施	X_{18}	0.188	0.431	14.375	0.113
常数		1.893	0.078	1.673	2.881

注：$Chi^2 = 34.681$（$Sig = 0.001$），$a = 67.169$，$b = 0.317$，$c = 0.694$，$d = 87.31$

表 5-1-5 农户施用有机肥行为的 Logistic 回归模型估计结果

解释变量	代码	回归系数	标准误差	检验值	显著性
户主年龄	X_1	−0.049	0.433	12.185	0.039**
户主性别	X_2	0.935	0.741	10.061	0.278
户主受教育程度	X_3	1.012	0.643	14.771	0.000***
家庭人口数	X_4	0.161	0.208	15.998	0.628
劳动力人口数	X_5	0.034	0.825	14.342	0.711
从事纯农业生产人数	X_6	0.066	0.821	11.480	0.006***
非农收入比例	X_7	−1.017	1.036	10.255	0.011***
生计分化	X_8	−0.465	0.132	13.823	0.075*
耕地收入比重	X_9	0.066	0.470	16.938	0.460
农产品商品化	X_{10}	−2.569	0.988	9.811	0.010***
经营耕地面积	X_{11}	−0.195	0.505	12.822	0.224
经营耕地田块数	X_{12}	−0.317	0.253	11.594	0.110
地形条件	X_{13}	0.081	0.481	11.117	0.001***
地块离家距离	X_{14}	−0.284	0.102	18.701	0.003***
地块石漠化等级	X_{15}	0.938	0.621	11.055	0.595
土壤前期处理	X_{16}	0.447	0.622	8.948	0.196
耕耘和锄草	X_{17}	0.493	0.038	10.196	0.043**
农田基础设施	X_{18}	0.442	0.881	14.097	0.005***
常数		1.665	0.933	1.446	0.127

注：$Chi^2 = 56.157$（$Sig = 0.002$），$a = 81.346$，$b = 0.495$，$c = 0.731$，$d = 85.68$

表 5-1-6 农户减量施用化肥行为的 Logistic 回归模型估计结果

解释变量	代码	回归系数	标准误差	检验值	显著性
户主年龄	X_1	0.165	0.130	8.683	0.121
户主性别	X_2	0.224	0037	9.458	0.268
户主受教育程度	X_3	1.361	0.822	14.097	0.006***
家庭人口数	X_4	0.456	0.485	16.669	0.234
劳动力人口数	X_5	0.603	0.486	13.104	0.543
从事纯农业生产人数	X_6	−0.664	0.221	11.339	0.131

解释变量	代码	回归系数	标准误差	检验值	显著性
非农收入比例	X_7	1.047	0.637	10.121	0.209
生计分化	X_8	0.360	0.724	15.870	0.140
耕地收入比重	X_9	−0.660	0.315	12.881	0.021***
农产品商品化	X_{10}	−2.094	0.466	18.504	0.001***
经营耕地面积	X_{11}	0.185	0.209	16.218	0.131
经营耕地田块数	X_{12}	−0.133	0.064	14.989	0.120
地形条件	X_{13}	0.045	0.786	13.658	0.236
地块离家距离	X_{14}	0.189	0.785	18.565	0.171
地块石漠化等级	X_{15}	0.687	0.296	11.798	0.410
土壤前期处理	X_{16}	0.180	0.056	8.434	0.006***
耕耘和锄草	X_{17}	−0.249	0.674	11.232	0.044**
农田基础设施	X_{18}	0.108	0.358	14.364	0.511
常数		1.873	0.081	1.221	3.820

注：$Chi^2 = 19.251$（$Sig = 0.000$），$a = 43.768$，$b = 0.279$，$c = 0.704$，$d = 76.13$

表 5-1-7　农户正确使用农药行为的 Logistic 回归模型估计结果

解释变量	代码	回归系数	标准误差	检验值	显著性
户主年龄	X_1	−0.603	0.285	10.031	0.003***
户主性别	X_2	0.579	0.326	9.221	1.047
户主受教育程度	X_3	3.210	0.522	11.616	0.000***
家庭人口数	X_4	0.114	0.025	16.782	0.545
劳动力人口数	X_5	0.257	0.021	14.324	0.255
从事纯农业生产人数	X_6	0.189	0.256	11.891	0.515
非农收入比例	X_7	−0.832	0.671	15.064	0.010***
生计分化	X_8	−0.221	0.056	13.471	0.016***
耕地收入比重	X_9	0.637	0.102	18.324	0.11***
农产品商品化	X_{10}	−0.434	0.221	9.057	0.003***
经营耕地面积	X_{11}	1.115	0.078	12.338	0.014***
经营耕地田块数	X_{12}	−0.189	0.032	14.546	0.110
地形条件	X_{13}	−0.023	0.394	12.439	0.293

解释变量	代码	回归系数	标准误差	检验值	显著性
地块离家距离	X_{14}	−0.334	0.032	18.324	0.121
地块石漠化等级	X_{15}	0.380	0.344	11.468	0.146
土壤前期处理	X_{16}	0.622	0.149	8.368	0.007***
耕耘和锄草	X_{17}	0.378	0.078	10.378	0.006
农田基础设施	X_{18}	0.229	0.289	15.394	0.115
常数		1.764	0.032	1.784	3.798

注：$Chi^2 = 21.792$ （$Sig = 0.003$），$a = 18.422$，$b = 0.315$，$c = 0.608$，$d = 93.60$。

表 5-1-8 农户正确处理农药瓶、肥料袋子和塑料膜残留回收行为
Logistic 回归模型估计结果

解释变量	代码	回归系数	标准误差	检验值	显著性
户主年龄	X_1	0.416	0.283	10.477	0.131
户主性别	X_2	0.187	0.257	10.963	0.266
户主受教育程度	X_3	2.737	0.577	13.281	0.000***
家庭人口数	X_4	0.949	0.834	15.773	0.121
劳动力人口数	X_5	0.182	0.884	16.992	0.028**
从事纯农业生产人数	X_6	0.811	0.388	12.744	0.008***
非农收入比例	X_7	0.516	0.231	14.206	0.015
生计分化	X_8	0.382	0.011	15.390	0.116
耕地收入比重	X_9	0.823	0.231	17.591	0.001***
农产品商品化	X_{10}	1.861	0.755	26.087	0.005***
经营耕地面积	X_{11}	−2.119	0.143	11.962	0.105
经营耕地田块数	X_{12}	−0.142	0.146	14.901	0.110
地形条件	X_{13}	0.019	0.178	12.782	0.041**
地块离家距离	X_{14}	−0.637	0.218	19.181	0.005***
地块石漠化等级	X_{15}	−0.618	0.182	10.671	0.052**
土壤前期处理	X_{16}	0.728	0.178	9.192	0.621
耕耘和锄草	X_{17}	0.291	0.118	11.783	0.031
农田基础设施	X_{18}	0.411	0.739	14.521	0.002***

解释变量	代码	回归系数	标准误差	检验值	显著性
常数		1.120	0.102	1.965	2.382

注：$Chi^2 = 17.053$（$Sig = 0.000$），$a = 26.127$，$b = 0.197$，$c = 0.725$，$d = 96.20$

表 5-1-9 农户农作物合理轮作行为的 Logistic 回归模型估计结果

解释变量	代码	回归系数	标准误差	检验值	显著性
户主年龄	X_1	-1.344	0.573	11.045	0.009***
户主性别	X_2	0.788	0.431	10.178	0.121
户主受教育程度	X_3	0.971	0.522	17.413	0.000***
家庭人口数	X_4	2.893	0.783	15.101	0.329
劳动力人口数	X_5	0.392	0.121	13.187	0.712
从事纯农业生产人数	X_6	0.126	0.296	11.919	0.118
非农收入比例	X_7	-0.393	0.290	12.344	0.320
生计分化	X_8	-0.213	0.129	14.210	0.160
耕地收入比重	X_9	0.728	0.893	16.218	0.001***
农产品商品化	X_{10}	1.052	0.736	19.018	0.004***
经营耕地面积	X_{11}	0.117	0.128	11.781	0.041**
经营耕地田块数	X_{12}	-0.125	0.389	13.792	0.113
地形条件	X_{13}	0.912	0.190	11.739	0.110
地块离家距离	X_{14}	-0.192	0.129	19.127	0.010***
地块石漠化等级	X_{15}	0.283	0.183	10.048	0.046**
土壤前期处理	X_{16}	0.087	0.118	8.219	0.021**
耕耘和锄草	X_{17}	0.783	0.198	11.711	0.237
农田基础设施	X_{18}	0.109	0.261	15.125	0.612
常数		1.793	0.127	2.114	2.816

注：$Chi^2 = 25.642$（$Sig = 0.004$），$a = 30.596$，$b = 0.483$，$c = 0.677$，$d = 94.01$

表 5-1-10 农户秸秆还田行为的 Logistic 回归模型估计结果

解释变量	代码	回归系数	标准误差	检验值	显著性
户主年龄	X_1	-1.034	0.751	17.211	0.133
户主性别	X_2	0.358	0.244	10.082	0.101

续表

解释变量	代码	回归系数	标准误差	检验值	显著性
户主受教育程度	X_3	1.427	0.811	16.130	0.000***
家庭人口数	X_4	0.319	0.127	16.792	0.202
劳动力人口数	X_5	0.391	0.183	14.813	0.131
从事纯农业生产人数	X_6	0.283	0.210	10.562	0.018**
非农收入比例	X_7	-339	0.178	11.499	0.112
生计分化	X_8	0.265	0.176	15.173	0.116
耕地收入比重	X_9	0.681	0.537	16.781	0.773
农产品商品化	X_{10}	0.939	0.522	11.471	0.151
经营耕地面积	X_{11}	-0.118	0.081	12.893	0.110
经营耕地田块数	X_{12}	-0.918	0.172	14.891	0.001***
地形条件	X_{13}	0.921	0.792	11.783	0.022***
地块离家距离	X_{14}	0.152	0.021	18.780	0.015***
地块石漠化等级	X_{15}	-0.338	0.273	11.779	0.147
土壤前期处理	X_{16}	0.022	0.071	7.882	0.030**
耕耘和锄草	X_{17}	0.411	0.073	11.782	0.211
农田基础设施	X_{18}	-0.120	0.278	15.097	0.005***
常数		2.772	0.082	1.120	3.096

注：$Chi^2 = 19.522$（$Sig = 0.000$），$a = 37.185$，$b = 0.394$，$c = 0.711$，$d = 89.70$

2. 结果分析

从8种生态耕作行为的二项 Logistic 模型的结果显示，其 Chi^2 值分别为 18.559、34.681、56.157、19.251、21.792、17.053、25.642、19.522，Sig 值分别为 0.004、0.001、0.002、0.000、0.003、0.000、0.004、0.000，-2LL 值分别为 33.169、67.169、81.346、43.768、18.422、26.127、30.596、37.185，Nagelkerke R Square 值分别为 0.739、0.694、0.731、0.704、0.608、0.725、0.677、0.711，模型整体预测正确率分别为 93.20、87.31、85.68、76.13、93.60、96.20、94.01、89.70，模型的拟合优度合理，说明模型估计总体效果较好。

（1）农业经营决策者（户主）及家庭特征

表5-1-3结果显示，户主年龄和从事纯农业生产人数均对农户采纳种植绿肥行为有显著正向影响，即户主年龄越大或家庭从事纯农业生产人数越多，农户绿肥种植的可能性就越大。在调查中发现，年龄在40岁以上的户主，大

部分都经历过通过种植绿肥而提高土壤质量，但种植绿肥需要一定的劳动力，因此户主年龄越大或家庭农业生产人数越多，农户越愿意通过种植绿肥来提高土壤质量和提高土地的生产能力。

表5-1-4和表5-1-5结果显示，户主年龄对农户采用测土配方施肥技术和施用有机肥有显著的负向影响，户主受教育程度、从事纯农业生产人数均对农户采用测土配方施肥技术和施用有机肥行为产生显著正向影响，即户主年龄越大，则农户采用测土配方施肥技术和施用有机肥的可能性就越小，而户主受教育程度越高或家庭从事纯农业生产人数越多，则农户采用测土配方施肥技术和施用有机肥的可能性就越大。说明户主年龄越大，农户越不愿意采用测土配方施肥技术，只想根据多年的耕作经验来判断施肥；而户主受教育程度越高越愿意采用测土配方施肥技术提高生产力，家庭从事纯农业生产人数越多，则农业收入是家庭收入的主要经济来源比例越重，越愿意采纳测土配方施肥技术来提高农产品产量，增加家庭经济收入。在调研中发现，农户施用的有机肥通常是有机复合肥或农家肥，户主年龄越大的农户越愿意采用有机肥，但由于农家肥的运输成本和劳力问题，所以更愿意采用有机复合肥。而户主受教育程度越高就越懂得有机肥不会造成土壤板结、降低土壤的质量；家庭从事纯农业生产人数越多就越不担心运输的劳动力，只想要提高土壤质量，增加农产品产量，所以偏好选择施用有机肥。

表5-1-6结果显示，户主受教育程度对农户减量施用化肥行为产生显著正向影响，即户主受教育程度越高农户减少施用化肥行为的可能性就越大。这说明户主受教育程度越高就越知道减量施用化肥是为了护养耕地质量，维护耕地可持续耕作。但表5-1-7结果显示，户主年龄对农户正确使用农药行为产生显著负向影响，即户主年龄越大越不懂得正确使用农药。调研中发现，农业决策者年龄越大，越不按照说明书使用农药，只凭经验或者参照邻里使用农药品种和使用量；户主年轻的农户是按照说明书来使用农药的。户主受教育程度对农户正确使用农药行为产生显著正向影响，即户主文化程度越高，越能正确使用农药。这说明越有文化、具有一定的文化基础的户主，越能通过说明书和网络等渠道来掌握农药使用的方法和使用量，因此就能正确使用农药。

表5-1-8和表5-1-10结果显示，户主受教育程度、从事纯农业生产人数均对农户正确处理农药瓶、肥料袋子和塑料膜残留回收以及秸秆还田行为产生显著正向影响，即户主受教育程度越高或家庭从事纯农业生产人数越多，农户正确处理农药瓶、肥料袋子和塑料膜残留回收以及秸秆还田的可能性就

越大。调研中发现，户主受教育的程度越高就越懂得农药瓶、肥料袋子和塑料膜残留回收不正确处理或不秸秆还田将会对农业生态环境产生污染，破坏农业资源生态安全。同时，发现从事纯农业生产人数少的家庭对农药瓶、肥料袋子和塑料膜残留回收正确处理及秸秆还田处理就越少，原因是农药瓶、肥料袋子和塑料膜残留回收正确处理及秸秆还田处理需要一定的劳动力，而家庭从事纯农业生产的人数少了，就相对缺乏对农药瓶、肥料袋子和塑料膜残留回收及秸秆还田处理的劳动力。

表 5-1-9 结果显示，户主年龄对农户农作物合理轮作行为有显著的负向影响，即户主年龄越大，农户农作物合理轮作的可能性就越小。户主受教育程度对农户农作物合理轮作行为有显著的正向影响，即户主越有知识，农户农作物合理轮作的可能性就越大。调研中发现，年龄较大的户主，不知道农作物合理轮作能维持土壤质量，一般情况下是通过休耕来护养土壤质量。而户主受到一定的教育，则知道农作物合理轮作可以增加土壤的微生物量，维持土地的生产潜力，从而采用农作物合理轮作。

（2）家庭经济特征

表 5-1-3 结果显示，生计分化对农户种植绿肥行为有显著的正向影响，即农户生计越倾向非农业，则农户种植绿肥的可能性就越大。耕地收入比重、农产品商品化对农户种植绿肥行为有显著的负向影响，即耕地收入比重越大或农产品商品化越高，则农户种植绿肥的可能性就越小。通常情况下，农户春秋两季都种植农作物增加粮食产量；如果土壤质量下降了就通过春季种植农作物，秋季种植绿肥改良土壤。

表 5-1-4、表 5-1-6 结果显示，耕地收入比重、农产品商品化对农户测土配方施肥技术行为有显著的正向影响，即耕地收入比重越大或农产品商品化越高，则农户采用测土配方施肥技术的可能性就越大。而耕地收入比重、农产品商品化均对农户减量施用化肥行为有显著的负向影响，即农户耕地收入比重越大或农产品商品化越高，则农户减量施用化肥行为的可能性就越小。耕地收入比重越大、农产品商品化程度越高的农户，首先考虑怎么增加农产品产量和提高农产品商品化率，增加家庭经济收入；通常情况下，不考虑减少施用化肥保护土壤质量和农业生态环境，并且担心减量施用化肥会导致农产品产量减少。

表 5-1-5、表 5-1-7 结果显示，非农收入比例、生计分化、农产品商品化对农户施用有机肥和正确使用农药行为有显著的负向影响，即非农收入比

例越高、农户生计越倾向非农业或农产品商品化程度越高，则农户施用有机肥和正确使用农药的可能性就越小。表5-1-7结果显示，耕地收入比重、经营耕地面积对农户正确使用农药行为有显著的正向影响，即农户耕地收入比重越大或经营耕地面积越多，则农户正确使用农药行为的可能性就越大。这说明农户非农收入比例高、农户生计越倾向非农业，则农业收入不再是家庭经济的主要来源，农户就只考虑耕作方便和节约劳动力，而农产品商品化程度越高，农户只关心增加农产品产量，所以更倾向于施用化肥和农药。但耕地收入比重越大或经营耕地面积越多，农户就要考虑土地可持续利用，保护耕地土壤质量不下降，确保土地生产潜力不降低，保持土地的生产能力，所以农户更倾向施用有机肥和正确使用农药。

表5-1-8结果显示，耕地收入比重、农产品商品化对农户正确处理农药瓶、肥料袋子和塑料膜残留回收有显著的正向影响，即农户耕地收入比重越大或农产品商品化程度越高，则农户正确处理农药瓶、肥料袋子和塑料膜残留回收的可能性就越大。耕地收入比重越大或农产品商品化程度越高，农户就会保护农业资源生态环境，最大限度确保耕地资源环境不受污染，维持农产品不受污染和产量不下降，而正确处理农药瓶、肥料袋子和塑料膜残留回收。表5-1-9结果显示，耕地收入比重、农产品商品化、经营耕地面积对农户农作物合理轮作行为产生显著的正向影响，即农户耕地收入比重越大、农产品商品化越高或经营耕地面积越多，则农户农作物合理轮作行为的可能性就越大。说明农业收入已经在家庭经济收入中占有一定的重要性，农户会认真学习农业科技知识，通过掌握科学的农业耕种技术来提高农产品产量，增加农业收入。表5-1-10结果显示，经营耕地田块数对农户秸秆还田行为产生显著的负向影响，即农户经营耕地田块数越少，则农户采用秸秆还田行为的可能性就越大。贵州的地貌特征导致地块较小，土地细碎化严重，农户经营的耕地田块数量多，说明耕地细碎化更加严重。在调查中发现，地块越小，农户采用秸秆还田的概率就越低，从而不愿意采用秸秆还田。

（3）耕地自然条件

表5-1-5和表5-1-8结果显示，地形条件对农户施用有机肥、正确处理农药瓶、肥料袋子和塑料膜残留回收有显著的正向影响，即地形越平，则农户施用有机肥、正确处理农药瓶、肥料袋子和塑料膜残留回收的可能性就越大。地块离家距离对农户施用有机肥、正确处理农药瓶、肥料袋子和塑料膜残留回收有显著的负向影响，即地块离家距离越远，则农户施用有机肥、正

确处理农药瓶、肥料袋子和塑料膜残留回收的可能性就越小。因为有机肥比化肥重，运输有机肥需要的成本和劳动力多；同时，正确处理农药瓶、肥料袋子和塑料膜残留回收需要运输成本、处理成本和一定的劳动力，如果地形越平坦和地块离家距离越近，就越方便运输和减少劳动力。因此地形越平坦和地块离家距离越近，农户就越愿意施用有机肥、正确处理农药瓶、肥料袋子和塑料膜残留回收。

表5-1-9结果显示，地块离家距离对农户农作物合理轮作行为有显著的负向影响，即地块离家距离越远，则农户农作物合理轮作行为的可能性就越小。而地块石漠化等级对农户农作物合理轮作行为有显著的正向影响，即地块石漠化等级越高，则农户农作物合理轮作行为的可能性就越大。地块离家距离远，农户耕作需要成本就越多；地块石漠化等级越高，越需要进行合理轮作或者休耕，否则土地质量下降，造成土地资源无法可持续利用和无法确保土地生产潜力。所以地块离家越近也越节约耕作成本，石漠化土地等级越高，农户就越需要进行农作物轮作和休耕，确保耕地资源可持续利用和耕地生产力不下降。

表5-1-10结果显示，地形条件、地块离家距离对农户秸秆还田有显著的正向影响，即平地或地块离家距离越远，则农户秸秆还田行为的可能性就越大。地块平坦，比较容易将秸秆粉碎埋填在表土下面；地块离家距离远，农户运输秸秆的成本就越高，因此平地或地块离家距离越远，农户越愿意秸秆还田。

（4）其他因素

表5-1-3、表5-1-7结果显示，土壤前期处理对农户采用测土配方施肥技术、正确使用农药有显著的正向影响，即土壤前期处理越多，则农户采用测土配方施肥技术、正确使用农药的可能性就越大。农户在土壤前期处理前后通常要测土壤的质量，并根据测量结果对耕地质量分等定级，进行适宜性评价，然后根据评价结果和种植农作物品种来对土壤进行施肥。

表5-1-5结果显示，耕耘和锄草、农田基础设施对农户施用有机肥有显著的正向影响，即耕耘和锄草越多或农田基础设施越完善，则农户施用有机肥的可能性就越大。调查中发现，在条件允许的情况下，农户一般还是通过施用农家肥和复合肥来提高土壤的质量，耕耘和锄草越多的农户，越重视土壤质量，并通过施用农家肥和复合肥来改良土壤；而等面积耕地施用的复合肥要比化肥多，施用农家肥更多，农家肥运输需要的成本和劳动力较化肥多得多，所以农田基础设施完善的农户可用农用拖拉机或者三轮车运输，节约运输成本和劳动力。

表5-1-6、表5-1-9结果显示，土壤前期处理对农户减量施用化肥、农作物合理轮作有显著的正向影响，即土壤前期处理越多，则农户减量施用化肥、农作物合理轮作的可能性就越大。而耕耘和锄草对农户减量施用化肥行为有显著的负向影响，即耕耘和锄草越多，则农户减量施用化肥行为的可能性就越小。土壤前期处理越多，那么质量就越高，所需化肥量就减少，农户还通过农作物合理轮作方式增加农产品产量和维护耕地质量。调研中发现，耕耘和锄草较多的耕地，一般是撂荒多年或者新开发的新增耕地，这种耕地的肥力较差，需要较多的化肥量才能产出一定农产品量，农户常通过春季耕种，秋季休耕的方式来提高耕地质量。

表5-1-10结果显示，土壤前期处理对农户秸秆还田行为有显著的正向影响，即土壤前期处理越多，则农户秸秆还田的可能性就越大；而农田基础设施对农户秸秆还田行为有显著的负向影响，即农田基础设施越完善，则农户秸秆还田行为的可能性就越小。秸秆还田可以较好地提高耕地质量，也是农户前期处理土壤常用的一种方式；农田基础设施完善，秸秆运输方便，商贩就来购买秸秆或者农户运输回家，则秸秆还田就减少。但表5-1-8结果显示，农田基础设施对农户正确处理农药瓶、肥料袋子和塑料膜残留回收有显著的正向影响，即农田基础设施越完善，则农户正确处理农药瓶、肥料袋子和塑料膜残留回收的可能性就越大。农田基础设施完善，方便农户运输农药瓶、肥料袋子和塑料膜残留回收，因此农户愿意正确处理农药瓶、肥料袋子和塑料膜残留回收。

（四）结论与建议

1. 结论

基于以上农户8种生态耕作行为影响因素的 Logistic 模型开展实证分析，得出以下主要结论。农户8种生态耕作技术采纳行为的影响因素各有差异，且同一个因素对农户不同种耕作技术采纳行为的方向不一定相同，其具体为：

（1）户主及家庭基本特征。户主年龄、户主受教育程度和家庭从事纯农业生产人数对生态耕作行为产生影响。其中，户主年龄对农户采纳种植绿肥行为有显著正向影响，而对农户采纳测土配方施肥技术、施用有机肥、正确使用农药、减量施用化肥、农作物合理轮作这5种行为有显著的负向影响，但对农户正确处理农药瓶、肥料袋子和塑料膜残留回收以及秸秆还田行为未有显著性影响；户主受教育程度对农户采纳测土配方施肥技术和施用有机肥，减量施用化肥，正确使用农药，正确处理农药瓶、肥料袋子和塑料膜残留回收，秸秆还田以及农作物合理轮作行为产生显著正向影响，对其他行为未有显著性影响；家庭从事纯农业生产人数对农户种植绿肥，测土配方施肥技术和施用有机肥，正确处理农药瓶、肥料袋子和塑料膜残留回收以及秸秆还田行为有显著正向影响。

（2）家庭经济特征。生计分化对农户施用有机肥和正确使用农药行为有显著的负向影响。耕地收入比重对农户测土配方施肥技术，正确使用农药，正确处理农药瓶、肥料袋子、塑料膜残留回收，农作物合理轮作行为有显著的正向影响，而对农户种植绿肥、减量施用化肥行为有显著的负向影响。农产品商品化对测土配方施肥技术，正确使用农药，正确处理农药瓶、肥料袋子、塑料膜残留回收，农作物合理轮作行为有显著的正向影响，而对农户种植绿肥、减量施用化肥、施用有机肥、正确使用农药行为有显著的负向影响。非农收入比例对农户施用有机肥和正确使用农药行为有显著的负向影响。经营耕地面积对农户正确使用农药、农作物合理轮作行为有显著的正向影响。经营耕地田块数对农户秸秆还田行为产生显著的负向影响。

（3）自然条件。地形条件对农户施用有机肥、正确处理农药瓶、肥料袋子和塑料膜残留回收、秸秆还田有显著的正向影响。地块离家距离对农户施用有机肥，正确处理农药瓶、肥料袋子、塑料膜残留回收，农作物合理轮作有显著的负向影响，但对秸秆还田有显著的正向影响。地块石漠化等级对农户农作物合理轮作行为有显著的正向影响。

（4）其他因素。土壤前期处理对农户采用测土配方施肥技术、正确使用农药、减量施用化肥、农作物合理轮作、秸秆还田有显著的正向影响。耕耘和锄草对农户施用有机肥有显著的正向影响，而对农户减量施用化肥行为有显著的负向影响。农田基础设施对农户施用有机肥，正确处理农药瓶、肥料袋子和塑料膜残留回收有显著的正向影响，但对农户秸秆还田行为有显著的负向影响。

2. 建议

为了引导和激励农户耕地资源绿色利用，提出以下几点建议：

（1）通过网络、电视、手机、讲座、报纸和杂志等多种手段大力宣传生态耕作，提高农户对生态耕作的认知；并全面向农户推广生态耕作技术，加强对农户生态耕作技术培训，促进农户更深入地了解生态耕作和掌握生态耕作技术。

（2）加强"文、农、旅"三者高度融合发展，促进城乡融合深度发展，推动耕地规模经营化和农业现代化；大力培育新型职业农民，新型职业农民是农业现代化的主力军，是新时代耕地资源规模经营利用的主体；发展农村

二、三产业，增加农户非农收入占家庭收入比例，使非农就业成为农户生计的主要方式。

（3）制定并实施激励机制和惩罚机制。制定相关激励制度来激励农户采纳生态耕作技术行为，同时也要制定惩罚制度来遏制农户非生态耕作行为。

第二节　喀斯特山区农户耕地资源绿色利用行为影响因素的区域差异性

（一）数据来源

课题组成员根据自然地理特征和经济发展水平情况，在贵州省选择具有典型代表性的安顺市经济开发区、遵义市湄潭县、六盘水市盘州市和黔东南州黎平县，每个县（区）选1~2个乡（镇），每个乡（镇）选取2个村的农作物种植农户进行问卷调查和访谈，共发放963份问卷，获得有效问卷950份。其中，调查访谈安顺市经济开发区233户，获得有效问卷230份；调查遵义市湄潭县239户，获得有效问卷235份；调查六盘水市盘州市247户，获得有效问卷245份；调查黔东南州黎平县244户，获得有效问卷240份。问卷主要内容包括：户主及家庭基本特征、家庭经济特征、自然条件、其他因素。

（二）研究方法

1. 变量选取

绿色农业是一种积极采用生态友好方法，促进农业可持续发展的农业生产方式。综合考虑调研区域950家农户耕作行为情况，本节选取农户是否采用绿色生态耕作行为作为因变量，主要包括5种行为：种植绿肥、采用测土配方施肥技术、施用有机肥、农膜回收、秸秆还田。其中，绿肥主要指紫云英和苕子，有机肥指农家肥。

农户绿色耕作行为常受农户个人与家庭特征、社会经济环境、自然资源条件、政策制度条件等因素影响（赖昭豪，2019）。本书选取农户家庭基本特征、经济条件、自然资源条件和耕地状况这4个维度指标作为自变量。其指标及赋值详见表5-2-1。

其自变量比较多，可能存在多重共线性，则需要对自变量进行筛选。因此，计算相关系数r后参考 | r | <0.3和 | r | <0.5（钟太洋，2007），并结合

研究区域及变量之间的联系选择变量。

表 5-2-1　农户模型指标与赋值说明

变量类型	指标	符号	赋值
农户家庭基本特征	性别	A_1	男 = 0；女 = 1
	年龄/岁	A_2	户主的年龄（岁）
	受教育程度	A_3	小学及以下 = 1；初中 = 2；高中 = 3；中专及以上 = 4
	务农年限	A_4	农户实际务农年限（年）
	家庭人口数	A_5	家庭实际总人口数（人）
	劳动力人口数	A_6	18~60 岁劳动力人口数（人）
	从事纯农业生产人数	A_7	18~60 岁在家务农人数（人）
经济条件	生计分化	A_8	农业 = 1；非农业 = 0
	家庭年收入	A_9	家庭实际年收入（万元）
	耕地收入占家庭总收入比重	A_{10}	农户耕地收入占家庭总收入比重
自然资源条件	经营耕地面积	A_{11}	农户实际耕种的面积（亩）
	耕地田块数	A_{12}	农户实际耕种田块数（块）
	地形条件	A_{13}	平原 = 1；非平原 = 0
	离家距离	A_{14}	从家到农田所需要的时间（min）
	灌溉水源	A_{15}	不充足 = 0；充足 = 1
耕地状况	土壤前期处理	A_{16}	劳动力投入天数（天）
	耕耘和锄草	A_{17}	劳动力投入天数（天）
	农田基础设施	A_{18}	未完备 = 0；已完备 = 1
区位条件	安顺市经济开发区虚拟变量	X_1	虚拟变量：X_1 = 1，是安顺市经济开发区；X_1 = 0，否则
	湄潭县虚拟变量	X_2	虚拟变量：X_2 = 1，是湄潭县；X_2 = 0，否则
	盘州市虚拟变量	X_3	虚拟变量：X_3 = 1，是盘州市；X_3 = 0，否则
	黎平县虚拟变量	X_4	虚拟变量：X_4 = 1，是黎平县；X_4 = 0，否则

变量类型	指标	符号	赋值
因变量	种植绿肥	Y_1	否 = 0；是 = 1
	采用测土配方施肥技术	Y_2	否 = 0；是 = 1
	施用有机肥	Y_3	否 = 0；是 = 1
	农膜回收	Y_4	否 = 0；是 = 1
	秸秆还田	Y_5	否 = 0；是 = 1

2. 模型的构建

由于被解释变量是二分类变量，通常采用的多元二项 Logistic 回归分析（Mbaga-Semgalawe Z，2000）。农户绿色耕作行为采纳的情况是种植绿肥、采用测土配方施肥技术、施用有机肥、农膜回收、秸秆还田中某种行为的采用或不采用两种行为的其中一种，所以可看作采用的是"1"，不采用的是"0"的二分类型变量。因此，选择二项 Logistic 回归模型来分析农户绿色耕作行为响应与各影响因子之间的关系。表达式如下所示：

$$p = F(y) = F\left(\alpha + \sum_{i=1}^{n} \beta_i X_i\right) = 1 / \left[1 + e^{-(\alpha + \sum_{i=1}^{n} \beta_i X_i)}\right]$$

式中，p 为农户绿色耕作行为概率，α 为常数项，X_i 表示第 i 个影响农户绿色耕作的自变量，n 为自变量数量，β_i 是自变量回归系数。农户是否采纳绿色耕作行为的概率比值 $p_i / (1-p_i)$ 为事件发生比。

（三）结果与分析

1. 模型运行结果

利用选择的变量和调查数据，并运用 SPSS 24.0 分别对农户种植绿肥、采用测土配方施肥技术、施用有机肥、农膜回收、秸秆还田 5 个多元二项 Logistic 回归模型进行估计，且基于极大似然估计的逐步筛选策略（Forward：Conditional）经过多次模拟检验后，得到 5 个二项 Logistic 回归分析模型运行结果。详见表 5-2-2—表 5-2-6，其 a 为 -2LL 值，b 为 Cox & Snell R Square 值，c 为 Nagelkerke R Square 值，e 为模型整体预测正确率。

表 5-2-2　农户种植绿肥 Logistic 模型估计结果

指标	安顺市经济开发区			湄潭县			盘州市			黎平县		
	系数	Wald 值	P 值	系数	Wald 值	P 值	系数	Wald 值	P 值	系数	Wald 值	P 值
A_1	4.030	2.500	1.119	4.420	4.540	1.110	3.780	5.532	0.973	4.560	5.640	0.871
A_2	-5.081	3.622	1.118	-5.620	5.432	1.128	-2.950	6.650	0.198	-5.650	6.850	0.877
A_3	6.090	1.992	0.511	0.525	6.050	0.004***	4.450	6.568	1.983	6.009	6.560	0.988
A_4	-3.900	4.228	0.689	-3.650	3.450	0.528	-6.250	5.659	0.893	-2.050	5.322	0.172
A_5	0.372	6.800	0.185	2.600	2.653	0.712	8.000	3.550	0.922	3.018	3.080	0.261
A_6	-1.230	8.904	0.199	-1.500	2.550	0.834	-7.650	4.053	0.863	-3.520	4.065	0.274
A_7	0.332	7.932	0.035**	2.300	3.453	0.892	5.550	1.950	0.391	2.560	2.050	0.374
A_8	-9.200	5.455	0.178	-0.490	8.260	0.031**	-2.250	7.528	0.173	-5.850	5.355	0.172
A_9	6.600	3.832	0.152	6.060	6.856	0.981	4.650	6.329	0.179	9.540	9.630	0.374
A_{10}	0.500	9.921	0.002***	3.040	9.107	0.782	6.500	4.620	0.172	8.640	7.450	0.482
A_{11}	-0.532	6.143	2.033	-6.500	6.620	0.710	-1.200	8.109	0.198	-7.350	6.820	0.281
A_{12}	-0.400	5.010	0.037**	-3.005	5.450	0.681	-2.600	9.450	0.277	-4.007	8.540	0.823
A_{13}	2.800	7.650	0.177	2.850	7.494	0.688	5.050	2.559	0.671	0.310	7.640	0.011**
A_{14}	-9.100	3.823	0.341	-0.650	3.204	0.017**	-0.265	4.050	0.022**	-3.540	6.350	0.884
A_{15}	7.800	5.904	0.183	7.523	5.506	0.133	0.560	6.650	0.081*	0.460	8.480	0.007***
A_{16}	6.540	4.403	0.173	6.330	4.450	0.193	6.005	5.323	0.661	6.081	5.580	0.199

续表

指标	安顺市经济开发区			湄潭县			盘州市			黎平县		
	系数	Wald 值	P 值	系数	Wald 值	P 值	系数	Wald 值	P 值	系数	Wald 值	P 值
A_{17}	5.470	9.942	0.172	5.650	9.650	0.582	7.087	4.557	0.512	7.689	3.650	0.663
A_{18}	8.007	2.844	0.112	7.500	3.508	0.872	9.550	3.608	0.771	0.457	4.550	0.016**
常数项	6.300	1.609	1.101	5.500	2.608	0.781	8.505	4.059	0.791	5.235	6.230	0.773

$Chi^2 = 18.559$（$Sig = 0.004$），$a = 33.169$，$b = 0.158$，$c = 0.339$，$e = 93.021$
$Chi^2 = 13.221$（$Sig = 0.014$），$a = 8.325$，$b = 0.258$，$c = 0.382$，$d = 0.992$，$e = 88.992$
$Chi^2 = 20.110$（$Sig = 0.022$），$a = 21.098$，$b = 0.172$，$c = 0.622$，$d = 0.873$，$e = 84.303$
$Chi^2 = 17.770$（$Sig = 0.003$），$a = 13.332$，$b = 0.391$，$c = 0.483$，$d = 0.993$，$e = 91.002$

注：*、**、*** 分别表示 10%、5%、1% 的显著性水平。Wald 值表示一个卡方值。P 值表示当原假设为真。

表 5-2-3　农户采用测土配方施肥技术 Logistic 模型估计结果

指标	安顺市经济开发区			湄潭县			盘州市			黎平县		
	系数	Wald 值	P 值	系数	Wald 值	P 值	系数	Wald 值	P 值	系数	Wald 值	P 值
A_1	2.983	5.763	0.112	0.563	1.794	0.283	2.573	2.568	0.332	0.097	5.889	0.322
A_2	-3.659	6.837	0.119	-5.832	2.643	0.663	-0.999	6.923	0.221	-0.863	4.668	0.324
A_3	2.082	5.367	0.223	0.461	0.173	0.006***	8.422	9.026	0.321	0.247	3.557	0.554
A_4	-5.904	3.686	0.223	-5.723	4.983	0.629	-4.742	5.736	0.342	-1.474	6.543	0.432
A_5	0.801	4.689	0.443	8.432	5.632	0.983	6.382	4.630	0.443	3.841	8.053	0.422
A_6	-6.934	3.782	0.213	-0.927	9.824	1.332	-5.986	6.835	0.443	-6.525	4.932	0.132

续表

指标	安顺市经济开发区			湄潭县			盘州市			黎平县		
	系数	Wald 值	P 值	系数	Wald 值	P 值	系数	Wald 值	P 值	系数	Wald 值	P 值
A_7	0.592	4.781	0.003***	5.725	5.348	1.432	8.003	5.783	0.531	7.227	6.523	0.111
A_8	-4.350	5.872	0.221	-0.732	4.380	0.036**	-5.982	6.834	0.642	-4.338	9.003	0.132
A_9	5.874	7.831	0.223	9.011	3.692	0.332	3.353	2.549	0.778	5.964	7.931	0.553
A_{10}	0.517	7.562	0.005***	6.112	7.842	0.664	5.732	3.509	0.774	0.632	3.699	0.893
A_{11}	0.336	6.453	0.016**	-5.339	6.043	0.331	-2.980	5.726	0.674	-4.932	6.835	0.884
A_{12}	-0.576	5.782	0.023**	-4.028	8.005	0.332	-7.934	5.643	0.483	-0.997	4.832	0.432
A_{13}	1.465	4.278	0.113	0.438	4.056	0.337	0.972	4.370	0.112	0.099	6.531	0.012**
A_{14}	-3.791	3.892	0.211	-0.484	7.982	0.018**	-0.703	7.623	0.025**	-4.626	3.983	0.643
A_{15}	5.982	6.838	0.721	3.793	5.732	0.228	0.237	4.369	0.032**	0.525	5.831	0.031**
A_{16}	0.015	4.372	0.732	6.842	9.500	0.443	0.430	7.591	0.344	5.836	2.953	0.664
A_{17}	8.174	6.980	0.631	5.976	5.893	0.412	5.765	5.932	0.332	2.799	5.125	0.643
A_{18}	4.680	2.692	0.362	0.982	2.908	0.532	4.872	4.843	0.221	0.485	5.636	0.019**
常数项	5.854	5.429	0.273	8.634	23.739	0.443	7.905	13.5231	0.338	6.809	9.741	0.563

Chi^2 = 12.334 (Sig=0.012)，a=7.983，b=0.173，c=0.283，d=0.384，e=96.003

Chi^2 = 19.822 (Sig=0.008)，a=13.998，b=0.382，c=0.429，d=0.702，e=87.092

Chi^2 = 18.993 (Sig=0.009)，a=14.921，b=0.432，c=0.558，d=0.984，e=81.833

Chi^2 = 24.822 (Sig=0.023)，a=19.822，b=0.446，c=0.535，d=0.874，e=81.002

注：*、 * *、 * * *分别表示10%、5%、1%的显著性水平。

表5-2-4　农户施用有机肥 Logistic 模型估计结果

指标	安顺市经济开发区			湄潭县			盘州市			黎平县		
	系数	Wald 值	P 值	系数	Wald 值	P 值	系数	Wald 值	P 值	系数	Wald 值	P 值
A_1	0.896	6.893	0.993	5.897	2.074	0.392	2.098	1.494	0.223	5.316	4.874	0.322
A_2	-1.445	4.874	0.898	-3.348	4.864	0.778	-4.189	4.887	0.112	-4.972	5.984	0.221
A_3	1.113	5.896	0.983	0.298	5.993	0.009***	3.671	2.642	0.223	5.239	1.097	0.114
A_4	-2.787	3.835	0.833	-4.671	5.087	0.834	-2.907	2.837	0.334	-3.191	4.719	0.455
A_5	3.654	2.864	1.223	3.154	6.907	0.489	3.675	6.045	0.456	3.221	6.096	0.554
A_6	-3.834	4.835	1.432	-2.156	4.945	0.822	-3.187	2.035	0.564	-4.874	3.073	0.332
A_7	0.432	2.945	0.006***	2.328	5.743	0.113	4.276	4.097	0.344	5.453	5.072	0.443
A_8	-3.784	1.084	0.398	-0.287	1.071	0.004***	-6.119	7.087	0.433	-6.215	2.431	0.331
A_9	2.765	3.984	0.378	3.723	2.803	0.384	2.764	8.094	0.543	4.907	1.195	0.783
A_{10}	0.115	1.044	0.012*	2.785	1.475	0.484	5.121	4.315	0.542	4.098	1.334	0.773
A_{11}	-0.676	1.083	0.022**	-5.876	1.325	0.887	-1.965	1.408	0.332	-3.123	9.873	0.883
A_{12}	-0.334	3.893	0.036**	-0.215	3.039	0.944	-4.876	3.129	0.543	-2.554	3.907	0.983
A_{13}	1.347	4.075	0.389	1.868	2.097	0.993	5.895	3.036	0.443	0.541	1.703	0.027**
A_{14}	-3.657	3.907	0.509	-0.585	3.902	0.055*	-0.547	4.566	0.013**	-4.653	3.924	0.993
A_{15}	5.598	2.907	0.398	5.873	3.353	0.985	0.114	2.024	0.002***	0.507	1.792	0.019**
A_{16}	6.294	3.793	0.849	3.896	4.417	0.866	5.815	7.013	0.432	1.874	3.373	0.394

续表

指标	安顺市经济开发区			湄潭县			盘州市			黎平县		
	系数	Wald值	P值	系数	Wald值	P值	系数	Wald值	P值	系数	Wald值	P值
A_{17}	2.487	1.872	0.833	2.987	1.019	0.564	5.734	6.746	0.445	4.896	2.974	0.384
A_{18}	4.896	5.963	0.832	4.098	3.944	0.976	4.215	7.095	0.554	0.196	3.143	0.014**
常数项	4.798	3.589	0.894	3.478	2.789	0.567	6.783	5.873	0.554	5.792	2.729	0.333

$Chi^2 = 18.090$（$Sig=0.008$），$a=11.009$，$b=0.279$，$c=0.769$，$d=0.976$，$e=88.977$

$Chi^2 = 23.887$（$Sig=0.018$），$a=17.009$，$b=0.638$，$c=0.877$，$d=0.977$，$e=89.098$

$Chi^2 = 17.007$（$Sig=0.012$），$a=11.029$，$b=0.223$，$c=0.760$，$d=0.922$，$e=95.887$

$Chi^2 = 15.093$（$Sig=0.015$），$a=10.039$，$b=0.302$，$c=0.682$，$d=0.872$，$e=92.938$

注：*、**、***分别表示10%、5%、1%的显著性水平。

表5-2-5　农户农膜回收Logistic模型估计结果

指标	安顺市经济开发区			湄潭县			盘州市			黎平县		
	系数	Wald值	P值	系数	Wald值	P值	系数	Wald值	P值	系数	Wald值	P值
A_1	0.050	6.678	1.222	5.889	7.578	0.566	1.091	1.008	0.445	8.356	6.567	0.566
A_2	-6.510	4.852	1.332	-2.468	6.467	0.607	-0.789	7.789	0.556	-7.245	3.456	0.556
A_3	5.689	4.577	1.843	0.567	9.046	0.006***	6.532	6.563	0.667	0.890	7.998	0.445
A_4	-0.785	3.467	1.944	-4.358	8.357	0.566	-8.642	9.852	0.332	-6.001	4.632	0.443
A_5	4.686	2.996	0.294	9.146	2.246	0.321	4.884	8.124	0.334	8.981	9.579	0.112
A_6	-2.171	1.573	0.495	-8.468	1.045	0.305	-6.234	6.778	0.333	-7.994	8.467	0.117

续表

指标	安顺市经济开发区			湄潭县			盘州市			黎平县		
	系数	Wald值	P值	系数	Wald值	P值	系数	Wald值	P值	系数	Wald值	P值
A_7	0.538	5.285	0.005***	4.146	3.931	0.544	9.357	8.789	0.443	0.969	5.577	0.543
A_8	-6.125	4.903	0.958	-0.367	5.034	0.043**	-5.008	6.367	0.223	-6.467	6.045	0.566
A_9	5.690	6.972	0.944	1.467	7.157	0.405	6.345	4.467	0.334	8.457	7.009	0.643
A_{10}	0.284	1.970	1.008	6.467	9.589	0.305	5.246	8.578	0.443	0.479	3.356	0.336
A_{11}	-0.667	3.962	1.037	-0.367	3.007	0.506	-2.897	3.570	0.223	-3.467	6.245	0.553
A_{12}	-0.488	5.577	2.045	-6.467	8.709	0.445	-6.356	4.907	0.554	-2.409	9.578	0.554
A_{13}	3.010	2.678	0.495	7.357	7.906	0.665	4.996	6.004	0.445	0.467	7.007	0.006***
A_{14}	-6.062	5.973	0.603	-0.368	5.002	0.031**	-0.577	8.685	0.024**	-5.256	5.467	0.445
A_{15}	1.329	1.752	0.993	8.368	4.086	0.156	0.357	7.246	1.045	0.448	1.579	1.108
A_{16}	3.133	6.357	0.395	3.788	3.974	0.453	8.578	8.257	0.743	9.367	4.667	0.554
A_{17}	7.811	7.923	0.596	0.368	6.256	0.456	2.309	4.246	0.754	8.356	9.468	0.554
A_{18}	8.894	2.741	0.697	7.357	7.359	0.445	2.951	3.357	0.663	0.257	5.309	0.039**
常数项	9.679	5.467	0.695	6.258	4.752	0.445	6.009	2.689	0.335	1.246	8.678	0.212

Chi^2 = 12.938 （$Sig.$=0.003），a=29.883，b=0.122，c=0.492，d=0.665，e=88.992

Chi^2 = 17.009 （$Sig.$=0.032），a=11.093，b=0.220，c=0.562，d=0.883，e=91.022

Chi^2 = 13.283 （$Sig.$=0.022），a=9.992，b=0.129，c=0.339，d=0.931，e=93.882

Chi^2 = 19.001 （$Sig.$=0.005），a=11.923，b=0.122，c=0.483，d=0.992，e=92.883

注：*、**、***分别表示10%、5%、1%的显著性水平。

表 5-2-6　农户秸秆还田 Logistic 模型估计结果

指标	安顺市经济开发区			湄潭县			盘州市			黎平县		
	系数	Wald值	P值	系数	Wald值	P值	系数	Wald值	P值	系数	Wald值	P值
A_1	3.552	5.224	0.232	3.694	3.640	0.495	5.339	3.114	0.945	9.116	4.314	0.495
A_2	-4.663	3.229	0.384	-2.956	4.368	0.499	-6.385	4.358	0.992	-3.228	5.268	0.394
A_3	6.337	4.480	0.394	0.487	3.569	0.018**	7.213	6.269	0.394	4.559	9.538	0.395
A_4	-5.667	5.637	0.294	-3.568	4.732	0.474	-8.364	6.589	0.495	-3.449	8.590	0.345
A_5	2.994	7.841	0.945	7.632	5.285	0.294	9.538	7.119	0.499	4.557	8.681	0.949
A_6	-3.009	6.089	0.495	-1.589	3.854	0.292	-7.184	6.542	0.221	-3.002	6.035	0.394
A_7	0.114	3.689	0.011**	3.598	7.985	0.009**	9.168	6.234	0.223	4.333	5.321	0.394
A_8	-3.992	4.008	0.422	-0.734	8.211	2.014	-4.358	8.564	0.002**	-6.753	7.414	0.294
A_9	5.338	2.084	0.394	6.250	9.001	0.834	6.532	9.042	0.845	6.485	9.112	0.495
A_{10}	0.587	2.557	1.014	7.849	3.227	0.583	9.018	6.013	0.485	3.779	6.235	0.112
A_{11}	-0.337	6.021	0.016**	-9.680	4.380	0.395	-6.032	6.114	0.495	-8.773	8.524	0.394
A_{12}	-0.596	6.389	1.019	-6.328	5.368	0.294	-6.053	8.119	0.596	-9.721	7.035	0.495
A_{13}	5.998	4.369	0.495	7.398	7.005	0.845	7.556	7.664	0.495	0.631	6.528	1.007
A_{14}	-3.559	5.638	0.122	-0.693	8.414	1.019	-0.556	8.259	1.127	-6.953	7.539	0.596
A_{15}	8.227	0.692	0.597	2.314	4.337	0.907	0.334	6.489	2.012	0.562	5.883	0.003***
A_{16}	6.332	4.338	0.697	3.256	5.662	0.697	3.552	3.652	0.294	8.534	8.119	0.506

续表

指标	安顺市经济开发区			湄潭县			盘州市			黎平县		
	系数	Wald 值	P 值	系数	Wald 值	P 值	系数	Wald 值	P 值	系数	Wald 值	P 值
A_{17}	5.449	8.723	0.597	4.359	1.991	0.596	7.559	7.096	0.394	9.081	4.359	0.495
A_{18}	3.447	3.957	0.577	2.348	0.371	0.596	4.221	8.337	0.596	0.426	4.338	1.113
常数项	2.827	3.652	0.596	6.268	8.461	0.443	6.119	6.885	0.506	7.365	9.118	1.322

$Chi^2 = 15.889$ ($Sig = 0.007$)，$a = 10.928$，$b = 0.338$，$c = 0.663$，$d = 0.878$，$e = 91.121$

$Chi^2 = 21.991$ ($Sig = 0.012$)，$a = 11.909$，$b = 0.102$，$c = 0.392$，$d = 0.883$，$e = 92.833$

$Chi^2 = 10.992$ ($Sig = 0.006$)，$a = 10.920$，$b = 0.422$，$c = 0.528$，$d = 0.682$，$e = 94.922$

$Chi^2 = 11.091$ ($Sig = 0.009$)，$a = 28.928$，$b = 0.333$，$c = 0.673$，$d = 0.832$，$e = 80.993$

注：*、**、***分别表示10%、5%、1%的显著性水平。

2. 结果分析

由 5 种生态耕作行为的多元二项 Logistic 模型的结果显示，其 Chi^2 值、Sig 值、$-2LL$ 值、Nagelkerke R Square 值和模型整体预测正确率来看，模型的拟合优度合理，说明模型估计总体效果较好。

（1）农户种植绿肥行为影响因素的区域差异性

从模型估计结果（表 5-2-2）来看，安顺市经济开发区，从事纯农业生产人数、耕地收入占家庭总收入比重、耕地田块数检验均显著，且从事纯农业生产人数、耕地收入占家庭总收入比重系数是正值，耕地田块数系数是负值，表明农户家庭从事纯农业生产人数、耕地收入占家庭总收入比重对农户种植绿肥产生正向影响，耕地田块数对农户种植绿肥产生负向影响，说明农户家庭从事纯农业生产人数越多、耕地收入占家庭总收入比重越大，越愿意采纳种植绿肥行为，而农户家庭耕地田块数越大，农户越不愿意种植绿肥。湄潭县，农户受教育程度、生计分化、离家距离检验均显著，且农户受教育程度系数是正值，生计分化和离家距离系数是负值，表明农户受教育程度对农户种植绿肥产生正向影响，生计分化和离家距离对农户种植绿肥产生负向影响，说明农户受教育程度越高，越愿意采纳种植绿肥，而农户家庭生计分化越大和地块离家距离越远，农户越不愿意种植绿肥。盘州市，离家距离、灌溉水源检验均显著，且离家距离系数是负值，灌溉水源系数是正值，表明离家距离对农户种植绿肥产生负向影响，灌溉水源对农户种植绿肥产生正向影响，说明地块离家距离越远，农户越不愿意种植绿肥，灌溉水源越丰富农户越愿意种植绿肥。黎平县，地形条件、灌溉水源、农田基础设施检验均显著，且系数均是正值，表明地形条件、灌溉水源、农田基础设施对农户种植绿肥产生正向影响，说明地块越平坦、灌溉水源越充足、农田基础设施越完善，农户越愿意种植绿肥。

（2）农户采用测土配方施肥技术行为影响因素的区域差异性

从模型估计结果（表 5-2-3）来看，安顺市经济开发区，从事纯农业生产人数、耕地收入占家庭总收入比重、经营耕地面积、耕地田块数检验均显著，且从事纯农业生产人数、耕地收入占家庭总收入比重、经营耕地面积系数是正值，耕地田块数系数是负值，表明农户家庭从事纯农业生产人数、耕地收入占家庭总收入比重、经营耕地面积对农户愿意采用测土配方施肥技术产生正向影响，耕地田块数对农户采用测土配方施肥技术产生负向影响；说明农户家庭从事纯农业生产人数越多、耕地收入占家庭总收入比重越大、经营耕地面积越大，农户越愿意采用测土配方施肥技术；而耕地田块数量越多，农户越不愿意采用测土配方施肥技术。湄潭县，受教育程度、生计分化、离家距离检验均显著，且受教育程度系数是正值，生计分化、离家距离系数是负值，表明受教育程度对农户采用测土配方施肥技术产生正向影响，生计分化、离家距离对农户采用测土配方施肥技术产生负向影响；说明户主受教育程度越高，农户家庭越愿意采用测土配方技术；而农户家庭生计分化越大、地块离家距离越远、农户越不愿意采用测土配方技术。盘州市，离家距离、灌溉水源检验均显著，且灌溉水源系数是正值，离家距离系数是负值，表明灌溉水源对农户采用测土配方施肥技术产生正向影响，离家距离对农户采用测土配方施肥技术产生负向影响；说明灌溉水源越充足，农户越愿意采用测土配方施肥技术；而地块离家距离越远，农户越不愿意采用测土配方施肥技术。黎平县，地形条件、灌溉水源、农田基础设施检验均显著，且均为正值，表明地形条件、灌溉水源、农田基础设施对农户采用测土配方施肥技术产生正向影响；说明地块越平坦、灌溉水源越充足、农田基础设施越完善，农户越愿意采用测土配方施肥技术。

（3）农户施用有机肥行为影响因素的区域差异性

从模型估计结果（表5-2-4）来看，安顺市经济开发区，从事纯农业生产人数、耕地收入占家庭总收入比重、经营耕地面积、耕地田块数检验均显著，且从事纯农业生产人数、耕地收入占家庭总收入比重系数是正值，经营耕地面积、耕地田块数系数是负值，表明从事纯农业生产人数、耕地收入占家庭总收入比重对农户施用有机肥产生正向影响，经营耕地面积、耕地田块数对农户施用有机肥产生负向影响；说明农户家庭从事纯农业生产人数越多、耕地收入占家庭总收入比重越大，农户越愿意施用有机肥；而经营耕地面积越大、耕地田块数量越多，农户越不愿意施用有机肥。湄潭县，受教育程度、生计分化、地块离家距离检验均显著，且受教育程度系数是正值，生计分化、离家距离系数是负值，表明受教育程度对农户施用有机肥产生正向影响，生计分化、地块离家距离对农户施用有机肥产生负向影响；说明户主受教育程度越高，农户家庭越愿意施用有机肥；而生计分化越大、地块离家距离越远，农户越不愿意施用有机肥。盘州市，离家距离、灌溉水源检验均显著，且灌溉水源系数是正值，离家距离系数是负值，表明灌溉水源对农户施用有机肥产生正向影响，离家距离对农户施用有机肥产生负向影响；说明灌溉水源越充足，农户越愿意施用有机肥；而地块离家距离越远，农户越不愿意用有机肥。黎平县，地形条件、灌溉水源、农田基础设施检验均显著，且均为正值，表明地形条件、灌溉水源、农田基础设施对农户施用有机肥产生正向影响；说明地块越平坦、灌溉水源越充足、农田基础设施越完善，农户越愿意施用有机肥。

（4）农户农膜回收行为影响因素的区域差异性

从模型估计结果（表5-2-5）来看，安顺市经济开发区，从事纯农业生产人数检验显著，且系数是正值，表明从事纯农业生产人数对农户农膜回收行为产生正向影响，说明农户家庭从事纯农业生产人数越多，就越有足够的劳动力回收农膜。湄潭县，受教育程度、生计分化、离家距离检验均显著，且受教育程度系数是正值，生计分化、离家距离系数是负值，表明户主受教育程度对农户农膜回收行为产生正向影响，生计分化、离家距离对农户农膜回收行为产生负向影响；说明户主受教育程度越高，越懂得农膜残留污染土地，不利于农业生产，所以户主受教育程度越高，农户越愿意选择农膜回收，农户家庭非农生计占比越大、地块离家距离越远，农户就越不愿意回收农膜。盘州市，地块离家距离检验显著，且系数是负值，表明离家距离对农户农膜回收行为产生负向影响；说明地块离家距离越远，农户就越不愿意回收农膜。黎平县，地形条件、农田基础设施检验均显著，且系数均是正值，表明地形条件、农田基础设施对农户农膜回收行为产生正向影响；说明地形越平坦、农田基础设施越完善，农户越愿意选择农膜回收。

（5）农户秸秆还田行为影响因素的区域差异性

从模型估计结果（表5-2-6）来看，安顺市经济开发区，从事纯农业生产人数、经营耕地面积检验均显著，且从事纯农业生产人数系数是正值，经营耕地面积系数是负值，表明从事纯农业生产人数对农户秸秆还田行为产生正向影响，经营耕地面积对农户秸秆还田行为产生负向影响；说明农户家庭从事纯农业生产人数越多，有一定的劳动力，农户越愿意把秸秆还田，农户经营耕地面积越大，秸秆数量越多，农户越愿意卖秸秆获得相应的收入，而农户就越不愿意把秸秆还田。湄潭县，从事纯农业生产人数检验显著，且系数是正值，表明从事纯农业生产人数对农户秸秆还田行为产生正向影响；说明农户家庭从事纯农业生产人数越多，有一定的劳动力，农户越愿意把秸秆还田。盘州市生计分化检验显著，且系数是正值，表明生计分化对农户秸秆还田行为产生正向影响；说明农户家庭靠农业收入生计越多，农户越愿意把秸秆还田。黎平县，灌溉水源检验显著，且系数是正值，表明灌溉水源对农户秸秆还田行为产生正向影响；说明农户家庭灌溉水源越充足，农户越愿意把秸秆还田。

（四）结论与建议

1. 结论

基于以上农户 5 种生态耕作行为影响因素的 Logistic 模型开展实证分析，得出以下主要结论。农户 5 种绿色耕作技术采纳行为的影响因素存在区域差异，其具体为：

（1）农户种植绿肥行为影响因素的区域差异性

从事纯农业生产人数、耕地收入占家庭总收入比重、耕地田块数在安顺市经济开发区对农户种植绿肥行为产生影响，而对其他地区没有产生影响。农户受教育程度、生计分化在湄潭县对农户种植绿肥行为产生影响，而对其他地区没有产生影响。地块离家距离在湄潭县和盘州市对农户种植绿肥行为产生影响，而对其他地区没有产生影响。灌溉水源在盘州市和黎平县对农户种植绿肥行为产生影响，而对其他地区没有产生影响。地形条件、农田基础设施在黎平县对农户种植绿肥行为产生影响，而对其他地区没有产生影响。

（2）农户采用测土配方施肥技术行为影响因素的区域差异性

从事纯农业生产人数、耕地收入占家庭总收入比重、耕地田块数在安顺市经济开发区对农户采用测土配方施肥技术行为产生影响，而对其他地区没有产生影响。地块离家距离在湄潭县和盘州市对农户采用测土配方施肥技术行为产生影响，而对其他地区没有产生影响。受教育程度、生计分化在湄潭县对农户采用测土配方施肥技术行为产生影响，而对其他地区没有产生影响。灌溉水源在盘州市和黎平县对农户采用测土配方施肥技术行为产生影响，而对其他地区没有产生影响。地形条件、农田基础设施在黎平县对农户采用测土配方施肥技术行为产生影响，而对其他地区没有产生影响。

（3）农户施用有机肥行为影响因素的区域差异性

从事纯农业生产人数、耕地收入占家庭总收入比重、耕地田块数在安顺市经济开发区对农户施用有机肥行为产生影响，而对其他地区没有产生影响。地块离家距离在湄潭县和盘州市对农户施用有机肥行为产生影响，而对其他地区没有产生影响。受教育程度、生计分化在湄潭县对农户施用有机肥行为产生影响，而对其他地区没有产生影响。灌溉水源在盘州市和黎平县对农户施用有机肥行为产生影响，而对其他地区没有产生影响。地形条件、农田基础设施在黎平县对农户施用有机肥行为产生影响，而对其他地区没有产生影响。

（4）农户农膜回收行为影响因素的区域差异性

从事纯农业生产人数在安顺市经济开发区对农户农膜回收行为产生影响，而对其他地区没有产生影响。地块离家距离在湄潭县和盘州市对农户农膜回收行为产生影响，而对其他地区没有产生影响。受教育程度在湄潭县对农户农膜回收行为产生影响，而对其他地区没有产生影响。地形条件、农田基础设施在黎平县对农户农膜回收行为产生影响，而对其他地区没有产生影响。

（5）农户秸秆还田行为影响因素的区域差异性

从事纯农业生产人数在安顺市经济开发区和湄潭县对农户秸秆还田行为产生影响，而对其他地区没有产生影响。生计分化在盘州市对农户秸秆还田行为产生影响，而对其他地区没有产生影响。灌溉水源在黎平县对农户秸秆还田行为产生影响，而对其他地区没有产生影响。

2. 建议

为了引导和激励农户耕地资源绿色利用行为，提出以下几点建议：

（1）通过网络、电视、手机、讲座、报纸和杂志等多种手段大力宣传生态耕作，提高农户对生态耕作的认知；并全面向农户推广生态耕作技术，加强对农户生态耕作技术培训，促进农户更深入了解生态耕作和掌握生态耕作技术。

（2）加强"文、农、旅"三者高度融合发展，促进城乡融合深度发展，推动耕地规模经营化和农业现代化；大力培育新型职业农民，新型职业农民是农业现代化的主力军，是新时代耕地资源规模经营利用的主体；发展农村二、三产业，增加农户非农收入占家庭收入比例，使非农就业成为农户生计的主要方式。

（3）制定并实施激励机制和惩罚机制来对农户生态耕作行为进行管控，采取奖惩并存的管控机制。政府及相关部门要制定相关激励制度来激励农户采用生态耕作技术行为，同时也要制定惩罚制度来遏制农户非生态耕作行为。

第六章

新型农业经营主体耕地资源绿色利用行为响应

新型农业经营主体是相对于家庭承包责任制而言，有文化、懂农业技术和经营的职业农民，并具有一定经营规模和市场竞争力的农业经营组织。一般情况下是指农业经营专业大户、农业合作社、农业企业和家庭农场等。选择贵州省作为研究区域，在实地调研中发现农业经营专业大户、家庭农场等很少，样本不具有代表性。因此本章选择农业合作社和农业企业作为新型农业经营主体，探索耕地资源绿色利用行为决策，其内容是农业企业耕地资源绿色利用的行为响应及影响因素分析、农业合作社耕地资源绿色利用的行为响应及影响因素分析。

第一节　农业企业耕地资源绿色利用的行为响应及影响因素分析

一、农业企业统计描述

（一）数据来源与统计描述

课题组成员根据自然地理特征和经济发展水平情况，在贵州省选择具有典型代表性的安顺市经济开发区、遵义市湄潭县、六盘水市盘州市和黔东南州黎平县对 50 个农业企业进行问卷调查和访谈，共发放 50 份调查问卷，获得有效问卷 47 份。在 47 份农业企业样本问卷中，（1）农业企业成员数在 10~200 人的占 6.38%，在 201~300 人的占 21.28%，在 301~400 人的占 31.91%，在 401~500 人的占 40.43%。（2）农业企业耕种面积在 100~200 亩的占 10.64%，在 201~300 亩之间的占 14.89%，在 301~400 亩的占 27.66%，在 401~500 亩的占 46.81%。（3）农业企业年收入在 50 万~100 万的占

6.38%，在 101 万~150 万的占 10.64%，在 151 万~200 万的占 19.15%，在 201 万~250 万的占 63.83%。见表 6-1-1。

表 6-1-1　农业企业基本特征

变量	类别及赋值	数量（个）	占比（%）	均值	标准差
成员数	100~200 人 =1	3	6.38	3.06	0.93
	201~300 人 =2	10	21.28		
	301~400 人 =3	15	31.91		
	401~500 人 =4	19	40.43		
耕种面积	100~200 亩 =1	5	10.64	3.11	1.02
	201~300 亩 =2	7	14.89		
	301~400 亩 =3	13	27.66		
	401~500 亩 =4	22	46.81		
年收入	50 万~100 万 =1	3	6.38	3.40	0.91
	101 万~150 万 =2	5	10.64		
	151 万~200 万 =3	9	19.15		
	201 万~250 万 =4	30	63.83		

二、研究方法

（一）变量选取

在农业企业方面，综合考虑调研区域 47 家农业企业对农户耕种行为的影响情况，主要选取因素包括：企业运营模式、企业带动农户形式、企业主要销售渠道、企业对订单农户提供的服务类型和监管农户生产过程的方式。同时以此作为自变量。其指标及赋值详见表 6-1-2。

表 6-1-2　农业企业模型指标赋值与描述统计

变量	指标	赋值	均值	标准差
因变量	是否采纳绿色耕作	否 =0；是 =1	0.17	0.36
自变量	企业运营模式	公司+农户 =1；公司+基地+农户 =2；公司+农业合作社+农户 =3	1.63	0.73
	企业带动农户形式	直接带动农户 =1；通过乡镇政府、村集体 =2；通过农业专业合作社经济组织 =3；其他 =4	2.21	0.46
	企业主要销售渠道	与批发市场达成销售关系 =1；企业收购 =2；网上电子平台 =3；其他 =4	2.83	1.13

续表

变量	指标	赋值	均值	标准差
自变量	企业对订单农户提供的服务类型	提供生产资料投入服务=1；提供技术服务=2；提供资金服务=3；没有提供服务=4	1.24	0.44
	监管农户生产过程的方式	通过对农药、化肥与种子等投入品的控制，确保农产品的质量=1；通过派人巡视对生产过程进行控制，确保农产品的质量=2；通过农户之间互相监督，确保农产品的质量=3；通过对农户生产过程随机抽查=4；	1.25	0.40

已有研究表明，绿色农业是一种积极采用生态友好方法即尊重自然、保护自然、顺应自然、效法自然的农业模式与技术体系，全面发挥农业生态系统服务功能，促进农业可持续发展的农业方式。综合考虑调研区域 47 家农业企业耕作行为与数据可得性，采取农业企业是否采纳绿色耕作行为作为因变量，主要包括 9 种行为：种植绿肥、采用测土配方施肥技术、施用有机肥、减量施用化肥、正确使用农药、正确处理农药瓶及肥料袋子、塑料膜残留回收、农作物合理轮作、秸秆还田。其中，绿肥主要指紫云英和苕子；有机肥指农家肥；农作物轮作主要是指复种轮作。因以上任意一种行为均难以全面反映农业企业是否采纳绿色耕作，首先，采取对每种耕作行为赋值的方法，若未采纳某一种绿色耕作方式，赋值为 0，若采纳某一种绿色耕作方式，赋值为 1，数值越大表明采纳某种绿色耕作行为的意愿越强；其次，将农业企业 9 种绿色耕作的采纳行为分值进行累加，计算总分值，总分值区间为［0，9］；最后，将绿色耕作采纳行为总分值以间距 4 分划分为 2 组，并再次赋值。据统计，样本中有 17.02% 的农业企业采纳绿色耕作，有 82.98% 的农业企业未采纳绿色耕作。其赋值详见表 6-1-3。

表 6-1-3　农业企业绿色耕作采纳行为分组表

采纳行为分值区间（分）	采纳生态耕作行为	赋值	样本数（份）	占比（%）
［0，4］	否	0	39	82.98
［5，9］	是	1	8	17.02

（二）构建模型

由于被解释变量是二分类变量，通常采用多元二项 Logistic 回归分析（Mbaga-Semgalawe Z，2000）。农业企业生态耕作行为采纳的情况是种植绿肥、采用测土配方施肥技术、施用有机肥、农膜回收、秸秆还田中某种行为的采用或不采用两种行为的其中一种，所以可看作采用的是"1"，不采用的是"0"的二分类型变量。因此，采用多元二项 Logistic 回归模型来分析农户生态耕作行为响应与各影响因子之间的关系。表达式如下所示：

$$p = F(y) = F\left(\alpha + \sum_{i=1}^{n} \beta_i X_i\right) = 1 / \left[1 + e^{-(\alpha + \sum_{i=1}^{n} \beta_i X_i)} \right]$$

式中，p 为企业绿色耕作行为概率，α 为常数项，X_i 表示第 i 个影响企业绿色耕作的自变量，n 为自变量数量，β_i 是自变量回归系数。企业是否采纳绿色耕作行为的概率比值 $p_i / (1-p_i)$ 为事件发生比。

三、结果与分析

（一）模型运行结果

利用选择的变量和调查数据，并运用 SPSS 24.0 分别对农业企业种植绿肥、采用测土配方施肥技术、施用有机肥、农膜回收、秸秆还田 5 个二项 Logistic 回归模型进行估计，且基于极大似然估计的逐步筛选策略经过多次模拟检验后，得到 9 个二项 Logistic 回归分析模型运行结果。详见表 6-1-4—表 6-1-12，其 a 为-2LL 值，b 为 Cox & Snell R Square 值，c 为 Nagelkerke R Square 值，d 为模型整体预测正确率。

表 6-1-4　农业企业种植绿肥行为的 Logistic 回归模型估计结果

解释变量	编号	回归系数	标准误差	检验值	显著性
企业运营模式	X_1	0.165	0.072	11.175	0.166
企业带动农户形式	X_2	0.158	0.075	17.127	0.008***
企业主要销售渠道	X_3	0.685	0.186	8.585	0.097*
企业对订单农户提供的服务类型	X_4	-0.189	0.043	9.256	0.286
监管农户生产过程的方式	X_5	-0.193	0.068	10.328	0.002***
常数		1.997	0.043	1.963	0.476

注：$Chi^2 = 24.681$（$Sig = 0.002$），$a = 57.169$，$b = 0.401$，$c = 0.472$，$d = 88.26$

表 6-1-5　农业企业采用测土配方施肥技术行为的 Logistic 回归模型估计结果

解释变量	编号	回归系数	标准误差	检验值	显著性
企业运营模式	X_1	0.171	0.226	10.159	0.122
企业带动农户形式	X_2	0.130	0.192	18.927	0.007***
企业主要销售渠道	X_3	0.661	0.119	9.981	0.056*
企业对订单农户提供的服务类型	X_4	−0.862	0.685	9.082	0.331
监管农户生产过程的方式	X_5	−0.980	0.565	15.755	0.003***
常数		1.684	0.199	1.880	0.397

注：$Chi^2 = 37.361$（$Sig = 0.003$），$a = 43.273$，$b = 0.311$，$c = 0.382$，$d = 91.05$

表 6-1-6　农业企业施用有机肥行为的 Logistic 回归模型估计结果

解释变量	编号	回归系数	标准误差	检验值	显著性
企业运营模式	X_1	0.440	0.656	10.643	0.191
企业带动农户形式	X_2	0.107	0.057	16.842	0.004***
企业主要销售渠道	X_3	0.674	0.155	7.422	0.098*
企业对订单农户提供的服务类型	X_4	−0.156	0.094	9.307	0.210
监管农户生产过程的方式	X_5	−0.743	0.917	14.842	0.005***
常数		1.975	0.199	1.839	0.551

注：$Chi^2 = 41.071$（$Sig = 0.004$），$a = 43.711$，$b = 0.380$，$c = 0.375$，$d = 90.13$

表 6-1-7　农业企业减量施用化肥行为的 Logistic 回归模型估计结果

解释变量	编号	回归系数	标准误差	检验值	显著性
企业运营模式	X_1	0.314	0.159	11.126	0.153
企业带动农户形式	X_2	0.155	0.331	17.153	0.005***
企业主要销售渠道	X_3	0.689	0.793	8.582	0.093*
企业对订单农户提供的服务类型	X_4	−0.184	0.046	9.433	0.232
监管农户生产过程的方式	X_5	−0.179	0.058	10.028	0.008***
常数		1.897	0.483	1.967	0.993

注：$Chi^2 = 31.770$（$Sig = 0.003$），$a = 36.087$，$b = 0.361$，$c = 0.291$，$d = 89.88$

表6-1-8　农业企业正确使用农药行为的 Logistic 回归模型估计结果

解释变量	编号	回归系数	标准误差	检验值	显著性
企业运营模式	X_1	0.510	0.582	10.970	0.149
企业带动农户形式	X_2	0.145	0.095	16.044	0.007***
企业主要销售渠道	X_3	0.565	0.230	7.815	0.076*
企业对订单农户提供的服务类型	X_4	−0.280	0.384	9.253	0.421
监管农户生产过程的方式	X_5	−0.901	0.608	11.327	0.005***
常数		1.895	0.543	9.643	0.964

注：$Chi^2 = 48.161$（$Sig = 0.006$），$a = 41.170$，$b = 0.391$，$c = 0.510$，$d = 92.73$

表6-1-9　农业企业正确处理农药瓶及肥料袋子行为的 Logistic 回归模型估计结果

解释变量	编号	回归系数	标准误差	检验值	显著性
企业运营模式	X_1	0.108	0.074	11.587	0.315
企业带动农户形式	X_2	0.388	0.209	16.133	0.007***
企业主要销售渠道	X_3	0.751	0.997	9.331	0.093*
企业对订单农户提供的服务类型	X_4	−0.652	0.705	7.037	0.239
监管农户生产过程的方式	X_5	−0.174	0.097	11.954	0.008***
常数		1.458	0.075	2.175	0.950

注：$Chi^2 = 39.181$（$Sig = 0.005$），$a = 49.150$，$b = 0.288$，$c = 0.389$，$d = 87.62$

表6-1-10　农业企业塑料膜残留回收行为的 Logistic 回归模型估计结果

解释变量	编号	回归系数	标准误差	检验值	显著性
企业运营模式	X_1	0.146	0.844	11.890	0.184
企业带动农户形式	X_2	0.149	0.063	15.842	0.007***
企业主要销售渠道	X_3	0.875	0.098	9.688	0.090*
企业对订单农户提供的服务类型	X_4	−0.177	0.197	8.331	0.980
监管农户生产过程的方式	X_5	−0.149	0.175	10.210	0.005***
常数		1.891	0.667	1.953	0.976

注：$Chi^2 = 21.510$（$Sig = 0.003$），$a = 27.141$，$b = 0.278$，$c = 0.191$，$d = 89.11$

表 6-1-11 农业企业农作物合理轮作行为的 Logistic 回归模型估计结果

解释变量	编号	回归系数	标准误差	检验值	显著性
企业运营模式	X_1	0.551	0.063	12.397	0.144
企业带动农户形式	X_2	0.187	0.062	13.488	0.004***
企业主要销售渠道	X_3	0.577	0.055	7.669	0.089*
企业对订单农户提供的服务类型	X_4	−0.201	0.081	8.661	0.188
监管农户生产过程的方式	X_5	−0.180	0.176	11.823	0.003***
常数		1.801	0.791	1.664	0.732

注：$Chi^2 = 31.470$（$Sig = 0.007$），$a = 38.291$，$b = 0.377$，$c = 0.297$，$d = 90.01$

表 6-1-12 农业企业秸秆还田行为的 Logistic 回归模型估计结果

解释变量	编号	回归系数	标准误差	检验值	显著性
企业运营模式	X_1	0.143	0.088	10.124	0.158
企业带动农户形式	X_2	0.177	0.051	16.729	0.006***
企业主要销售渠道	X_3	0.864	0.273	9.325	0.073*
企业对订单农户提供的服务类型	X_4	−0.155	0.049	9.269	0.327
监管农户生产过程的方式	X_5	−0.109	0.048	11.859	0.005***
常数		1.386	0.050	1.497	0.865

注：$Chi^2 = 41.067$（$Sig = 0.002$），$a = 32.063$，$b = 0.384$，$c = 0.368$，$d = 89.67$

（二）结果分析

9 种生态耕作行为的二项 Logistic 模型的结果显示，其 Chi^2 值分别为 24.681、37.361、41.071、31.770、48.161、39.181、21.510、31.470、41.067，Sig 值分别为 0.002、0.003、0.004、0.003、0.006、0.005、0.003、0.007、0.002，−2LL 值分别为 57.169、43.273、43.711、36.087、41.170、49.150、27.141、38.291、32.063，Nagelkerke R Square 值分别为 0.401、0.382、0.380、0.361、0.391、0.288、0.278、0.377、0.384，模型整体预测正确率分别为 88.26、91.05、90.13、89.88、92.73、87.62、89.11、90.01、89.67，模型的拟合优度合理，说明模型估计总体效果较好。

1. 从模型运行结果（表 6-1-4—表 6-1-12）可以看出，企业运营模式和企业对订单农户提供的服务类型检验均不显著，说明企业运营模式和企业对订单农户提供的服务类型对企业耕地资源绿色利用行为不产生影响。

2. 从模型运行结果（表6-1-4—表6-1-12）可以看出，企业带动农户形式、企业主要销售渠道检验均显著，且企业带动农户形式、企业主要销售渠道系数是正值，表明企业带动农户形式、企业主要销售渠道对企业耕地资源绿色利用的9种行为产生正向影响。表明企业在带动农户生产和企业销售多种渠道时，给予农户更多的决策生产空间和多种销售渠道，特别是采用网络平台进行销售，农户更愿意采用绿色利用行为。

3. 从模型运行结果（表6-1-4—表6-1-12）可以看出，监管农户生产过程的方式检验均显著，且监管农户生产过程的方式系数是负值，表明监管农户生产过程的方式对企业耕地资源绿色利用的9种行为产生负向影响。说明不直接监管农户生产过程方式，农户就不愿意采用绿色利用技术行为。

四、结论与建议

（一）结论

基于结果分析基础上，本书归纳得出以下几点结论：

1. 企业运营模式和企业对订单农户提供的服务对企业耕地资源绿色利用不产生影响。

2. 企业带动农户形式、企业主要销售渠道对企业耕地资源绿色利用产生影响，但是产生正向影响。

3. 监管农户生产过程的方式对企业耕地资源绿色利用产生影响，但是产生负向影响。

（二）建议

针对上述综合分析和结论，规范和引导企业耕地资源绿色利用行为，提出以下几点政策建议：

1. 加强地方政府对企业宏观调控力度，遏制地方政府直接干预企业运营模型和对订单农户提供的服务类型，让企业在销售方面拥有完全决策权，从而提高企业耕地资源绿色利用效率。

2. 乡（镇）政府、村支两委、村集体经济组织要监管企业带动农户形式，提高企业耕地资源绿色利用行为，从而提高耕地资源绿色利用效率。

3. 农业企业主要劳动力基本是雇用当地农户给予经济生产，地方政府、村支两委监督农户生产过程的方式，从而提高耕地资源绿色利用效率。

第二节 农业合作社耕地资源绿色利用的行为
响应及影响因素分析

一、数据来源与统计描述

课题组成员根据自然地理特征和经济发展水平情况，在贵州省选择具有典型代表性的安顺市经济开发区、遵义市湄潭县、六盘水市盘州市和黔东南州黎平县对 50 个农业合作社进行问卷调查和访谈，共发放 50 份调查问卷，获得有效问卷 48 份。在 48 份合作社样本问卷中，（1）合作社成员数在 10~200 人的占 12.5%，在 201~300 人的占 37.5%，在 301~400 人的占 25%，在 401~500 人的占 25%。（2）合作社耕种面积在 100~200 亩占 12.5%，在 201~300 亩之间的占 50%，在 301~400 亩的占 25%，在 401~500 亩的占 12.5%。（3）合作社年收入在 50 万~100 万的占 25%，在 101 万~150 万的占 37.5%，在 151 万~200 万的占 25%，在 201 万~250 万的占 12.5%。表 6-2-1 为样本合作社基本特征。

表 6-2-1 合作社基本特征

变量	类别及赋值	数量（个）	占比（%）	均值	标准差
成员数	100~200 人 = 1	6	12.5	2.63	0.99
	201~300 人 = 2	18	37.5		
	301~400 人 = 3	12	25.0		
	401~500 人 = 4	12	25.0		
耕种面积	100~200 亩 = 1	6	12.5	2.38	0.86
	201~300 亩 = 2	24	50.0		
	301~400 亩 = 3	12	25.0		
	401~500 亩 = 4	6	12.5		
年收入	50 万~100 万 = 1	12	25.0	2.25	0.97
	101 万~150 万 = 2	18	37.5		
	151 万~200 万 = 3	12	25.0		
	201 万~250 万 = 4	6	12.5		

二、变量选取与模型构建

(一) 变量的选取

合作社在耕种方面存在一定的社会责任感，其耕作方式会影响社员农户的农业收入。结合调研区域 48 家合作社对生态耕作行为进行调查的实际情况，本书在合作社模型中，自变量的选取主要有：是否统一安排农产品的生产、为农户统一购买农业生产资料的比例、为农户统一提供产品标准和技术指导的比例、在近 3 年平均每年组织各类培训的次数、组织农业培训时强制规定成员的出席人数、是否要求成员掌握统一的生产技术和质量标准、合作社拥有技术人员和农民技术员总人数，同时以此作为自变量。其指标及赋值详见表 6-2-2。

表 6-2-2 合作社模型指标赋值与描述统计

变量类型	指标	赋值	均值	标准差
因变量	是否采纳生态耕作	否 = 0；是 = 1	0.94	0.24
自变量	是否统一安排农产品的生产	否 = 0；是 = 1	0.63	0.49
	为农户统一购买农业生产资料的比例	30% 以下 = 1；30% ～ 60% = 2；61% ～ 80% = 3；80% 以上 = 4	2.75	1.16
	为农户统一提供产品标准和技术指导的比例	30% 以下 = 1；30% ～ 60% = 2；61% ～ 80% = 3；80% 以上 = 4	3.27	1.02
	在近 3 年平均每年组织各类培训的次数	0 次 = 1；1～3 次 = 2；4～10 次 = 3；10 次以上 = 4	2.50	0.82
	组织农业培训时强制规定成员的出席人数	50 人以下 = 1；50～70 人 = 2；71～90 人 = 3；90 人以上 = 4	2.19	0.73
	是否要求成员掌握统一的生产技术和质量标准	否 = 0；是 = 1	0.58	0.49
	拥有技术人员人数	3 人以下 = 1；3～5 人 = 2；5 人以上 = 3	2.75	0.59
	农民技术人员总人数	3 人以下 = 1；3～5 人 = 2；5 人以上 = 3	2.44	0.79

已有研究表明，绿色农业是一种积极采用生态友好方法即尊重自然、保护自然、顺应自然、效法自然的农业模式与技术体系，全面发挥农业生态系统服务功能，促进农业可持续发展的农业方式。综合考虑调研区域 48 家合作社耕作行为与数据可得性，首先，本书选取合作社是否采纳绿色耕作行为作为因变量，主要包括 9 种行为：种植绿肥、采用测土配方施肥技术、施用有机肥、减量施用化肥、正确使用农药、正确处理农药瓶及肥料袋子、塑料膜残留回收、农作物合理轮作、秸秆还田。其中，绿肥主要指紫云英和苕子；有机肥指农家肥；农作物轮作主要是指复种轮作。其次，将合作社 9 种绿色耕作的采纳行为分值进行累加，计算总分值，总分值区间为 [0，9]；最后，将生态耕作采纳行为总分值以间距 4 分划分为 2 组，并再次赋值。据统计，样本中有 93.75%的合作社采纳生态耕作，有 6.25%的合作社未采纳绿色耕作。其赋值详见表 6-2-3。

表 6-2-3 合作社生态耕作采纳行为分组表

采纳行为分值区间（分）	采纳生态耕作行为	赋值	样本数（份）	占比（%）
[0，4]	否	0	3	6.25
[5，9]	是	1	45	93.75

（二）构建模型

由于被解释变量是二分类变量，通常采用多元二项 Logistic 回归分析（Mbaga-Semgalawe Z，2000）。合作社绿色耕作行为采纳的情况是种植绿肥、采用测土配方施肥技术、施用有机肥、农膜回收、秸秆还田中某种行为的采用或不采用两种行为的其中一种，所以可看作采用的是"1"，不采用的是"0"的二分类型变量。因此，采用多元二项 Logistic 回归模型来分析农户生态耕作行为响应与各影响因子之间的关系。表达式如下所示：

$$p = F(y) = F\left(\alpha + \sum_{i=1}^{n} \beta_i X_i\right) = 1 / \left[1 + e^{-(\alpha + \sum_{i=1}^{n} \beta_i X_i)}\right]$$

式中，p 为企业绿色耕作行为概率，α 为常数项，X_i 表示第 i 个影响企业绿色耕作的自变量，n 为自变量数量，β_i 是自变量回归系数。企业是否采纳绿色耕作行为的概率比值 $p_i/(1-p_i)$ 为事件发生比。

三、结果及分析

(一) 模型运行结果

利用选择的变量和调查数据，并运用 SPSS 24.0 分别对农业合作社种植绿肥、采用测土配方施肥技术、施用有机肥、农膜回收、秸秆还田等 9 个二项 Logistic 回归模型进行估计，且基于极大似然估计的逐步筛选策略经过多次模拟检验后，得到 9 个二项 Logistic 回归分析模型运行结果。详见表 6-2-4—表 6-2-12，其 a 为 -2LL 值，b 为 Cox & Snell R Square 值，c 为 Nagelkerke R Square 值，d 为模型整体预测正确率。

表 6-2-4 合作社种植绿肥行为的 Logistic 回归模型估计结果

变量类型	指标	编号	回归系数	标准误差	检验值	显著性
自变量	是否统一安排农产品的生产	X_1	0.141	0.054	10.107	0.145
	为农户统一购买农业生产资料的比例	X_2	0.427	0.092	11.119	0.252
	为农户统一提供产品标准和技术指导的比例	X_3	0.192	0.146	14.172	0.002***
	在近 3 年平均每年组织各类培训的次数	X_4	0.280	0.045	8.927	0.198
	组织农业培训时强制规定成员的出席人数	X5	-0.164	0.031	8.528	0.216
	是否要求成员掌握统一的生产技术和质量标准	X_6	0.038	0.098	11.043	0.025**
	拥有技术人员人数	X_7	-0.146	0.273	15.142	0.008***
	农民技术人员总人数	X_8	-0.163	0.094	13.414	0.005***
	常数		1.315	0.085	1.653	0.118

注：$Chi^2 = 42.071$（$Sig = 0.001$），$a = 43.062$，$b = 0.281$，$c = 0.278$，$d = 90.35$

表 6-2-5 合作社采用测土配方施肥技术行为的 Logistic 回归模型估计结果

变量类型	指标	编号	回归系数	标准误差	检验值	显著性
自变量	是否统一安排农产品的生产	X_1	0.133	0.069	11.893	0.132
	为农户统一购买农业生产资料的比例	X_2	0.998	0.112	10.230	0.352
	为农户统一提供产品标准和技术指导的比例	X_3	0.185	0.216	13.061	0.008***
	在近 3 年平均每年组织各类培训的次数	X_4	0.981	0.054	7.877	0.217
	组织农业培训时强制规定成员的出席人数	X_5	-0.144	0.118	7.403	0.007***
	是否要求成员掌握统一的生产技术和质量标准	X_6	0.088	0.083	10.951	0.026**
	拥有技术人员人数	X_7	0.155	0.102	15.345	0.007***
	农民技术人员总人数	X_8	0.671	0.189	11.447	0.008***
	常数		1.668	0.174	0.915	0.197

注：$Chi^2 = 47.021$（$Sig = 0.005$），$a = 27.014$，$b = 0.312$，$c = 0.251$，$d = 87.88$

表 6-2-6 合作社施用有机肥行为的 Logistic 回归模型估计结果

变量类型	指标	编号	回归系数	标准误差	检验值	显著性
自变量	是否统一安排农产品的生产	X_1	0.152	0.176	11.220	0.198
	为农户统一购买农业生产资料的比例	X_2	0.891	0.078	10.193	0.337
	为农户统一提供产品标准和技术指导的比例	X_3	0.183	0.151	15.782	0.008***
	在近 3 年平均每年组织各类培训的次数	X_4	0.571	0.033	7.816	0.087
	组织农业培训时强制规定成员的出席人数	X_5	0.157	0.038	9.816	0.007***

续表

变量类型	指标	编号	回归系数	标准误差	检验值	显著性
自变量	是否要求成员掌握统一的生产技术和质量标准	X_6	0.056	0.071	10.093	0.028**
	拥有技术人员人数	X_7	0.151	0.390	16.213	0.007***
	农民技术人员总人数	X_8	0.176	0.081	12.119	0.006***
	常数		1.712	0.033	1.791	0.108

注：$Chi^2 = 39.022$（$Sig = 0.003$），$a = 24.015$，$b = 0.181$，$c = 0.196$，$d = 88.76$

表 6-2-7　合作社减量施用化肥行为的 Logistic 回归模型估计结果

变量类型	指标	编号	回归系数	标准误差	检验值	显著性
自变量	是否统一安排农产品的生产	X_1	0.132	0.074	11.214	0.255
	为农户统一购买农业生产资料的比例	X_2	0.233	0.106	10.321	0.129
	为农户统一提供产品标准和技术指导的比例	X_3	0.281	0.038	15.261	0.008***
	在近3年平均每年组织各类培训的次数	X_4	0.783	0.089	9.719	0.165
	组织农业培训时强制规定成员的出席人数	X_5	-0.177	0.091	9.407	0.225
	是否要求成员掌握统一的生产技术和质量标准	X_6	0.019	0.116	10.153	0.027**
	拥有技术人员人数	X_7	0.284	0.686	13.571	0.006***
	农民技术人员总人数	X_8	0.379	0.165	18.469	0.007***
	常数		1.405	0.155	1.891	0.904

注：$Chi^2 = 40.061$（$Sig = 0.002$），$a = 30.011$，$b = 0.244$，$c = 0.267$，$d = 89.11$

表 6-2-8　合作社正确使用农药行为的 Logistic 回归模型估计结果

变量类型	指标	编号	回归系数	标准误差	检验值	显著性
自变量	是否统一安排农产品的生产	X_1	0.680	0.350	11.358	0.198

变量类型	指标	编号	回归系数	标准误差	检验值	显著性
自变量	为农户统一购买农业生产资料的比例	X_2	0.579	0.128	10.923	0.354
	为农户统一提供产品标准和技术指导的比例	X_3	0.461	0.712	14.324	0.003***
	在近3年平均每年组织各类培训的次数	X_4	0.562	0.091	9.816	0.133
	组织农业培训时强制规定成员的出席人数	X_5	0.274	0.192	9.519	0.008***
	是否要求成员掌握统一的生产技术和质量标准	X_6	0.089	0.043	10.781	0.031**
	拥有技术人员人数	X_7	0.135	0.412	10.939	0.007***
	农民技术人员总人数	X_8	0.178	0.104	16.725	0.004***
	常数		1.686	0.055	1.573	0.265

注：$Chi^2 = 39.063$（$Sig = 0.006$），$a = 19.036$，$b = 0.384$，$c = 0.278$，$d = 90.21$

表 6-2-9　合作社正确处理农药瓶及肥料袋子行为的 Logistic 回归模型估计结果

变量类型	指标	编号	回归系数	标准误差	检验值	显著性
自变量	是否统一安排农产品的生产	X_1	0.575	0.356	11.457	0.155
	为农户统一购买农业生产资料的比例	X_2	0.686	0.681	10.210	0.323
	为农户统一提供产品标准和技术指导的比例	X_3	0.553	0.673	15.311	0.203
	在近3年平均每年组织各类培训的次数	X_4	0.546	0.785	9.815	0.176
	组织农业培训时强制规定成员的出席人数	X_5	-0.129	0.140	7.630	1.014
	是否要求成员掌握统一的生产技术和质量标准	X_6	0.044	0.097	10.132	0.003**

续表

变量类型	指标	编号	回归系数	标准误差	检验值	显著性
自变量	拥有技术人员人数	X_7	0.279	0.691	14.031	1.106
	农民技术人员总人数	X_8	0.154	0.182	14.657	2.214
	常数		1.911	0.134	2.841	0.326

注：$Chi^2 = 45.021$（$Sig = 0.003$），$a = 30.036$，$b = 0.481$，$c = 0.386$，$d = 88.71$

表6-2-10 合作社塑料膜残留回收行为的 Logistic 回归模型估计结果

变量类型	指标	编号	回归系数	标准误差	检验值	显著性
自变量	是否统一安排农产品的生产	X_1	0.150	0.065	11.218	0.122
	为农户统一购买农业生产资料的比例	X_2	0.522	0.077	10.324	0.316
	为农户统一提供产品标准和技术指导的比例	X_3	0.120	0.118	12.339	0.006***
	在近3年平均每年组织各类培训的次数	X_4	0.380	0.121	7.923	0.213
	组织农业培训时强制规定成员的出席人数	X_5	0.135	0.124	7.326	0.005***
	是否要求成员掌握统一的生产技术和质量标准	X_6	0.043	0.089	11.430	0.041**
	拥有技术人员人数	X_7	0.664	0.764	10.214	0.007***
	农民技术人员总人数	X_8	0.316	0.091	14.316	0.006***
	常数		2.011	0.099	1.908	0.331

注：$Chi^2 = 33.027$（$Sig = 0.002$），$a = 23.031$，$b = 0.264$，$c = 0.272$，$d = 86.61$

表6-2-11 合作社农作物合理轮作行为的 Logistic 回归模型估计结果

变量类型	指标	编号	回归系数	标准误差	检验值	显著性
自变量	是否统一安排农产品的生产	X_1	0.411	0.045	11.214	0.007***
	为农户统一购买农业生产资料的比例	X_2	0.912	0.081	10.490	0.375

变量类型	指标	编号	回归系数	标准误差	检验值	显著性
自变量	为农户统一提供产品标准和技术指导的比例	X_3	0.183	0.359	17.862	0.005***
	在近3年平均每年组织各类培训的次数	X_4	0.155	0.035	9.323	0.210
	组织农业培训时强制规定成员的出席人数	X_5	0.178	0.437	8.312	0.008***
	是否要求成员掌握统一的生产技术和质量标准	X_6	0.013	0.041	12.432	0.021**
	拥有技术人员人数	X_7	0.750	0.285	11.427	0.004***
	农民技术人员总人数	X_8	0.241	0.998	10.528	0.003***
	常数		1.280	0.014	2.454	0.630

注：$Chi^2 = 31.015$（$Sig = 0.002$），$a = 20.016$，$b = 0.327$，$c = 0.286$，$d = 89.17$

表6-2-12 合作社秸秆还田行为的 Logistic 回归模型估计结果

变量类型	指标	编号	回归系数	标准误差	检验值	显著性
自变量	是否统一安排农产品的生产	X_1	0.178	0.020	12.015	0.004
	为农户统一购买农业生产资料的比例	X_2	0.425	0.019	11.980	0.199
	为农户统一提供产品标准和技术指导的比例	X_3	0.289	0.203	15.086	0.008***
	在近3年平均每年组织各类培训的次数	X_4	0.277	0.078	7.838	0.221
	组织农业培训时强制规定成员的出席人数	X_5	0.144	0.031	7.771	0.008***
	是否要求成员掌握统一的生产技术和质量标准	X_6	0.051	0.061	10.155	0.037**
	拥有技术人员人数	X_7	0.148	0.798	15.529	0.005***
	农民技术人员总人数	X_8	0.506	0.024	19.352	0.003***
	常数		1.101	0.193	1.620	0.905

注：$Chi^2 = 28.051$（$Sig = 0.007$），$a = 30.011$，$b = 0.197$，$c = 0.257$，$d = 87.02$

（二）结果分析

9 种生态耕作行为的二项 Logistic 模型的结果显示，其 Chi^2 值分别为 42.071、47.021、39.022、40.061、39.063、45.021、33.027、31.015、28.051，Sig 值分别为 0.001、0.005、0.003、0.002、0.006、0.003、0.002、0.002、0.007，-2LL 值分别为 43.062、27.014、24.015、30.011、19.036、30.036、23.031、20.016、30.011，Nagelkerke R Square 值分别为 0.278、0.251、0.196、0.267、0.278、0.386、0.272、0.286、0.257，模型整体预测正确率分别为 90.35、87.88、88.76、89.11、90.21、88.71、86.61、89.17、87.02，模型的拟合优度合理，说明模型估计总体效果较好。

1. 从模型运行结果（表 6-2-4—表 6-2-12）可以看出，为农户统一提供产品标准和技术指导的比例、拥有技术人员人数、农民技术员总人数对农业合作社种植绿肥、采用测土配方施肥技术、施用有机肥、减量施用化肥、正确使用农药、农作物合理轮作、秸秆还田产生影响，除了拥有技术人员人数、农民技术员总人数在农业合作社种植绿肥模型中系数为负值，为农户统一提供产品标准和技术指导的比例、拥有技术人员人数、农民技术员总人数，其余的模型系数都是正值，即拥有技术人员人数、农民技术员总人数对农业合作社种植绿肥产生负向影响，为农户统一提供产品标准和技术指导的比例对农业合作社种植绿肥产生正向影响，说明合作社拥有技术人员人数和农民技术人员人数越多，合作社越不愿意种植绿肥，合作社为农户统一提供产品标准和技术指导的比例越高，合作社种植绿肥的可能性就越大。为农户统一提供产品标准和技术指导的比例、拥有技术人员人数、农民技术员总人数对农业合作社采用测土配方施肥技术、施用有机肥、减量施用化肥、正确使用农药、农作物合理轮作、秸秆还田产生正向影响，说明农业合作社为农户统一提供产品标准和技术指导的比例越大、合作社拥有技术人员人数和农民技术人员人数越多，合作社越愿意农业合作社种植绿肥、采用测土配方施肥技术、施用有机肥、减量施用化肥、正确使用农药、农作物合理轮作、秸秆还田。

2. 组织农业培训时强制规定成员的出席人数对农业合作社采用测土配方施肥技术、施用有机肥、正确使用农药、塑料膜残留回收、农作物合理轮作、秸秆还田产生影响，且系数均为正值，说明合作社组织农业培训时强制规定成员的出席人数越多，农业合作社就越愿意采用测土配方施肥技术、施用有机肥、正确施用农药、塑料膜残留回收、农作物合理轮作、秸秆还田。

3. 是否要求成员掌握统一的生产技术和质量标准对农业合作社正确处理农药瓶及肥料袋子产生影响，且系数均为正值，即是否要求成员掌握统一的生产技术和质量标准对农业合作社正确处理农药瓶及肥料袋子产生影响，说明要求成员掌握统一的生产技术和质量标准的农业合作社更愿意正确处理农药瓶及肥料袋子。

四、结论与建议

（一）结论

基于结果分析基础上，本书归纳得出以下几点结论：

1. 并不是所有选择的指标都对农业合作社耕地资源绿色利用行为产生影响，而只有部分指标对耕地资源绿色利用行为产生影响，并且产生的影响作用和程度不完全相同。

2. 为农户统一提供产品标准和技术指导的比例、拥有技术人员人数、农民技术员总人数对农业合作社种植绿肥、采用测土配方施肥技术、施用有机肥、减量施用化肥、正确使用农药、农作物合理轮作、秸秆还田产生影响。但是拥有技术人员人数、农民技术员总人数对农业合作社种植绿肥产生负向影响，为农户统一提供产品标准和技术指导的比例对农业合作社种植绿肥产生正向影响。

3. 组织农业培训时强制规定成员的出席人数对农业合作社采用测土配方施肥技术、施用有机肥、正确使用农药、塑料膜残留回收、农作物合理轮作、秸秆还田产生正向影响。是否要求成员掌握统一的生产技术和质量标准对农业合作社正确处理农药瓶及肥料袋子产生正向影响。

（二）建议

针对上述综合分析和结论，规范和引导农业合作社耕地资源绿色利用行为，提出以下几点政策建议：

1. 地方政府及相关部门要有针对性地定期和不定期对农业合作社进行政策培训，提升农业合作社相关农业绿色生产知识、政策和农业技术，积极引导农业合作社进行农业绿色生产。

2. 加大力度制定农业绿色产品相关标准和技术导则，给农业合作社提供农业绿色产品相关标准和技术培训和指导，并实施跟踪调查监督。使农业合作社享受采纳耕地资源绿色利用带来的经济、生态和社会效益。

3. 定期和不定期组织农业培训并强制规定成员的出席人数，特别是对农业合作社全体成员进行测土配方施肥技术、施用有机肥、正确使用农药、塑料膜残留回收、农作物合理轮作、秸秆还田，并要求农业合作社成员掌握统一的生产技术和质量标准。

第七章

结论与政策启示

第一节 结 论

通过对喀斯特山区耕地资源绿色利用概念界定、内涵以及相关理论分析，基于理论分析基础并结合相关统计年鉴数据和实地调查获得的资料数据，借助 GML 指数模型、地理探测器、时空地理加权回归模型和 Logistic 模型等对农户和新型农业经营主体耕地资源绿色利用行为进行模拟。归纳出以下几点结论：

一、耕地资源绿色利用

从整体变化态势来看，2001—2020 年喀斯特山区耕地资源绿色利用效率值呈现明显的时序非均衡性特征，其总体耕地绿色利用效率为弱 DEA 有效，纯技术效率对综合效率的影响占据主导因素。耕地绿色利用效率在不同级别上的空间分布有较为显著的差异变化，同一水平的省（区、市）总体分布较为聚集，呈现"北高南低""东高西低"的动态演化趋势。可能与各相邻区域间辐射作用、耕地资源禀赋异同性、农业经济发展程度差异、农业生态环境以及政策导向不同相关。因此利用地理探测器得到耕地绿色利用效率分异的驱动因素不尽相同，但是农村居民人均可支配收入、石漠化面积、单位耕地面积、农业机械总动力等因素在研究期内均具有较强的解释力，说明区域经济发展水平、自然状况及农业科学技术发展在各个时期对耕地绿色利用效率的作用比较活跃，喀斯特山区耕地绿色利用效率的时空分异在很大程度上受上述因子主导，是喀斯特山区耕地绿色利用效率变化的主导因素。

二、耕地资源绿色利用效率与粮食全要素耦合

从时间方面来看，2001—2020 年喀斯特山区耕地资源绿色利用效率与粮

食全要素的耦合度及协调度整体均呈波动上升态势，处于较高强度耦合阶段，表明耕地资源绿色利用效率与粮食全要素关联性较强，系统整体进入良性耦合。从空间分布来看，耦合协调度各省（区、市）存在显著的空间异质性，耦合协调等级空间分布呈现明显的小范围集聚分布特征，其耦合协调度相对高等级区稳定在喀斯特山区北部的四川省，耦合协调度低值区集中分布于西南部的云南省。总体上，耦合协调度呈现"东高西低""北高南低"的空间分异规律的空间集聚特征。从不同时间截点上各关键因素回归系数的空间分布特征来看，耕地碳排放量是影响力最强的因素，且具有相对稳定性特征。各因素在耕地资源绿色利用效率与粮食全要素耦合协调度存在显著的空间异质性，且同一关键驱动因素对耕地资源绿色利用效率与粮食全要素耦合协调度的影响强度在时间和空间两个维度上均存在差异，主要表现在耕地碳排放总量、环境受灾程度、石漠化面积这几个因素上，其中耕地碳排放总量表现为促进作用，环境受灾程度、石漠化面积表现为抑制作用。

三、农户耕地资源绿色利用行为

（一）农户在耕地资源绿色利用行为的影响因素上各有差异，且同一个因素对农户不同耕作技术采纳行为的方向不一定相同，其具体为：

1. 户主及家庭基本特征。户主年龄对农户采纳种植绿肥行为有显著正向影响，而对农户采纳测土配方施肥技术、施用有机肥、减量施用化肥、农作物合理轮作这四种行为有显著的负向影响。户主受教育程度对农户采纳测土配方施肥技术和施用有机肥，减量施用化肥，正确使用农药，正确处理农药瓶、肥料袋子和塑料膜残留回收，秸秆还田以及农作物合理轮作行为产生显著正向影响。家庭从事纯农业生产人数对农户采纳种植绿肥，测土配方施肥技术和施用有机肥，正确处理农药瓶、肥料袋子和塑料膜残留回收以及秸秆还田行为有显著正向影响。

2. 家庭经济特征。生计分化对农户施用有机肥和正确使用农药行为有显著的负向影响。耕地收入比重对农户测土配方施肥技术，正确使用农药，正确处理农药瓶、肥料袋子和塑料膜残留回收，农作物合理轮作行为有显著的正向影响，而对农户种植绿肥、减量施用化肥行为有显著的负向影响。农产品商品化对测土配方施肥技术，正确处理农药瓶、肥料袋子和塑料膜残留回收，农作物合理轮作行为有显著的正向影响，而对农户种植绿肥、减量施用化肥、施用有机肥、正确使用农药行为有显著的负向影响。非农收入比例对农户施用有机肥和正确使用农药行为有显著的负向影响。经营耕地面积对农户正确使用农药、农作物合理轮作行为有显著的正向影响。经营耕地田块数对农户秸秆还田行为产生显著的负向影响。

3. 自然条件。地形条件对农户施用有机肥，正确处理农药瓶、肥料袋子和塑料膜残留回收，秸秆还田有显著的正向影响。地块离家距离对农户施用有机肥，正确处理农药瓶、肥料袋子和塑料膜残留回收，农作物合理轮作有显著的负向影响，但对秸秆还田有显著的正向影响。地块石漠化等级对农户农作物合理轮作行为有显著的正向影响。

4. 其他因素。土壤前期处理对农户采用测土配方施肥技术、正确使用农药、减量施用化肥、农作物合理轮作、秸秆还田有显著的正向影响。耕耘和锄草对农户施用有机肥有显著的正向影响，而对农户减量施用化肥行为有显著的负向影响。农田基础设施对农户施用有机肥，正确处理农药瓶、肥料袋子和塑料膜残留回收有显著的正向影响，但对农户秸秆还田行为有显著的负向影响。

（二）农户在耕地资源绿色利用行为影响因素方面存在区域差异，其具体为：

1. 农户种植绿肥行为影响因素的区域差异性

从事纯农业生产人数、耕地收入占家庭总收入比重、耕地田块数在安顺市经济开发区对农户种植绿肥行为产生影响。农户受教育程度、生计分化在湄潭县对农户种植绿肥行为产生影响。地块离家距离在湄潭县和盘州市对农户种植绿肥行为产生影响。灌溉水源在盘州市和黎平县对农户种植绿肥行为产生影响。地形条件、农田基础设施在黎平县对农户种植绿肥行为产生影响。

2. 农户采用测土配方施肥技术行为影响因素的区域差异性

从事纯农业生产人数、耕地收入占家庭总收入比重、耕地田块数在安顺市经济开发区对农户采用测土配方施肥技术行为产生影响。地块离家距离在湄潭县和盘州市对农户采用测土配方施肥技术行为产生影响。受教育程度、生计分化在湄潭县对农户采用测土配方施肥技术行为产生影响。灌溉水源在盘州市和黎平县对农户采用测土配方施肥技术行为产生影响。地形条件、农田基础设施在黎平县对农户采用测土配方施肥技术行为产生影响。

3. 农户施用有机肥行为影响因素的区域差异性

从事纯农业生产人数、耕地收入占家庭总收入比重、耕地田块数在安顺市经济开发区对农户施用有机肥行为产生影响。地块离家距离在湄潭县和盘州市对农户施用有机肥行为产生影响。受教育程度、生计分化在湄潭县对农户施用有机肥行为产生影响。灌溉水源在盘州市和黎平县对农户施用有机肥行为产生影响。地形条件、农田基础设施在黎平县对农户施用有机肥行为产生影响。

4. 农户农膜回收行为影响因素的区域差异性

从事纯农业生产人数在安顺市经济开发区对农户农膜回收行为产生影响。地块离家距离在湄潭县和盘州市对农户农膜回收行为产生影响。受教育程度在湄潭县对农户农膜回收行为产生影响。地形条件、农田基础设施在黎平县对农户农膜回收行为产生影响。

5. 农户秸秆还田行为影响因素的区域差异性

从事纯农业生产人数在安顺市经济开发区和湄潭县对农户秸秆还田行为产生影响。生计分化在盘州市对农户秸秆还田行为产生影响。灌溉水源在黎平县对农户秸秆还田行为产生影响。

四、新型农业经营主体耕地资源绿色利用

（一）农业企业耕地资源绿色利用行为主要表现在三方面：1. 企业运营模式和企业对订单农户提供的服务类型对企业耕地资源绿色利用不产生影响；2. 企业带动农户形式、企业主要销售渠道对企业耕地资源绿色利用产生影响，而且产生正向影响；3. 监管农户生产过程的方式对企业耕地资源绿色利用产生影响，但产生负向影响。

（二）农业合作社耕地资源绿色利用行为主要表现在三方面：1. 并不是所有选择的指标都对农业合作社耕地资源绿色利用行为产生影响，而只有部分指标对耕地资源绿色利用行为产生影响，并且产生的影响作用和程度不完全相同。2. 为农户统一提供产品标准和技术指导的比例、拥有技术人员人数、农民技术员总人数对农业合作社种植绿肥、采用测土配方施肥技术、施用有机肥、减量施用化肥、正确使用农药、农作物合理轮作、秸秆还田产生影响。但是拥有技术人员人数、农民技术员总人数对农业合作社种植绿肥产生负向影响，为农户统一提供产品标准和技术指导的比例对农业合作社种植绿肥产生正向影响。3. 组织农业培训时强制规定成员的出席人数对农业合作社采用测土配方施肥技术、施用有机肥、正确使用农药、塑料膜残留回收、农作物合理轮作、秸秆还田产生正向影响。是否要求成员掌握统一的生产技术和质量标准对农业合作社正确处理农药瓶及肥料袋子产生正向影响。

第二节 政策启示

针对喀斯特山区耕地资源绿色利用机理分析、在耕地资源绿色利用及其影响因素、耕地资源绿色利用效率与粮食全要素耦合以及农户和新型农业经营主体的耕地绿色利用行为实证结果和结论基础上，本书得出喀斯特山区耕地资源绿色利用的几点政策启示：

一、除了继续保持纯技术效率以外，还要加大力度深入推进石漠化综合治理，提高石漠化坡耕地农业可持续利用，加强"地—水—路"综合治理能力，完善农业基础设施建设和提高土地规模效率，使提高纯技术效率和扩大土地规模利用效率齐头并进，共同促进耕地资源绿色综合利用效率。特别是云南省，要加强提升纯技术效率和土地规模效率，共同促进耕地资源绿色综合利用效率。同时，可以通过农机农具补贴和田块综合整治，提高单位耕地面积农业机械总动力和耕地绿色规模利用综合效率。

二、全面推进测土施肥，科学合理施肥和使用农药，积极鼓励使用有机肥，减少耕地碳排放总量，加大环境灾害检测力度和提升环境灾害治理能力，将环境灾害发生控制到最小化。特别是云南省要进一步加大环境灾害检测力度和提升环境灾害治理能力。同时继续推进石漠化综合治理。提高喀斯特山区耕地资源绿色利用效率与粮食全要素耦合协调度，且减少时间和空间异质性。

三、通过网络、电视、手机、讲座、报纸和杂志等多种手段大力宣传耕地资源绿色利用相关知识，提高农户对耕地资源绿色利用的认知；并全面向农户推广绿色耕作技术，加强对农户绿色耕作技术培训，促进农户更深入地了解耕地资源绿色利用的重要性和掌握耕地资源绿色利用技术。加强"文、农、旅"三者高度融合发展，促进城乡融合深度发展推动耕地规模经营化和农业现代化；大力培育新型职业农民，新型职业农民是农业现代化的主力军，是新时代耕地资源规模经营利用的主体；发展农村二、三产业，增加农户非农收入占家庭收入比例，使非农就业成为农户生计的主要方式；特别在安顺市经济开发区和遵义市湄潭县，要更加大力推进"文、农、旅"三者高度融合发展。黔东南苗族侗族自治州黎平县和六盘水市盘州市要大力培养新型职业农民，推动耕地规模经营化和绿色低碳化。制定并实施激励机制和惩罚机制来对农户耕地资源绿色利用行为进行管控，采取奖惩并存的管控机制。政府及相关部门要制定相关激励制度来激励农户耕地资源绿色利用行为，同时也要制定惩罚制度来遏制农户非耕地资源绿色利用行为；安顺市经济开发区和遵义市湄潭县要加大力度推进秸秆还田等绿色生态耕作，而六盘水市和黎平县要管控农户秸秆焚烧行为。

四、加强地方政府对企业宏观调控力度和制定农业绿色产品相关标准和技术导则，但地方政府不要直接干预企业运营模型和对订单农户提供的服务类型，让企业在销售方面拥有完全决策权；同时乡（镇）政府、村支两委、村集体经济组织要监管企业带动农户形式和监督企业生产过程的方式。地方政府及相关部门要有针对性地定期和不定期对农业合作社进行政策培训，给农业合作社提供农业绿色产品相关标准及技术培训和指导，提升农业合作社相关农业绿色生产知识、政策和农业技术。特别是对农业合作社全体成员进行测土配方施肥技术、施用有机肥、正确使用农药、塑料膜残留回收、农作物合理轮作、秸秆还田，并要求农业合作社成员掌握统一的生产技术和质量标准。

参考文献

一、中文文献

［1］魏权龄．评价相对有效性的 DEA 方法［M］．北京：中国人民大学出版社，1988．

［2］中共中央文献研究室．十八大以来重要文献选编（中）［M］．北京：中央文献出版社，2016．

［3］中共中央马克思恩格斯列宁斯大林著作编译局．资本论：第 1 卷［M］．北京：人民出版社，1972．

［4］王修兰．二氧化碳、气候变化与农业［M］．北京：气象出版社，1996．

［5］马文杰．中国粮食综合生产能力研究［M］．北京：科学出版社，2010．

［6］龙花楼．论土地利用转型与乡村转型发展［J］．地理科学进展，2012，31（2）．

［7］曲艺，龙花楼．中国耕地利用隐性形态转型的多学科综合研究框架［J］．地理学报，2018，73（7）．

［8］宋小青，吴志峰，欧阳竹．1949 年以来中国耕地功能变化［J］．地理学报，2014，69（4）．

［9］唐莹．城乡融合背景下耕地利用转型新动力与转型推进策略［J］．农村经济，2022（11）．

［10］杜国明，柴璐佳，李玉恒．耕地利用系统的理论解析与研究框架［J］．地理科学进展，2022，41（7）．

［11］郭娜．耕地利用转型研究综述［J］．河北企业，2017（6）．

［12］唐一峰，卢新海，张旭鹏．公路基础设施建设对耕地利用转型的影响及门槛效应研究［J］．中国土地科学，2021，35（1）．

［13］宋小青，李心怡．区域耕地利用功能转型的理论解释与实证 ［J］．地理学报，2019，74（5）．

［14］张一鸣．耕地保护制度的转型与对策研究：构建以经济激励为核心的耕地保护 ［J］．中国农业资源与区划，2014，35（3）．

［15］陈磊．耕地利用功能转型的空间尺度特征及驱动机制：对四川省嘉陵江流域的考察 ［J］．水土保持研究，2022，29（5）．

［16］高延雷，王志刚．城镇化是否带来了耕地压力的增加：来自中国的经验证据 ［J］．中国农村经济，2020（9）．

［17］刘传福，王云霞，曹建民．城镇化对粮食产区耕地利用效率的影响 ［J］．农业现代化研究，2022，43（5）．

［18］杜鹰．小农生产与农业现代化 ［J］．中国农村经济，2018（10）．

［19］王良健，李辉．中国耕地利用效率及其影响因素的区域差异：基于281 个市的面板数据与随机前沿生产函数方法 ［J］．地理研究，2014，33（11）．

［20］梁流涛，曲福田，王春华．基于 DEA 方法的耕地利用效率分析 ［J］．长江流域资源与环境，2008（2）．

［21］经阳，叶长盛．基于 DEA 的江西省耕地利用效率及影响因素分析 ［J］．水土保持研究，2015，22（1）．

［22］李在军，管卫华，臧磊．山东省耕地生产效率及影响因素分析 ［J］．世界地理研究，2013，22（2）．

［23］俞勇军，陆玉麒．江阴市耕地变化驱动因素及耕地利用效率定量研究 ［J］．经济地理，2002（4）．

［24］龙开胜，陈利根，占小林．不同利用类型土地投入产出效率的比较分析：以江苏省耕地和工业用地为例 ［J］．中国人口．资源与环境，2008（5）．

［25］李鑫，欧名豪，肖长江，等．基于景观指数的细碎化对耕地生产效率影响研究 ［J］．长江流域资源与环境，2012，21（6）．

［26］张荣天，焦华富．中国省际耕地利用效率时空格局分异与机制分析 ［J］．农业工程学报，2015，31（2）．

［27］赵晨，王远，谷学明，等．基于数据包络分析的江苏省水资源利用效率 ［J］．生态学报，2013，33（5）．

［28］周晓林，吴次芳，刘婷婷．基于 DEA 的区域农地生产效率差异研

究 [J]. 中国土地科学, 2009, 23 (3).

[29] 高佳, 李世平. 农民土地退出意愿对耕地利用效率的影响研究 [J]. 大连理工大学学报 (社会科学版), 2014, 35 (1).

[30] 张霞, 刘秀华, 刘勇. 基于 DEA 的高家镇耕地利用效率及其影响因素研究 [J]. 西南师范大学学报 (自然科学版), 2012, 37 (3).

[31] 谢高地, 成升魁, 肖玉, 等. 新时期中国粮食供需平衡态势及粮食安全观的重构 [J]. 自然资源学报, 2017, 32 (6).

[32] 陈先鹏, 方恺, 吴次芳, 等. 2009—2015 年中国耕地资源利用时空格局变化研究: 基于粮食安全与生态安全双重视角 [J]. 水土保持通报, 2019, 39 (3).

[33] 傅泽强, 蔡运龙, 杨友孝, 等. 中国粮食安全与耕地资源变化的相关分析 [J]. 自然资源学报, 2001, 16 (4).

[34] 蔡运龙, 傅泽强, 戴尔阜. 区域最小人均耕地面积与耕地资源调控 [J]. 地理学报, 2002 (2).

[35] 柯善淘, 崔海莹, 卢新海, 等. 耕地利用绿色转型的时空格局及其驱动机制研究: 以湖北省为例 [J]. 中国土地科学, 2021, 35 (12).

[36] 刘蒙罢, 张安录, 文高辉. 长江中下游粮食主产区耕地利用生态效率时空格局与演变趋势 [J]. 中国土地科学, 2021, 35 (2).

[37] 牛善栋, 方斌, 崔翠, 等. 乡村振兴视角下耕地利用转型的时空格局及路径分析: 以淮海经济区为例 [J]. 自然资源学报, 2020, 35 (8).

[38] 于法稳. 新时代农业绿色发展动因、核心及对策研究 [J]. 中国农村经济, 2018 (5).

[39] 王刚, 廖和平, 李涛, 等. 精准扶贫背景下贫困农户识别对耕地利用效率的影响: 以重庆市石柱土家族自治县为例 [J]. 西南大学学报 (自然科学版), 2019, 41 (1).

[40] 戴劲, 彭文英, 连莉, 等. 基于 DEA 的东北黑土区耕地利用效率研究: 以嫩江县为例 [J]. 干旱区资源与环境, 2017, 31 (6).

[41] 魏钰邦, 甘藏春, 程建. 论土地绿色利用 [J]. 中国土地科学, 2021, 35 (10).

[42] 杨斌, 杨俊, 王占岐, 等. 长江经济带耕地绿色低碳利用的时空格局及其成因分析 [J]. 中国土地科学, 2022, 36 (10).

[43] 许新桥. 生态经济理论阐述及其内涵、体系创新研究 [J]. 林业经

济，2014（8）.

[44] 邵彦敏，杨印生. 耕地保护外部性内部化的路径选择 [J]. 农业技术经济，2008（2）.

[45] 陈源泉，高旺盛. 农业生态补偿的原理与决策模型初探 [J]. 中国农学通报，2007（10）.

[46] 李绍亭，周玉玺. 山东省农业全要素生产率及其影响因素研究 [J]. 山东农业科学，2019，51（4）.

[47] 金怀玉，菅利荣. 中国农业全要素生产率测算及影响因素分析 [J]. 西北农林科技大学学报（社会科学版），2013，13（2）.

[48] 叶初升，惠利. 农业财政支出对中国农业绿色生产率的影响 [J]. 武汉大学学报（哲学社会科学版），2016，69（3）.

[49] 邓晓兰，鄢伟波. 农村基础设施对农业全要素生产率的影响研究 [J]. 财贸研究，2018，29（4）.

[50] 吴传清，宋子逸. 长江经济带农业绿色全要素生产率测度及影响因素研究 [J]. 科技进步与对策，2018，35（17）.

[51] 何泽军，李莹. 基于 DEA-Malmquist 指数法中国农业全要素生产率变化特征分析 [J]. 河南农业大学学报，2018，52（5）.

[52] 田云，张银岭. 中国农业碳排放减排成效评估、目标重构与路径优化研究 [J]. 干旱区资源与环境，2019，33（12）.

[53] 韩召迎，孟亚利，徐娇，等. 区域农田生态系统碳足迹时空差异分析：以江苏省为案例 [J]. 农业环境科学学报，2012，31（5）.

[54] 田云，张俊飚. 中国农业生产净碳效应分异研究 [J]. 自然资源学报，2013，28（8）.

[55] 宋德勇，卢忠宝. 中国碳排放影响因素分解及其周期性波动研究 [J]. 中国人口·资源与环境，2009，19（3）.

[56] 张秀梅，李升峰，黄贤金，等. 江苏省 1996 年至 2007 年碳排放效应及时空格局分析 [J]. 资源科学，2010，32（4）.

[57] 田云，张俊飚，李波. 基于投入角度的农业碳排放时空特征及因素分解研究：以湖北省为例 [J]. 农业现代化研究，2011，32（6）.

[58] 段华平，张悦，赵建波，等. 中国农田生态系统的碳足迹分析 [J]. 水土保持学报，2011，25（5）.

[59] 王智平. 中国农田 N_2O 排放量的估算 [J]. 农村生态环境，1997

(2).

[60] 于克伟, 陈冠雄, 杨思河, 等. 几种旱地农作物在农田 N_2O 释放中的作用及环境因素的影响 [J]. 应用生态学报, 1995 (4).

[61] 熊正琴, 邢光熹, 鹤田治雄, 等. 种植夏季豆科农作物对旱地氧化亚氮排放贡献的研究 [J]. 中国农业科学, 2002 (9).

[62] 王少彬, 苏维瀚. 中国地区氧化亚氮排放量及其变化的估算 [J]. 环境科学, 1993 (3).

[63] 邱炜红, 刘金山, 胡承孝, 等. 种植蔬菜地与裸地氧化亚氮排放差异比较研究 [J]. 生态环境学报, 2010, 19 (12).

[64] 杨丽, 孙之淳. 基于熵值法的西部新型城镇化发展水平测评 [J]. 经济问题, 2015 (3).

[65] 廖重斌. 环境与经济协调发展的定量评判及其分类体系: 以珠江三角洲城市群为例 [J]. 热带地理, 1999 (2).

[66] 赵芳. 中国能源—经济—环境 (3E) 协调发展状态的实证研究 [J]. 经济学家, 2009 (12).

[67] 卢新海, 崔海莹, 柯善淦, 等. 湖北省耕地利用绿色转型与粮食全要素生产率的耦合协调及其驱动机制研究 [J]. 中国土地科学, 2022, 36 (8).

[68] 周寿彬. 论公共财政与财政支农 [J]. 现代经济 (现代物业下半月刊), 2009, 8 (9).

[69] 李明文, 王振华, 张广胜. 东北玉米种植结构调整与粮食高质量增长: 基于全要素生产率视角 [J]. 农业现代化研究, 2019, 40 (5).

[70] 张瑞, 李朝奎, 姚思妤, 等. 融合地理探测器和地理加权回归的太原市建设用地变化因素研究 [J]. 测绘通报, 2022 (5).

[71] 姜晗, 杨皓然, 吴群. 东部沿海经济区耕地利用效率的时空格局分异及影响因素研究 [J]. 农业现代化研究, 2020, 41 (2).

[72] 王建华. 基于 DEA—Malmquist 指数法中国小麦主产区全要素生产率变化特征分析 [J]. 农业与技术, 2020, 40 (8).

[73] 袁青青, 韩一军. 我国小麦全要素生产率的评价分析: 基于 DEA-Malmquist 指数方法 [J]. 中国农业文摘—农业工程, 2018, 30 (4).

[74] 李中赫, 占车生, 胡实, 等. 气候变化条件下中国灌溉面积变化的产量效应 [J]. 农业工程学报, 2021, 37 (19).

[75] 任科宇，徐明岗，张露，等．我国不同区域粮食农作物产量对有机肥施用的响应差异［J］．农业资源与环境学报，2021，38（1）．

[76] 韩天富，柳开楼，黄晶，等．近30年中国主要农田土壤pH时空演变及其驱动因素［J］．植物营养与肥料学报，2020，26（12）．

[77] 马如霞，刘娇，勾倩，等．河北省市域蔬菜生产效率及时空差异分析［J］．河北农业科学，2021，25（3）．

[78] 胡贤辉，刘蒙罴，文高辉．中国耕地集约利用与生态效率耦合协调时空分异特征研究［J］．长江流域资源与环境，2022，31（10）．

[79] 白雷，刘莉．我国水果生产全要素生产率研究：基于DEA-Malmquist指数法的分析［J］．生产力研究，2021（1）．

[80] 姬月娥，侯庆英．浅析康乐县豆类产业现状及发展对策［J］．甘肃农业，2015（21）．

[81] 赵微，徐雯，汪帆，等．农地整治对灌溉设施利用行为的影响研究［J］．农业现代化研究，2018，39（3）．

[82] 肖望喜，李然．中国油料生产的全要素生产率分析［J］．统计与决策，2015（16）．

[83] 刘洋，罗其友．中国马铃薯生产效率的实证分析：基于非参数的Malmquist指数方法［J］．中国农学通报，2010，26（14）．

[84] 曹佳，肖海峰，杨光．1978—2007年我国畜牧业全要素生产率及其影响因素研究［J］．技术经济，2009，28（7）．

[85] 张越杰，霍灵光，王军．中国东北地区水稻生产效率的实证分析：以吉林省水稻生产为例［J］．中国农村经济，2007（5）．

[86] 蔡涛，李福夺，张健，等．贵州省水稻生产技术效率与全要素生产率研究：基于DEA-Malmquist指数的实证分析［J］．中国稻米，2018，24（2）．

[87] 李明文，王振华，张广胜．东北玉米种植结构调整与粮食高质量增长：基于全要素生产率视角［J］．农业现代化研究，2019，40（5）．

[88] 王雪娇，李隆伟，耿仲钟，等．基于Malmquist-Luenberger指数的中国蔬菜绿色全要素生产率研究［J］．农学学报，2011，11（10）．

[89] 刘佳，陆菊，刘宁．基于DEA-Malmquist模型的中国沿海地区旅游产业效率时空演化、影响因素与形成机理［J］．资源科学，2015，37（12）．

[90] 王劲峰，徐成东．地理探测器：原理与展望［J］．地理学报，

2017, 72 (1).

[91] 宋永永, 薛东前, 夏四友, 等. 近40年黄河流域国土空间格局变化特征与形成机理 [J]. 地理研究, 2021, 40 (5).

[92] 谢花林, 张道贝, 王伟, 等. 鄱阳湖生态经济区耕地利用效率时空差异及其影响因素分析 [J]. 水土保持研究, 2016, 23 (5).

[93] 童洪志, 刘伟. 政策组合对农户保护性耕作技术采纳行为的影响机制研究 [J]. 软科学, 2018 (5).

[94] 石志恒, 晋荣荣, 穆宏杰. 信息传播培养理论视域下的农户亲环境行为研究: 对甘肃省19个县 (区) 542农户的调研分析 [J]. 西部论坛, 2018, 28 (2).

[95] 李波, 梅倩. 农业生产碳行为方式及其影响因素研究: 基于湖北省典型农村的农户调查 [J]. 华中农业大学学报 (社会科学版), 2017 (6).

[96] 耿飙, 罗良国. 种植规模、环保认知与友好型农业技术采用: 基于洱海流域上游农户的调查数据 [J]. 中国农业大学学报, 2018, 23 (3).

[97] 谢贤鑫, 陈美球. 农户生态耕种采纳意愿及其异质性分析: 基于TPB框架的实证研究 [J]. 长江流域资源与环境, 2019, 28 (5).

[98] 刘洪彬, 吕杰, 罗小娟. 基于地块尺度的农户土地利用行为对耕地质量的影响 [J]. 地域研究与开发, 2016, 35 (2).

[99] 朱雪兰, 洪潇伟, 李世杰. 农户用药行为影响因素研究: 以海南省为例 [J]. 安徽农业科学, 2013, 41 (13).

[100] 玛衣拉·吐尔逊, 甫祺娜依·尤力瓦斯, 阿斯亚·托乎提. 农户过量施用化肥行为的影响因素分析: 以新疆棉花种植户为例 [J]. 棉花学报, 2016, 28 (6).

[101] 郭继潮. "超薄" 地膜使用的危害及对策 [J]. 农业开发与装备, 2016 (1).

[102] 骆世明. 农业生态转型态势与中国生态农业建设路径 [J]. 中国生态农业学报, 2017, 25 (1).

[103] 温丹, 陈美球, 邝佛缘, 等. 资源禀赋对农户生态耕种行为决策的影响分析 [J]. 水土保持研究, 2019, 26 (2).

[104] 赖昭豪, 陈美球, 邝佛缘, 等. 基于分布式认知理论的农户生态耕种意愿影响因素分析 [J]. 南方农业学报, 2019, 50 (4).

[105] 张雨珊, 周洪, 刘秀华, 等. 喀斯特地区农村劳动力转移对生态

恢复的影响及其区域差异：基于酉阳和沿河的农户调查数据 [J]. 生态学报，2023，43（13）.

[106] 周艳寒. 耕地数量、质量、生态"三位一体"保护机制研究 [J]. 农业开发与装备，2021（10）.

[107] 杨丹丽，孙建伟，张勇，等. 基于"三生"功能的喀斯特山区农村居民点整治类型划分：以七星关区为例 [J]. 中国土地科学，2021，35（11）.

[108] 文可可，张仕超，赵浣玎，等. 分类三峡库区耕地资源"三位"时空演变轨迹及特征：以重庆市江津区为例 [J]. 西南农业学报，2021，34（10）.

[109] 秦彦杰，刘欣，赵艳霞，等. 1949 年以来河北省耕地利用转型特征及过程 [J]. 农业工程学报，2022，38（12）.

[110] 文高辉，袁泉，赵懿，等. 2007—2017 年洞庭湖平原耕地生态安全评价及障碍因子诊断 [J]. 水土保持通报，2021，41（2）.

[111] 张越，杜妍. 城镇儿童眼中"森林"的文化意义及其建构 [J]. 原生态民族文化学刊，2022，14（3）.

[112] 杨玲. 海南省耕地资源生态利用与粮食安全对策研究 [J]. 中国土地，2005（2）.

[113] 范成勇，付士波，谢鑫星. 粮食安全与耕地保护研究：基于卡尔多—希克斯改进视角 [J]. 草业科学，2010，27（3）.

[114] 唐秀美，陈百明，刘玉，等. 耕地生态价值评估研究进展分析 [J]. 农业机械学报，2016，47（9）.

[115] 唐秀美，潘瑜春，刘玉. 北京市耕地生态价值评估与时空变化分析 [J]. 中国农业资源与区划，2018，39（3）.

[116] 柯楠，卢新海，匡兵，等. 碳中和目标下中国耕地绿色低碳利用的区域差异与影响因素 [J]. 中国土地科学，2021，35（8）.

[117] 吕秀萍，黄华，程万昕，等. 基于可持续发展的绿色保险研究：一个新的视角 [J]. 生产力研究，2011（11）.

[118] 于长发. 浅谈环境保护是可持续发展的重要保障 [J]. 价值工程，2011（3）.

[119] 刘阳，颜璐，闫惠惠，等. 乡村生态旅游创新发展对策探究：以黑河市为例 [J]. 广东蚕业，2023，57（2）.

［120］梁劲锐，席小瑾. 山东省农业绿色全要素生产率测度及影响因素分析［J］. 农村经济与科技，2022，33（5）.

［121］旷爱萍，岳禹钢，曹世俊. 我国西部地区农业绿色全要素生产率测度及影响因素分析［J］. 福建农林大学学报（哲学社会科学版），2022，25（2）.

［122］王世浩，王宝海，孙鲁家. 长江经济带农业全要素生产率时空演变及影响因素研究［J］. 湖北农业科学，2022，61（17）.

［123］蒋林杉，刘春溪，崔景轩，等. 农业气象灾害对农业的危害及防御策略［J］. 新农业，2022（15）.

［124］邢玉升，李骥. 中国农业经济增长波动的因素分析［J］. 黑龙江社会科学，2008（6）.

［125］胡忆雨，朱颖璇，杨雨豪，等. 1951—2015 年中国主要粮食与油料农作物种植结构变化分析［J］. 中国农业大学学报，2019，24（11）.

［126］丁君. 我国农业灾害防治的问题及对策分析［J］. 农业灾害研究，2014，4（1）.

［127］肖黎明，张仙鹏. 强可持续理念下绿色创新效率与生态福利绩效耦合协调的时空特征［J］. 自然资源学报，2019，34（2）.

［128］王哲捷，徐十，王永平. 贵州水果产业发展现状及高质量发展对策［J］. 北方园艺，2022（6）.

［129］王嘉学. 人地关系视角下的西南喀斯特石漠化发生与控制［J］. 云南师范大学学报（哲学社会科学版），2009，41（4）.

［130］赵先丽，张玉书，纪瑞鹏，等. 主要农业灾害对辽宁农业生产的影响［J］. 中国农学通报，2013，29（20）.

［131］熊康宁，许留兴，刘凯旋，等. 喀斯特山区生态畜牧业发展与石漠化治理耦合关系［J］. 家畜生态学报，2016，37（10）.

［132］熊学振，杨春，马晓萍. 我国畜牧业发展现状与高质量发展策略选择［J］. 中国农业科技导报，2022，24（3）.

［133］王海力，韩光中，谢贤健. 基于 DEA 模型的西南地区耕地利用效率时空格局演变及影响因素分析［J］. 长江流域资源与环境，2018，27（12）.

［134］代瑞熙，许世卫. 中国小麦绿色全要素生产率时空特征及影响因素［J］. 农业工程学报，2022，38（8）.

［135］徐锐钊，张红玲，李雪. 我国西南地区小麦产业发展特点、问题

与政策建议［J］.农业展望，2012（7）.

［136］汪诗皓.试析农业自然灾害对农业经济的影响［J］.农业灾害研究，2021，11（6）.

［137］蒋赟，张丽丽，薛平，等.我国小麦产业发展情况及国际经验借鉴［J］.中国农业科技导报，2021，23（7）.

［138］但新球，贺东北，吴协保，等.中国岩溶地区生态特征与石漠化危害探讨［J］.中南林业调查规划，2018，37（1）.

［139］陈华.农业供给侧改革的现状、问题及对策［J］.淮海工学院学报（人文社会科学版），2017，15（7）.

［140］徐家鹏，李崇光，闫振宇.中国蔬菜产业生产技术效率及其提高途径分析［J］.科技与经济，2010，23（6）.

［141］李凯敏，王景艳.云南省农业灾害救灾管理策略研究［J］.山西农经，2020（24）.

［142］李永垚，熊康宁，罗娅.喀斯特石漠化治理区农业发展驱动因子研究：基于索洛速度增长方程［J］.中国水土保持科学，2013，11（3）.

［143］刘凤之，王海波，胡成志.我国主要果树产业现状及"十四五"发展对策［J］.中国果树，2021（1）.

［144］杨青林，赵荣钦，赵涛，等.县域尺度农业碳排放效率与粮食安全的关系［J］.2023，44（2）.

［145］金绍荣，任赞杰，慕天媛.农业保险、农业全要素生产率与农业经济增长［J］，宏观经济研究，2022（1）.

［146］姜有祥.云南省师宗县农业机械化与农民增收关系研究［J］.农业机械，2021（5）.

［147］孙明珠，刘鹏涛，龙珑.江西省豆类生产现状、问题及发展对策［J］.中国农技推广，2016（7）.

［148］宫慧慧，孟庆华.山东省食用豆类产业现状及发展对策［J］.山东农业科学，2014，46（9）.

［149］李欠男，李谷成，尹朝静，等.河北省县域农业绿色全要素生产率的空间特征［J］.生态与农村环境学报，2019，35（7）.

［150］赵芬，屈发科，张万春，等.对汉中市薯类产业发展的思考［J］.现代农业科技，2021（2）.

［151］刘杨，刘鸿斌.山东省农业碳排放特征、影响因素及达峰分析

[J]. 中国生态农业学报（中英文），2022, 30 (4).

[152] 王新. 碳账户金融赋能农业低碳转型研究：基于 LMDI 模型 [J]. 华北金融，2022 (10).

[153] 张丝雨，胡伟艳，赵可. 耕地多功能与农业绿色全要素生产率的耦合协调发展研究 [J]. 世界农业，2022 (11).

[154] 田云，王梦晨. 湖北省农业碳排放效率时空差异及影响因素 [J]. 中国农业科学 2020, 53 (24).

[155] 叶鑫，顾羊羊，张琨，等. 西南喀斯特地区石漠化治理现状分析与对策研究：以贵州省黔西南州为例 [J]. 环境保护，2020 (22).

[156] 刘西涛. 黑龙江垦区城镇化与现代畜牧业协同发展的现实困境及优化对策研究 [J]. 黑龙江畜牧兽医，2017 (2).

[157] 孙嘉阳，张惠中，张文信，等. 山东省耕地利用效率时空差异及其影响因素分析 [J]. 山东农业大学学报（自然科学版），2021, 52 (5).

[158] 张惠中，宋文，张文信，等. 山东省耕地"非粮化"空间分异特征及其影响因素分析 [J]. 中国土地科学，2021, 35 (10).

[159] 吴郁玲，张佩，李佳. 长江经济带耕地利用效率时空演变特征及提升路径研究 [J]. 农业现代化研究，2021, 42 (4).

[160] 王悦，霍学喜. 财政支农、涉农贷款对农业发展的影响：基于河北省数据的实证研究 [J]. 河北经贸大学学报，2014, 35 (4).

[161] 唐梅蓉，杨奇勇. 西南岩溶地区耕地利用效率及其影响因素 [J]. 农业工程，2021, 11 (3).

[162] 刘鹏凌，黄靖辉，李小宁，等. 涉农财政、粮食产能对农业生态效率的影响 [J]. 河北农业大学学报（社会科学版），2022, 24 (1).

[163] 张瑞涛，王俊芹，周明明. 基于 DEA 的河北省蔬菜产业投入产出效率实证研究 [J]. 北方园艺，2016 (8).

[164] 陈素琼，刘忠敏. 湖南省农业面源污染的地区差异和影响因素研究 [J]. 湖北农业科学，2022, 61 (21).

[165] 金书秦，林煜，牛坤玉. 以低碳带动农业绿色转型：中国农业碳排放特征及其减排路径 [J]. 改革，2021 (5).

[166] 刘蒙罢，胡贤辉，文高辉. 环境约束下的洞庭湖平原耕地利用效率动态演变特征分析 [J]. 中国农业资源与区划，2022, 43 (4).

[167] 郭永奇，侯林岐. 中国粮食主产区粮食农业绿色全要素生产率测

度及影响因素研究 [J]. 科技管理研究, 2020 (19).

[168] 刘彦随. 新型城镇化应治"乡村病" [N]. 人民日报, 2013-09-10 (5).

[169] 王淑娟. 高原特色农业黄金十年步履铿锵 [N]. 云南日报, 2022-10-19 (9).

[170] 戈大专, 龙花楼, 杨忍. 中国耕地利用转型格局及驱动因素研究: 基于人均耕地面积视角 [D]. 资源科学, 2018, 40 (2).

[171] 刘桂芳. 黄河中下游过渡区近20年来县域土地利用变化研究: 以河南省孟州市为例 [D]. 开封: 河南大学, 2009.

[172] 李啸. 安徽省淮北地区耕地利用效率及其影响因素研究 [D]. 合肥: 安徽农业大学, 2019.

[173] 邱枫. 不同经营规模耕地利用效率及其影响因素研究 ——基于湖北县域数据 [D]. 武汉: 中南财经政法大学, 2019.

[174] 郭荣芳. 赣州市耕地利用效率的时空演变及影响因素研究 [D]. 南昌: 东华理工大学, 2018.

[175] 谢阳光. 淮海经济区耕地绿色利用效率时空格局及影响因素研究 [D]. 北京: 中国矿业大学, 2019.

[176] 苏原原. 黄河下游耕地绿色利用效率研究 [D]. 郑州: 河南大学, 2022.

[177] 邢晓男. 中国耕地绿色利用效率测度及影响因素研究 [D]. 长春: 吉林大学, 2022.

[178] 丘雯文. 云南省耕地生产效率研究 [D]. 昆明: 云南财经大学, 2016.

[179] 闫岩. 黑龙江省耕地生产效率研究 [D]. 哈尔滨: 东北农业大学, 2014.

[180] 康礼书. 新疆耕地利用绿色效率的动态研究 [D]. 阿拉尔: 塔里木大学, 2021.

[181] 刘亚锋. 四川丘陵地区不同种植制度研究 [D]. 成都: 四川农业大学, 2019.

[182] 田野. 东北地区玉米全要素生产率评价及影响因素分析 [D]. 荆州: 长江大学, 2021.

[183] 杨俊. 不同类型农户耕地投入行为及其效率研究 [D]. 武汉: 华

中农业大学，2011.

[184] 于兰红. 我国农民耕地保护主体地位的研究 [D]. 开封：河南大学，2009.

[185] 赵丹. 基于农户视角的耕地保护认知、意愿及补偿研究 [D]. 重庆：西南大学，2011.

[186] 陈正发. 云南坡耕地质量评价及土壤侵蚀/干旱的影响机制研究 [D]. 重庆：西南大学，2019.

[187] 李国凤. 基于粮食安全的宝泉岭垦区耕地集约利用评价研究 [D]. 哈尔滨：东北农业大学，2012.

[188] 崔蓉. 扶风县基本农田划定研究 [D]. 西安：长安大学，2014.

[189] 王爱国. 重庆滑坡损毁农田分区辨识与复垦模式研究 [D]. 北京：中国矿业大学，2014.

[190] 姜麟昱. 国家粮食安全背景下的黑龙江省耕地保有量预测研究 [D]. 哈尔滨：东北农业大学，2021.

[191] 徐辉. 河南省耕地利用效益评价研究 [D]. 哈尔滨：东北农业大学，2012.

[192] 任旭峰. 中国耕地资源保护的政治经济学分析 [D]. 济南：山东大学，2012.

[193] 黄英. 喀斯特区域土地资源利用与可持续发展研究 [D]. 贵阳：贵州大学，2006.

[194] 李国权. 城乡建设用地增减挂钩项目效益评价体系研究 [D]. 天津：天津师范大学，2012.

[195] 李全峰. 长江中游地区耕地利用转型特征与机理研究 [D]. 武汉：中国地质大学，2017.

[196] 吕明. 基于耕地资源利用的湖北省粮食增产机制研究 [D]. 武汉：华中农业大学，2015.

[197] 郑拥军. 粮食安全下的甘肃省耕地保有量预测研究 [D]. 兰州：甘肃农业大学，2010.

[198] 郎福宽. 关于我国粮食总量平衡问题的研究 [D]. 大连：东北财经大学，2005.

[199] 向雁. 东北地区水—耕地—粮食关联研究 [D]. 北京：中国农业科学院，2020.

［200］许伟.城市土地集约化利用及其评价研究［D］.重庆：重庆大学，2004.

［201］汪鹏.土地利用规划中的AHP-GA决策模型研究［D］.武汉：华中农业大学，2005.

［202］张涵.高质量发展背景下长江经济带农业绿色TFP增长研究［D］.重庆：重庆工商大学，2021.

［203］王聪.我国奶牛养殖业绿色全要素生产率及其影响因素研究［D］.哈尔滨：东北农业大学，2020.

［204］张佳卓.中国农业面源污染区域差异及其影响因素分析［D］.昆明：云南财经大学，2019.

［205］刘敏.旅游业与区域发展耦合协调度研究［D］.金华：浙江师范大学，2021.

［206］田凯.长江经济带制造业与物流业融合发展研究［D］.荆州：长江大学，2021.

［207］王万茂.土地利用规划学的基础理论与学科前沿.21世纪中国土地科学与经济社会发展：中国土地学会2003年学术年会论文集［C］.北京：中国大地出版社，2003.

二、英文文献

［1］WIEBE K. Indicators Highlight Links Between Agricultural Resources and the Environment［J］. Amber Waves. 2006（9）.

［2］AGEGNEHU G, GHIZAW A, SINEBO W. Crop Productivity and Land-use Efficiency of a TEFF/FABA Mixed Cropping System in a Tropical HighL AND and Environment.［J］. Experimental Agriculture, 2006, 42（4）.

［3］ALEMDAR T, OREN M. Measuring Technical Efficiency of Wheat Production in Southeastern Anatoia with Parametric and Nonparametric Methods［J］. Pakistan Journal of Biological Sciences. 2006, 9（6）.

［4］ANDERSEN P, PETERSEN N C. A Procedure for Ranking Efficient Unit in Data Envelopment Analysis［J］. Management Science, 1993, 39（10）.

［5］FOLEY J, DEFRIES R, ASNER G P, et al. Global Consequences of Land use［J］. Science, 2005, 309（5734）.

［6］MULWA R, EMROUZNEJAD A, MUHAMMAD L. Economic Efficiency

of Smallholder Maize Producers in Western Kenya：A DEA Meta-Frontier Analysis [J]. International Journal of Operational Research, 2009, 4 (4).

[7] MAILENA L, SHAMSUDIN M N, RADAM A, et al. Rice Farms Efficiency and Factors Affecting the Efficiency in MADA Malaysia [J]. Journal of Applied Sciences, 2014, 14 (18).

[8] RAHELI H, REZAEI R M, JADIDI M R, et al. A Two-stage DEA Model to Evaluate Sustainability and Energy Efficiency of Tomato Production [J]. Information Processing in Agriculture, 2017, 4 (4).

[9] KENDALL M G. The Geographical Distribution of Crop Productivity in England [J]. Journal of the Royal Statistical Society, 1939, 102 (1).

[10] REDDY N B K, RAMANAIAH Y V. Changes in Agricultural Land Use Efficiency in Andhra Pradesh：A Study by the Standard Coefficient Method [J]. Land use Policy, 1985, 2 (3).

[11] XIE H, CHEN Q, WANG W, et al. Analyzing the Green Efficiency of Arable Land Use in China [J]. Technological Forecasting and Social Change, 2018 (133).

[12] LU H, XIE H L, LV T G, et al. Determinants of Cultivated Land Recuperation in Ecologically Damaged Areas in China [J]. Land Use Policy, 2019, 81.

[13] OH DH. Aglobal Malmquist-Luenberger Productivity Index [J]. Journal of Productivity Analysis, 2010 (3).

[14] TONE K. A Slacks-Based Measure of Efficiency in Data Envelopment Analysis [J]. European Journal of Operational Research, 2001, 130 (3).

[15] YE S J, SONG C Q, SHEN S, et al. Spatial Pattern of Arable Land-use Intensity in China [J]. Land Use Policy, 2020, 99.

[16] HUANG B, WU B, BARRY M. Geographically and Temporally Weighted Regression for Modeling Spatio-Temporal Variation in House Prices [J]. International Journal of Geographical Information Science, 2010, 24 (3).

[17] ZHANG W F, CAO G X, LI X L, et al. Closing Yield Gaps in China By Empowering Smallholder Farmers. [J]. Nature, 2016, 537 (7622).

[18] ANDERSEN M A, ALSTON J M, PARDEY P G. Capital Services In U. S. Agriculture：Concepts, Comparisons, And the Treatment of Interest Rates

[J]. American Journal of Agricultural Economics, 2011, 93 (3).

[19] CHARNES A, COOPER W W, RHODES E. Measuring the Efficiency of Decision Making Units [J]. European Journal of Operational Research, 1978, 6 (2).

[20] BANKER R, CHARNES A, COOPER W. Some Models for Estimating Rechnical and Scale Inefficiencies in Data Envelopment Analysis [J]. Management Science, 1984, 30 (9).

[21] POLYKRETIS C, DIMITRIOS D A. Spatial Stratified Heterogeneity of Fertility and its Association with Socio-economic Determinants Using Geographical Detector: The Case Study of Crete Island, Greece [J]. Applied Geography, 2021, 127.

[22] ZHANG C Z, SU Y Y, YANG G Q, et al. Spatial-Temporal Characteristics of Cultivated Land Use Efficiency in Major Function-Oriented Zones: A Case Study of Zhejiang Province, China [J]. Land, 2020, 9 (4).

[23] IPCC. Fourth Assessment Report of the Intergovernmental Panel on Climate Change [R]. Cambridge: Cambridge University Press, 2007.